# 新时代

## 中国经济学讲义

耿强 编著

南京大学出版社

图书在版编目(CIP)数据

新时代中国经济学讲义 / 耿强编著. -- 南京：南京大学出版社，2024.11
ISBN 978-7-305-27798-6

Ⅰ.①新…  Ⅱ.①耿…  Ⅲ.①中国经济－文集  Ⅳ.①F12-53

中国国家版本馆 CIP 数据核字(2024)第 093571 号

| 出版发行 | 南京大学出版社 | | |
|---|---|---|---|
| 社　　址 | 南京市汉口路 22 号 | 邮　编 | 210093 |

书　　名　新时代中国经济学讲义
　　　　　XINSHIDAI ZHONGGUO JINGJIXUE JIANGYI
编　　著　耿　强
责任编辑　武　坦　　　　　　　　　编辑热线 025-83592315
照　　排　南京开卷文化传媒有限公司
印　　刷　扬州皓宇图文印刷有限公司
开　　本　787 mm×1092 mm　1/16　印张 18　字数 304 千
版　　次　2024 年 11 月第 1 版　2024 年 11 月第 1 次印刷
ISBN　978-7-305-27798-6
定　　价　72.00 元

网　　址：http://www.njupco.com
官方微博：http://weibo.com/njupco
微信服务号：njuyuexue
销售咨询热线：(025)83594756

* 版权所有，侵权必究
* 凡购买南大版图书，如有印装质量问题，请与所购
　图书销售部门联系调换

# 前　言

中国新时代的特殊意义,首先体现在中国经济的快速崛起和综合国力的显著增强上。自改革开放以来,中国经济实现了持续高速增长,成为世界第二大经济体。这一过程中,中国成功地使数亿人口摆脱了贫困,创造了人类历史上的发展奇迹。进入新时代,中国经济由高速增长阶段转向高质量发展阶段,面临转型升级、创新驱动、生态文明建设等一系列新的挑战和任务。新时代的中国经济学需要深刻反映和回应人民群众对美好生活的向往。经济学研究需要更加关注人的全面发展,推动实现社会公平正义。

在这个充满挑战与机遇的新时代,中国经济学研究不仅承载着解读中国经济奇迹的重任,更肩负着为未来经济发展提供理论支撑和政策指导的使命。随着经济发展进入新常态,传统的增长模式已不再适应新的发展要求,需要通过创新驱动、结构优化、动能转换等途径实现经济的可持续发展。同时,随着社会主要矛盾的转化,解决发展不平衡不充分的问题成为新时代经济学的重要任务。

《新时代中国经济学讲义》在继承传统经济学理论的基础上,力求创新,以适应新时代的发展需求。本书特别开设了"经济学方法论基础"和"经济运行实践与理论演进"章节,以及作为社会科学必须增加的历史背景分析,方便读者更好理解经济学分析方法的边界,理解经济学如何通过数据和经验来推断经济现象和政策效果。通过分析工业革命、大萧条等历史事件,探讨了它们对中国经济发展的启示和影响。在"现代经济学框架"中,将微观经济学和宏观经济学的分析工具应用于中国的经济现实,以解释市场行为和宏观经济政策。

"宏观经济学目标与权衡"章节,探讨如何在经济增长、物价稳定、充分就业和国际收支平衡等多重目标之间进行权衡,这对于中国在新时代实现高质量发展具有重要意义。"经济周期的需求管理"和"经济波动的供给冲击"章节,分析了中国经济波动的成因和应对策略。"长期经济增长及相关模型"章节,综合了各种数理模型,并提供了增长模型的一些数学基础,读者能方便地在这一部分更好地阅读高级宏观经济理论模型。

本书特别开设了"中国货币供给与货币政策""中国的信用与银行、债券市场""中国的创新与资本市场""中国的经济增长与城市竞争"和"中国的发展和人口结构变化"五章内容,关注中国新时代经济发展中的重要议题。

通过这些章节的设置和内容的深入探讨,本书旨在为读者提供一个全面、系统、深入的经济学学习框架,帮助读者理解中国经济的发展规律,把握新时代的经济发展机遇,同时也为经济学的研究和教学提供新的视角和材料。希望《新时代中国经济学讲义》能够成为读者理解中国新时代经济发展的重要工具,也希望它能够激发读者对经济学理论和实践的深入思考。

最后,将这本书献给,我的父亲耿兴超、母亲董士雪,他们是最能体会到中国经济奇迹的一代人。

耿 强

2024 年 10 月

# 目　录

## 第1讲　经济学方法论基础 ········· 1
1　实证和规范 ········· 1
2　相关和因果 ········· 4
3　其他相关概念 ········· 8

## 第2讲　经济运行实践与理论演进 ········· 14
1　工业革命与《国富论》 ········· 14
2　大萧条与《通论》 ········· 17
3　滞涨与新古典复兴 ········· 24

## 第3讲　现代经济学框架 ········· 28
1　微观最优选择框架 ········· 28
2　宏观新古典综合派框架 ········· 38

## 第4讲　宏观经济学目标与权衡 ········· 44
1　四大目标 ········· 44
2　宏观经济目标的相互权衡 ········· 52

## 第5讲　经济周期的需求管理 ········· 59
1　对消费需求的分析：简单国民收入决定模型 ········· 59

2　对投资、货币需求的分析：IS-LM模型 ………………………… 64
　　3　对物价水平和产出的分析：AD-AS曲线 ……………………… 72

## 第6讲　经济波动的供给冲击 ………………………………………… 81
　　1　货币中性论：所有的物价问题都是一种货币现象 …………… 81
　　2　国债中性论：财政扩张会挤出私人需求 ……………………… 85
　　3　实际经济周期理论：波动来自随机的供给冲击 ……………… 90
　　4　卢卡斯批判：增加微观基础后的宏观模型 …………………… 95

## 第7讲　长期经济增长及相关模型 …………………………………… 103
　　1　经济增长的典型事实 …………………………………………… 104
　　2　索洛增长模型 …………………………………………………… 108
　　3　RCK增长模型 …………………………………………………… 113
　　4　内生增长模型 …………………………………………………… 118
　　附1：最优化问题 …………………………………………………… 130
　　附2：连续时间动态优化的一阶条件推导 ………………………… 137
　　附3：单部门增长模型的特例 ……………………………………… 139
　　附4：有显示解的离散时间模型 …………………………………… 141

## 第8讲　中国货币供给与货币政策 …………………………………… 144
　　1　货币起源、定义及中国货币简史 ……………………………… 144
　　2　中国的货币供给 ………………………………………………… 155
　　3　中国的货币政策 ………………………………………………… 168

## 第9讲　中国的信用与银行、债券市场 ……………………………… 181
　　1　存款银行的演化：从圣殿骑士团到中国票号 ………………… 182

2　中国的商业银行及运营 ······················· 187
　　3　中国社会的融资总规模状况 ··················· 195
　　4　中国债券市场现状 ··························· 204

## 第10讲　中国的创新与资本市场 ··················· 211
　　1　资本、股权和未来的收入 ····················· 211
　　2　中国股权投资基金及多层次资本市场 ··········· 215
　　3　中国的上市企业及二级市场 ··················· 223

## 第11讲　中国的经济增长与城市竞争 ················ 230
　　1　中国的大国定位与规模效应 ··················· 230
　　2　中国的城市锦标赛 ··························· 234
　　3　锦标赛参与者：城市竞争 ····················· 241

## 第12讲　中国的发展和人口结构变化 ················ 251
　　1　生育率和预期寿命的变化：中国的人口抚养比 ··· 252
　　2　就业人口的产业分布变化：中国的刘易斯拐点 ··· 257
　　3　学历教育水平的变化：中国的人才红利 ········· 260
　　附1：教育的回报率比较 ························ 264
　　4　区域空间居住的变化：中国的齐普夫法则 ······· 265
　　附2：中国省际及省内人口流动的变化 ············ 269
　　附3：乡村人口空心的局面 ······················ 271

## 参考文献 ········································ 275

# 第1讲 经济学方法论基础

## 1 实证和规范

### 1.1 实证分析

#### 1.1.1 定义

实证分析(Empirical Analysis)是指基于事实、数据和经验,通过统计学和计量经济学等方法对某个体行为或者经济、社会现象进行研究和分析的一种方法。实证分析以数据为基础,通过搜集和分析数据,来推断变量与变量之间的关系。其旨在对经济现象、经济行为或经济活动及其发展趋势做客观分析,只考虑经济事物间相互联系的规律,并根据这些规律来分析和预测人们经济行为的效果,而不涉及对结果好坏和是否公平的评价,即不包含任何价值判断。

实证分析一般不考虑主体个人偏好、意识形态和价值观,强调对事实的客观描述,并希望能抽象出一般性的规律或定理。实证分析通常被认作是客观的、去意识形态的分析方法。

#### 1.1.2 特点

实证分析通过客观事实来推断不同变量之间的关系,强调客观性和可验证性,而不是主观愿望或价值取向。

使用统计和计量等方法,强调对客观事实的量化描述,数据化后进行处理和分析,以获得数量化结论。所以实证分析更加重视样本的大小和质量,更加重视分析方法的精准科学性。实证分析需要足够大的样本来支持结论的可靠性,同时也需要注意样本的质量和代表性。

实证分析的研究结论希望能可重复并准确预测未来,通过预测的准确程度验证实证结论的可靠性和稳定性。

### 1.1.3 研究过程

实证分析的研究过程如下:经济现象—事实判断—实证分析。以研究房价上涨的原因为例子来解释这个过程,首先发现某地区房价连续上涨了三个季度,对这个客观现象进行初步的事实判断,并进行相关因素分析,发现周边有地铁新开通。提出假说:地铁开通后人员流动性增加和预期变好等带来住宅购买和租赁需求提升。随后需要进行问卷或其他方法,进行数据收集,通过统计学和计量方法来验证提出的假说。

## 1.2 规范分析

### 1.2.1 定义

规范分析(Normative Analysis)一般以一定的价值判断为基础,提出分析处理问题的标准,作为经济分析的前提,最终有针对问题的解决方案和政策改进措施,以期待经济问题能向着期待的方向演进。

### 1.2.2 特点

(1) 存在价值判断和伦理准则。规范分析涉及对经济行为和政策进行价值评估和伦理准则的考量。如何权衡不同的价值观念和道德准则,如公平和效率如何取舍,短期和中长期的目标如何协调等,这些在规范决策中是重要的前提。

(2) 关注社会公正和权利保障。分析关注分配和公正,探讨经济活动对社会公平性和福利在不同人群中分配结果,以及规范制定和执行的相关问题。

(3) 制度及文化传统有很大影响。规范分析通常会涉及规则、制度和机制的设计执行,以引导经济行为,推动经济活动的有效性和可持续发展。同时,价值判断和伦理道德传统密切相关,不同区域的历史传统也会带来不同的观点习惯的差异。

### 1.2.3 研究过程

规范分析的研究过程：立场判断—价值判断—规范分析。还以房价涨跌为例：现在还没拥有住房的人，往往认为房价继续上涨不好，从而更倾向于寻找目前房价过高的证据、继续上涨的危害，通过相关的支持证据来验证自己的价值判断。而如果现在已经拥有住房，甚至拥有不止一套的家庭，他们有可能认为房价继续上涨不但是应该的，而且会带来一系列的财富效应。以上两个群体都会提出相应的政策建议。

## 1.3 联系与区别

> 单单由"是什么"（it's）是无法得到"应该是什么"（ought's）的。
> ——赫伯特·西蒙《人类活动中的理性》[①]

如果把实证分析类比为天文学，那么规范分析可以类比为占卜术。假设有两个人正在讨论最低工资法，可以听到两种表述：

A：最低工资法引起了失业。

B：政府应该提高最低工资。

A表述是描述性的，描述了两个事件发生之间的相关或因果关系，这是实证分析，反对这一观点可以从更多的数据和计量分析中得到不同的结论。B表述是规范性的，是关于世界应该是什么样子的表述，这是规范分析，通常会有价值判断。经济学既研究实证问题，也研究规范问题，实证分析和规范分析在大多数经济学分析中会融合使用。

---

[①] ［美］赫伯特·西蒙：《人类活动中的理性》，胡怀国、冯科译，广西师范大学出版社2016年版，第8页。

# 2 相关和因果

因果关系首先是相关关系,但相关关系不等于因果关系。变量之间的相关关系揭示了数据中存在某种模式:变量倾向于一起变动。但相关性本身并不能揭示数据一起变动存在因果必然性,也就是一个变量必然引起另一个变量的变化。

## 2.1 定义

两变量同向变化时,通常认为两者属于正相关关系。例如,变量"脚码"和"鞋码"之间有明显的相关性,因为脚较大的人拥有更大的鞋子。气温和冰激凌销量之间的关系,夏天气温越高,冰激凌销量越大。通常饮食中脂肪和碳水越多,人的体重越高。两者反向变化时,就认为两者是负相关关系。例如,"车辆速度"和"行驶时间"的变量呈负相关,因为更快的车辆通常会在更短的时间内完成行程。温度越高,冰棒融化得越快。但两类现象在发展变化的方向与大小方面存在一定的联系,并不能确定这两类现象之间哪个是因,哪个是果。

因果关系(Causality)是一个事件(即"因")和第二个事件(即"果")之间的作用关系,其中后一事件被认为是前一事件的结果。一般来说,一个事件可能是很多原因综合产生的结果,而该事件也可以是其他很多事件的原因。因果关系的了解是认识世界的基础之一,否则看到的世界就是静止且没有联系的独立画面。因果关系在客观自然世界存在,可能就是一个事件的发生导致另外一个事件的变化。一个人去推动物体,物体向前移动就是推动的结果。太阳照射在植物上,是植物不断成长的因。所有的自然变化背后似乎应该都有着因果关系的存在,自然世界的变化也是无穷无尽的因果关系链条,自然世界存在必然性的因果链条。在有人参与的社会现象中,因果关系有人的动机参与。老人摔倒后,路人是否会去搀扶?这里存在不同的动机因素。人的动机是由意志决定的,叔本华认为,每个人的意志是盲目和随机的。所以在有人参与的世界里,因果关系就变得异常复杂。

> "人类无法得知因果关系,只能认识到或者联想到某些事物彼此之间的相关关联,这是我们的经验告诉我们的。所谓的因果,是我们的联想,是我们养成的心理习惯。"
>
> ——大卫·休谟[①]
>
> "如果一个人吃了一道菜之后死了,只要当他同时又没有吃这道菜之后活着,这两种状态都观察到了,我们才能确定,这道菜是他死亡的原因。"
>
> ——约翰·穆勒

## 2.2 区分相关和因果

判断两个变量属于因果关系还是相关关系时,可以通过以下三个问题进行质疑:是否纯属巧合?是否存在第三变量?是否存在逆向因果关系可能?

首先是纯属巧合。强相关性可能是随机的偶然性结果,在这种情况下,变量看似相关,但并没有真正的深层关系。美国信息分析员泰勒·维根(Tyler Vigen)在其著作《伪相关》(*Spurious Correlations*)中介绍了很多"纯属巧合"的事例。

尼古拉斯·凯奇一年参演电影的部数与泳池溺亡人数、美国小姐的年龄,以及因取暖设备丧命的人数等之间都存在高度的相关关系,但它们之间明显不存在因果关系。

其次是隐藏的变量。例如,运动与皮肤癌病例在统计学上呈显著正相关,即运动较多的人往往容易罹患皮肤癌。但是,这种相关性其实可能是因为常年生活在阳光充足地方的人,其日常生活要比常年生活在阳光不足地方的人活跃得多,这在数据中就表现为运动量增加。同时,每天暴露在阳光下的时间增多意味着患皮肤癌的人增多。运动率和皮肤癌这两个变量都受第三个因果关系变量(暴露在阳光下)的影响,但运动和皮肤癌之间并没有

---

[①] 大卫·休谟:《人性论:在精神科学中采用实验推理方法的一个尝试》,关文运译,商务印书馆,1980年版。

因果关系。

最后是逆向因果关系。本以为的原因其实是结果,如警察多的地区犯罪案件数量也多这一结论,有可能是因为某处犯罪多发,危险事件比例太高导致警力必须给予更多的配置。

## 2.3 实证经济学:寻找因果

随机控制实验(Randomized Controlled Trials,RCTs)通常被作为评估因果关系的有效工具之一。以药品研发中的有效性检验为例,通常采用双盲实验进行评估。首先将病人随机分组,确保两组人在性别、年龄、身体基本特征等各个方面具有相似的统计特征;然后随机选择一组作为处理组施以服药处理,另一组作为对照组则服用安慰剂。在这个过程中,参与实验的病人和医生都不知道服用的是药品还是安慰剂。药物的效果还会受到人体自身免疫力及心理暗示的影响。比较同一个研究对象(如某病症),在处理(服药)和不处理(不服药)的两种状态下的差异,并把这一结果差异作为接受处理(服药)的因果效应。这样可以解决无法制造平行时空的困境,用随机试验的思想估测出平均因果效应和它成立的概率①。

随机试验的有趣故事:女士品茶。②

1920年的某个下午,剑桥大学的一群教授在进行家庭聚会,其中一位女生坚持说:牛奶倒入红茶和红茶倒入牛奶两种行为调制出来的奶茶,味道是不同的。

正巧,统计学的教授费希尔也在现场。他提议:准备八个相同的杯子,四个杯里面是先茶后奶,四个杯里是先奶后茶,随机打乱顺序后让这位女生品尝。如能准确说出所有八杯的奶茶制作顺序,那就完全承认这位女生的观点。

请问,这位女士全对的概率是多少?这个概率在统计学又被称为有效性检验的 $p$ 值。

寻找因果关系中,面临的最大问题是观察数据中产生的"内生性"问题。观察到的数据是人们在受约束条件下收集到的,受各种可观测或不可观测

---

① 李井奎:《大侦探经济学:现代经济学中因果推断革命》,中信出版集团,2021年版。
② 戴维·萨尔斯伯格:《女士品茶》,邱东等译,中国统计出版社,2004年版。

因素的影响，研究者难以像使用实验数据一样，在保持其他影响因素不变的情况下来评估因果关系。

借助自然实验进行准实验设计，成为解决观察数据中产生的内生性问题的切入口。准实验设计基于这样一种思想：自然、政策以及制度等的变化有时候会提供一种场景，就像随机控制实验一样，它会将研究对象进行随机分组而排除内生性的影响。这些场景是在社会经济中自然发生的，因而被称为自然实验；它们又类似于随机控制实验，也被称为准实验。通过自然实验的选择，能够较好地排除观察数据中的内生性问题，从而很大程度上提高了因果关系评估的可信性。但是，自然实验毕竟不是随机控制实验，利用自然实验对因果推断进行准实验设计也给研究者提出了新的挑战。

## 2.4 大数据时代"要相关、不要因果"

舍恩伯格在《大数据时代》[①]中明确提出：大数据时代，要相关不要因果。大数据的信息时代，可以获得和分析更多数据，甚至处理和某个特别现象相关的所有数据，而不依赖于随机采样。大数据时代中的数据不再是随机样本，而是全体数据；不是精确性，而是混杂性。研究数据如此之多，以至于不再热衷于追求精确度，只要掌握大体的发展方向就好。不用热衷于寻找因果关系，有相关就够了。

除了因为数据量的巨量涌现之外，因果关系的重要性下降可能还和机械论的认识论不断拓展有关。从欧几里得、托勒密再到牛顿，"自然世界变化必然遵循某种确定性的规律"，这一点人类一直深信不疑。机械的确定性思维带来了两次工业革命，极大地增加了人类财富，提升了人类的物质文明并大幅延长了人类预期寿命，人类愈加坚定地认为：世界运行变化有必然规律，它不但可以被认知的，而且可以用简单的公式描述清楚，人类需要的就是不断发现这些因果规律。爱因斯坦总结为："上帝不掷骰子。"但今天我们知道："上帝是掷骰子的"，世界充满了不确定性。

对人类行为进行分析的社会科学研究，更加充满随机性和不可预测性，比如对于股市的预测。一方面由于影响股市的因素太多，有太多不确定因素是考虑不到并很难观测的；另外还有很多因素是尚未发现的；或者发现了

---

[①] ［英］维克托·迈尔·舍恩伯格：《大数据时代》.浙江人民出版社，2012年版。

但是它们的变化是随机波动的;更有趣的是对股市或者金融市场预测活动本身会影响被测量的结果,有很多经济结果是预期行为的自我实现。

# 3 其他相关概念

## 3.1 概率分布

通常用概率分布(Probability Distribution)描述一组随机变量发生的概率规律,对不同类型的随机变量有不同的概率分布形式。以下是几种经济学常用的分布。

### 3.1.1 正态分布

若随机变量 X 服从一个数学期望为 $\mu$ 方差为 $\sigma^2$ 的正态分布,记为 $N(\mu,\sigma^2)$。其概率密度函数为正态分布的期望值 $\mu$ 决定了其位置,其标准差 $\sigma$ 决定了分布的幅度。

如果对一个较大数量的人群某些特征进行统计,比如身高、体重等,很多情况它们大体是符合正态分布的(见图1-1和图1-2)。可能的原因是这些人类特征受父母的基因影响较多,而基因在遗传时复制信息会出现一些随机变异,这些在结果上体现为中间值较大,两个标准差之外的事件发生的概率就小了很多。

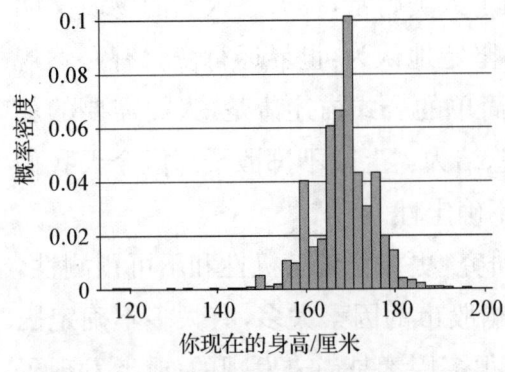

图1-1 2010年中国男性身高分布图[1] 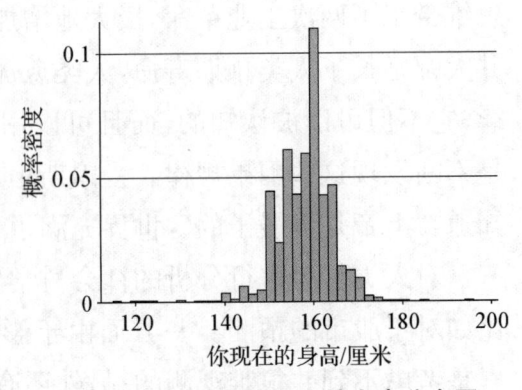　　图1-2 2010年中国女性身高分布图

[1] https://www.zhihu.com/question/22746870.

## 3.1.2 幂律分布

> 凡有的,还要加倍给他叫他多余;没有的,连他所有的也要夺过来。
>
> ——《新约·马太福音》

幂律分布表示的是某变量的相对变化会导致另一个变量相应幂次比例的变化,一个量是另一个量的幂次方。例如,正方体的体积与某一面的边长之间的关系,任意一边长扩大两倍,那么体积扩大8倍。

由于2008年美国金融危机的影响,2019年美国居民财富中位数(10.08万美元)还未回到2007的高位水平(12.67万美元)。[①] 但是,2019年美国居民的净财富平均值高达72.38万美元,不但远超同时期的中位数水平,也超过了金融危机之前2007年的水平(66.26万美元)。这一现象,可以用美国家庭净资产在不同人群中的分布来进行解释,美国最富有的前10%人群从1989年以来就一直拥有美国总财富的三分之二(66.7%)以上。更值得关注的是,在金融危机之后,这一向头部集中的分布情况更加严重了,2022年最富有的前25%人群拥有了美国总财富的89%左右,比1989年的85%再提升了四个百分点(见表1-1)。

表1-1 美国家庭拥有净资产的分布情况(1989—2022年)

| 年 份 | 最后25% | 25%～49.9% | 50%～74.9% | 75%～89.9% | 90%～100% |
| --- | --- | --- | --- | --- | --- |
| 1989 | −0.07% | 3.06% | 11.86% | 18.06% | 67.10% |
| 1992 | −0.07% | 3.40% | 12.13% | 17.57% | 66.97% |
| 1995 | −0.02% | 3.59% | 11.69% | 16.81% | 67.93% |
| 1998 | −0.16% | 3.17% | 11.35% | 17.07% | 68.57% |
| 2001 | 0.00% | 2.80% | 10.53% | 17.07% | 69.59% |
| 2004 | −0.07% | 2.63% | 10.35% | 17.66% | 69.44% |
| 2007 | −0.09% | 2.61% | 10.23% | 15.85% | 71.41% |

---

① 董德志:《剖析美国居民的资产构成》,2021年2月3日《国信证券:宏观周报》。

续　表

| 年　份 | 最后25% | 25%～49.9% | 50%～74.9% | 75%～89.9% | 90%～100% |
|---|---|---|---|---|---|
| 2010 | −0.61% | 1.80% | 8.49% | 15.91% | 74.41% |
| 2013 | −0.61% | 1.70% | 8.41% | 15.51% | 75.00% |
| 2016 | −0.43% | 1.62% | 7.40% | 14.35% | 77.06% |
| 2019 | −0.46% | 1.95% | 7.91% | 14.13% | 76.47% |
| 2022 | −0.13% | 2.33% | 8.82% | 15.62% | 73.36% |

数据来源：Wealth and Income Concentration in the SCF: 1989—2019; Jesse Bricker, Sarena Goodman, Kevin B. Moore, and Alice Henriques Volz with assistance from Dalton Ruh, September 28, 2020.

https://www.federalreserve.gov/econres/notes/feds-notes/wealth-and-income-concentration-in-the-scf-20200928.html.

**【课堂计算题】**

1. 依据表1-1尝试描绘美国家庭的财富分布图：横轴表示美国家庭的累积分布，纵轴表示美国家庭净资产的累计分布。

2. 尝试分析一下招商银行最新的财务报告里面的财富分布情况①。截至2023年3季度，本公司零售客户数1.94亿户（含借记卡和信用卡客户），较上年年末增长5.43%；管理零售客户总资产（AUM）余额130 803.92亿元，较上年末增加9 573.79亿元，增幅7.90%。截至报告期末，本公司金葵花及以上客户（指在本公司月日均全折人民币总资产在50万元及以上的零售客户）452.92万户，较上年年末增长9.31%；管理金葵花及以上客户总资产余额106 638.12亿元，较上年年末增长8.08%。截至报告期末，本公司私人银行客户（指在本公司月日均全折人民币总资产在1 000万元及以上的零售客户）146 090户，较上年年末增长8.38%；管理的私人银行客户总资产余额较上年年末增长8.36%；户均资产2 813.09万元，较上年年末减少0.29万元。

## 3.2　贝叶斯推理

知道了你感冒时打喷嚏的概率，就可以倒过来推断你打喷嚏时感冒的概率，这就是贝叶斯推理（Bayesian Inference）的推理思路。贝叶斯是在经

---

① 2023招商银行三季度报告，招商银行股份有限公司。

典的统计归纳推理的基础上发展起来的一种新的推理方法。经典的统计推理需要通过大量甚至无数次的枚举来获得事件发生的相对频率的极限,而贝叶斯推理在得出结论前通常依赖先验概率,大多来自推理者过去有关的经验和知识,所以贝叶斯推理通常被认为是主观主义概率推理。

用 $P(A\cap B)$ 表示 $A$ 和 $B$ 同时发生的概率,$A\cap B$ 就是 $A$ 和 $B$ 的交集。用 $P(A|B)$ 表示在 $B$ 发生的条件下,$A$ 发生的概率;用 $P(B|A)$ 表示在 $A$ 发生的条件下,$B$ 发生的概率。于是可以得到,$P(A\cap B)=P(A|B)\times P(B)=P(B|A)\times P(A)$,推导出:

$$P(A\mid B)=\frac{P(B\mid A)\times P(A)}{P(B)}$$

把 $A$ 改写为 $H$,把 $B$ 改写为 $E$。$H$ 表示 Hypothesis(假设),$E$ 表示 Evidence(证据),给定一个先验概率 $P(H)$,在有新据 $E$ 的情况下,可以得到后验概率 $P(H|E)$:

$$P(H\mid E)=\frac{P(E\mid H)\times P(H)}{P(E)}$$
$$P(E)=P(E\cap H)+P(E\cap \overline{H})$$
$$=P(E\mid H)\times P(H)+P(E\mid \overline{H})\times P(\overline{H})$$

- $P(E|H)$ 表示患病时检测阳性的概率 $=99\%$;
- $P(H)$ 表示患病的概率 $=0.1\%$;
- $P(E|\overline{H})$ 表示没有患病但检测阳性的概率 $=2\%$;
- $P(\overline{H})$ 表示没有患病的概率 $=1-P(H)=99.9\%$。

代入公式,计算:

$$\begin{aligned}P(H\mid E)&=\frac{P(E\mid H)\times P(H)}{P(E\mid H)\times P(H)+P(E\mid \overline{H})\times P(\overline{H})}\\&=\frac{99\%\times 0.1\%}{99\%\times 0.1\%+2\%\times 99.9\%}\\&=0.047\ 21\\&=4.721\%\end{aligned}$$

检测为阳性这一证据使得患病的概率从 $0.1\%$ 提升到 $4.721\%$。假设这个人又做了一次检测,结果仍然是阳性,现在的先验概率 $P(H)$ 不再是 $0.1\%$,而 $4.721\%$。最后患病的概率提升到 $71\%$,继续第三次检测如果为阳性则概率将提升到 $99.18\%$。

如芒格所言,捕鱼成功的关键在于:在有鱼的地方、鱼多的地方去捕鱼。如果看不清楚,那么就另找地方,去你看得清楚的地方钓。换而言之,在对基础概率有充分了解的情况下,并在较高的基础概率的情况下,才能够提高后验分布。

## 3.3　幸存者偏差

> 真话说一半常是弥天大谎。
> ——富兰克林

2018年全国高考作文:"二战"期间,为了加强对战机的防护,英美军方调查了作战后幸存飞机上弹痕的分布,决定哪里弹痕多就加强哪里。然而统计学家沃德力排众议,指出更应该注意弹痕少的部位,因为这些部位受到重创的战机,很难有机会返航,而这部分弹痕数据被忽略了。事实证明,沃德是正确的。要求:综合材料内容及含意,选好角度,确定立意,明确文体,自拟标题,不要套作。

幸存者偏差是一种常见的逻辑谬误,这种谬误产生的原因是,当取得资讯的渠道仅来自幸存者时,此资讯可能会存在与实际情况不同的偏差。因为未幸存者已无法发声,人们只看到经过某种筛选而产生的结果,而没有意识到筛选的过程,忽略了被筛选掉的关键信息。类似的表达有"沉默数据""死人不会说话"等。在日常生活中,会常听到:"我有个朋友按照这个独门偏方,病立马好了。"

假定有人将1 000个人的手机号码随机分成A、B两组,每组500人,周一早上八点给A组所有人发短信说今天股指收盘将是上涨的,同时给B组所有人发短信预判今天大盘是收跌的。收盘后的真实情况是上涨的。周二将幸存的A组,再随机分成两组,各250人。早上八点分别给两组成员发送对大盘收盘涨、跌的预判短信。一定有一组是获胜并幸存的。周三继续对幸存组,随机分两组,各125人。早上八点分别给两组成员分别发送对大盘收盘涨、跌的预判短信。收盘后留下幸存的那一组。如此类推,到周五下午收盘,应该还有多少人幸存?从这些人的角度看,如此神奇的预判连续能对五次的概率应该是多少?

### 3.4 实验归纳法

现代实验科学方法在重复的材料中总结抽象出概念和原则。主要采用的方法是归纳法。归纳法是以一个或多个命题假设为起点,通过实证分析,即观察或实验、收集和分析数据、验证假设,对命题假设进行证实或证伪判断的过程,也充分运用了概率思维。提出一个命题假设,然后通过观察/实验,看事实会在多大程度上符合假设。符合假设的概率有多大。如果足够大,大到人们能够高度确信的程度,就成为"定律"。归纳法有两大特点:① 所需的命题假设,必须是后验的、可以证伪的,而不能是先验/超验的、不可证伪的。② 归纳法使用的是实证分析,而不是逻辑推演。

如何理解这两大特点呢?一切定律,只可能处于两种状态:"已经被证伪"和"尚未被证伪",就是不可能处于"不可能被证伪",也就是"绝对正确"的状态。例如,无论我们看见过多少白天鹅,也不能认为"天鹅都是白的"这条定律是绝对正确的。并且,即使只有一只黑天鹅飞过,也能立刻证伪"天鹅都是白的"定律。

归纳法应用在经济学上应该有五个步骤:

(1) 观察与实验,对应文献综述和事实描述。

(2) 对观察实验的结果进行总结和比较分析,对应建立经济学的优化模型。

(3) 提出假设。

(4) 对假设进行检验和验证,对应计量经济学以及稳健性检验。

(5) 把验证的假说,描述为一般理论。

# 第 2 讲　经济运行实践与理论演进

## 1　工业革命与《国富论》

### 1.1　第一次工业革命

第一次工业革命堪称人类历史上最伟大的事件①。在工业革命之前，无论是东方还是西方，人均 GDP 都没有发生本质变化。工业革命之后，欧洲两百年时间里人均 GDP 增加了 50 倍；在中国短短四十年时间就增加了 12.5 倍②。农业时代人类的平均寿命只有 30 到 45 岁，工业革命之后逐渐增加到 65 到 70 岁。工业革命的本质是一场动力革命，机械动力代替人、畜的力量，机器设备带来的工业化产品代替手工业产品，在机器设备的帮助下，劳动生产率提升了几十倍之多，人类历史开始出现物质产品供大于求的过剩情况。

从瓦特改良蒸汽机后的近一个世纪中，英国成为工业革命的中心，大量工业领域的发明创造来自英伦三岛，1851 年在伦敦成功举办的第一届世界博览会，成为英国当时全球顶尖工业实力的集中展示。在巨大的工业优势和生产率优势支持下，英国积极推行自由贸易政策，率先反对重商主义的贸易保护，通过开放国内市场换取和要求他国开放市场，也成为当时全球自由贸易经济体系的主要缔造者和维护者。

15 世纪到 17 世纪期间，欧洲的民族、国家开始取代原有的领主、贵族和庄园，战争规模和数量激增，国家的财富动员能力愈发重要。在工业和农业

---

① 吴军：《全球科技通史》，中信出版集团，2019 年版。
② 按 1990 年美元不变价格计算，中国人均 GDP 在公元元年和 1000 年为 450 美元，1300—1820 年为 600 美元，1950 年为 439 美元。资料来源：[英]安格斯·麦迪森：《世界经济千年史（精校本）：破解长期经济增长的密码》，北京大学出版社，2022 年版。

都不能快速积累的情况下,贸易成为当时各国君主累积财富的首选,重商主义是在这一历史背景下的产物。重商主义认为,货币(贵金属)才是国民财富,也就是金银的获取是主要目的,国内贸易不能带来国家的财富(金银)增长,必须通过对外贸易,并且保证顺差的情况,这样外国的金银(财富)就会源源不断流入国内。相对应的政策建议就是,政府要制定一系列进口管制和出口促进政策。恩格斯对此给出了形象的比喻:"各国彼此对立,就像守财奴一样,双手抱着自己心爱的钱包,用嫉妒和猜疑的目光盯着自己的邻居。"

## 1.2　亚当·斯密与《国富论》

1723年出生的亚当·斯密,一生中大多数时间生活在苏格兰的爱丁堡、格拉斯哥。他曾经先后在格拉斯哥大学担任第四任道德哲学教授,分管行政工作的副校长,并给予发明家瓦特很多有力的支持,两人是关系很好的朋友。目睹了工业革命早期的经济增长,亚当·斯密不同意重商主义的观点,他的经济学著作《国民财富的性质和原因的研究》(简称《国富论》)最早出版于1776年,为现代市场经济搭建了一个系统分析框架,标志着经济学作为一门独立的学科产生了。正如书名里提到的,斯密在全书主要阐述两大问题:① 一国国民财富究竟是什么,国民财富的性质问题;② 如何增加一国国民财富,增进国民的财富的原因问题。斯密认为一国的财富不是金银,而是具体的能够消费的商品,包括各种必需品和便利品。货币为商品流通服务,本身并不是商品,任何节省货币、促进商品流通的发明都会有巨大的优点,这一点非常准确地预判到了今天的纸币时代以及数字货币的趋势。一国的财富既不是由货币组成,也不依赖一国拥有的金银数量。"用以交换这世上所有财富的最初支付手段不是金银,而是劳动……一个人的财富多少与他能够交换或者支配他人劳动时间,或他人劳动产品的数量成正比。"[①]

《国富论》更多的篇幅在论述国民财富产生的原因,斯密明确指出,一国财富的增进主要来自两个途径:① 劳动生产率的提升,这依赖于分工的深化和交换的自由畅通。② 生产性劳动和非生产性劳动的比例提升,这依赖于资本不断累积。而这两者都依赖一个支持自由交换、不做任何不当干预的

---

① ［英］亚当·斯密:《国富论》,章莉译,译林出版社,2012年版。

"守夜人"政府。亚当·斯密在《国富论》中开门见山第一句话就是:"劳动生产力的最大提高以及生产中所表现出的大部分技能、熟巧和判断力看来都是分工的效果。"在大工业时代,提高劳动生产力,必须提升工人素质、时间效率以及机械化率。《国富论》写作时期,大机器生产还没有全面普及,但是工场手工业内部的劳动分工与协作生产,对技术进步还是有着明显的促进作用。斯密认为,劳动生产力的最大增进是分工的结果。他以制针工场实行分工为例,说明分工的作用。一个人单独制针,每天最多能制20枚,也许1枚也制不出。一个制针工场把过程分为18个专业,由10个工人分工劳动,每人搞一两项作业,每天可制针48 000枚,每人每日制针4 800枚,这比分工前劳动生产率提高240倍。

分工为什么能提高劳动生产率?劳动生产力上最大的增进,以及运用劳动时所表现的更大的熟练、技巧和判断力,似乎都是分工的结果。其中技术变迁以分工加速知识积累的形成,成为报酬递增永不枯竭的源泉。总结来说其原因有三:一是分工使劳动专业化,提高了单个工人的敏捷性和技巧。二是节省从一种工作转到另一种工作所需要的时间。三是专门从事某项作业的工人比较容易改良工具和发明机械。斯密肯定了分工能使各行各业的产量大增,并进一步说明人们使用的日用品都是许多劳动者联合的产物。以粗呢外衣为例,为完成这个产物需要有牧羊者、剪羊毛者、梳羊毛者、染工、粗梳工、纺工、织工、漂白工、裁缝工等,而且由于各种生产者分居不同地方,又需商人和运输者,同时使用各种工具,又需工具的制造者,所以这是千千万万人帮助和合作的结果。

## 1.3 斯密定理与斯密动力

斯密分析分工产生的原因时,进而论及了分工和交换的关系。他认为,人类独自具有要求互相交换的倾向,因为由交换获得自己所需物品比事事自己从事更为有利。人类倾向于互通有无、物物交换,相互贸易,这或许是人类理性思考能力和语言能力的必然结果。其他动物不懂得分工合作或其他任何形式的契约。人类通过契约,物物交换和买卖行为获取所需要的大部分帮助。正是这种交换倾向引起了分工。分工程度的高低,受市场范围大小的限制。如果市场过小,就不能鼓励人们终生从事某一专业的工作,因而会阻碍分工的发展,而人口众多的大城市促进了分工。市场范围的大小又与交通运输状况有关,水陆交通运输的发达可开辟更广大的市场,也促进了分工。从交通运输的历史看,水运优于陆运,水运开拓了比陆运更广大得多的市场,因此,各种产业的分工改良,自然都开始于沿海沿河一带。

当对某一产品或者服务的需求随着市场范围的扩大增长到一定程度时,专业化的生产者才能实际出现和存在。随着市场范围的扩大,分工和专业化的程度不断提高。反过来说,如果市场范围没有扩大到一定程度,即需求没有多到使专业生产者的剩余产品能够全部卖掉,专业生产者不会实际存在。"分工起因于交换的天生倾向,分工的程度总要受交换能力大小的限制,受市场规模的限制。"后来的学者将这一观点概括为"斯密定理",经济增长取决于市场规模的扩大,机制是市场规模的扩大会促进分工和专业化程度的加强,进而提高劳动生产率并推动经济增长。

在一个小镇,因为人口不足,基本上不会形成什么像样的产业,人们也无法得到琳琅满目的商品;相反,在大城市,商品和服务的种类会立即增多。如果一国或者地区人口相对较少,或者人口众多但实际购买力较弱,通过对外开放面向全球市场,一样可以获得斯密动力,国家的发展不再受限于本国领土和人口。

【课堂思考题】

试用斯密定理对中国改革开放后经济增长和国民财富取得的巨大成就进行分析。

# 2 大萧条与《通论》

## 2.1 1929 年美国股灾

### 2.1.1 1929 年前的经济繁荣和股票大"牛市"

以电气化为主要特征的第二次工业革命,到 20 世纪初产生了非常多的居民直接消费的革命性产品,如飞机、电影、收音机、汽车、电话等。第一次世界大战后的美国,已经成为全球工业、技术、金融中心,美国进入"咆哮的二十年代"。1921 年到 1929 年美国的 GDP 以每年 5% 的速度持续增长,制造业占比从1914年的36%大幅提升到了42%。1922—1928年,美国人拥有的收音机数量从6万台到750万台。1929年,美国家庭的电话普及率达到了40%,家庭汽车拥有量已经多达2 300万辆,普及率为90%,平均每5个人就有1辆汽车。从1920年到1929年,美国的国民生产总值增长了42.1%,居民收入提升了18.9%,制造业生产效率提高了40%,失业率降至"一战"后低位。有报道记载了当时的乐观情绪:永久的繁荣,传统兴衰周期的消失,财富与储蓄将稳定增长,以及持续上涨的股票。著名经济学家费雪也公开表态:不仅大多数美国人已经享受繁荣,而且美国可能很快将终结贫困。股票价格看起来到达一个永久性的高地。[1]

1928年下半年,工业生产增长近10%,汽车产量创历史新高。美国经济的高速发展刺激股票市场走强,经济繁荣极大地刺激了人们对股市的投机兴趣,有30只成分股组成的道琼斯工业指数从1928年的191点上涨到1929年9月3日的381点(未来25年内的最高点),恰好翻倍。大量美国普通家庭开始抢购股票,毫无股市经验的投资新手往往胆子也最大,他们大量加杠杆,海外资金开始蜂拥而来,美联储系统外的放款人超过58%。直接成立投资股票的信托公司,成为最受欢迎的金融创新。1929年,新的信托基金每周发行5只,成为股票市场的新生力量。这些信托基金不像商业银行一样被严格监管负债风险,不断加大杠杆倍数。更值得警惕的是,从1928年2月开始,美联储已经在不断加息,从1.5%调整到1929年8月的6%。

资产泡沫形成的几个常见特征:
- 有一定经济基本面的支撑。
- 专家、民众、政府对未来保持一致的乐观预期。
- 投资人开始加杠杆并不断扩大倍数买入资产(股票或房子)。
- 有越来越多的新手"跑步"加入。
- 不在传统监管体系(甚至国外)的"影子银行"开始提供高息杠杆资金。
- 央行加息已经持续一段时间,低息的整体政策环境已经消失。

---

[1] [美]瑞·达利欧:《债务危机:我的应对原则》,中信出版集团,2019年版。

### 2.1.2 1929 年黑色星期四

1929 年 10 月 21 日,纽约证券交易所开市即遭大笔抛售,全天抛售量高达 600 多万股;10 月 23 日,形势继续恶化,下跌 6.3%。连续几天的大幅下跌,已经使得很多加杠杆的投资人被迫要求追加保证金,否则就会被强行平仓。

10 月 24 日,即著名的"黑色星期四",开盘前大多数投资人已经明白市场中大量仓位要被强平了,崩溃与恐慌的情绪蔓延很快,大规模的抛售让交易员根本来不及交易。投资者纷纷套现,股票价格急剧下跌,中午收盘指数已经下跌超过 10%。JP 摩根等银行家联手在中午声明进行市场稳定,承诺购买 1.5 万亿美元股票。但是周一开盘后,恐慌加剧,指数跌幅高达 13.5%,再也没有人敢出来救市,周二再次下跌 12%。1929 年 10 月 29 日到 11 月 13 日短短的两个星期内,共有 300 亿美元的财富消失,这相当于美国在第一次世界大战中的总开支。持续到 1929 年 11 月中旬,道琼斯指数从峰值下跌到 198 点,跌幅超过 50%。

## 2.2 史无前例的经济大萧条

应对股市的大幅下跌,美联储将利率从 6% 逐步下调到 2.5%;国会通过财政刺激法案进行洲际公路建设。到 1930 年 4 月,股市回升到 290 点以上。尽管工业产量在 1930 年下半年同比下滑 17.6%,失业率上升到 14%,产能利用率只有 67%,但是这些指标都比 1922 年那一次衰退还要好一些。当时的美国总统胡佛,为了兑现竞选时的承诺,推动并通过了贸易保护法案《斯穆特—霍利关税法》,1930 年 6 月通过后不久,加拿大及其他美国的贸易伙伴纷纷予以反击,全球贸易额大幅萎缩,进一步加剧了美国国内产能过剩的危机。1929—1931 年,仅两年时间,美元计价的美国出口额下降超过 50%。

1930 年 12 月,遭受挤兑的合众国银行没有得到华尔街和美联储的救助,《纽约时报》称这是"大萧条(Great Depression)里倒下的第一张多米诺骨牌"。由于合众国银行拥有 40 多万名储户,居当时美国之首,公众对美国整体银行系统开始丧失信心。1931 年 7 月,胡佛总统要求持有德国和中欧国家债务的美国银行给予贷款展期,银行流动性进一步恶化,增加了大批破产。胡佛认为：这是一场银行家酿成的危机，银行家必须承担责任，而不是纳税人。1931年9月，英格兰银行正式放弃金本位制，各国央行纷纷将美元兑换为黄金，美联储将贴现率上调以吸引投资人，但是这种紧缩政策，不仅仅没有挡住黄金外流，同时带来流动性更大程度恶化，银行大批量倒闭，1931年银行倒闭数量破纪录，高达2000多家，到1933年年底，还在维持艰难运营的银行数量只有1929年的一半。① 社会的整体信用大幅收缩，1931年年底，失业率攀升到20%，物价通缩趋势恶化，年内跌幅为10%。大量企业亏损、破产，1932年上半年就有3.2万起创纪录的企业破产数。用名义价格签约的债务合同，在通缩情况下，实际债务负担大大提升，债务本息占国民收入的比重从1929年的9%上升到1933年的近20%。

担心财政赤字扩大的胡佛政府，在1932年6月签署《1932年税收法案》，上调所得税、公司税和各类消费税的税率，而此时美国的失业率已经攀升到惊人的25%。7月，道琼斯工业指数跌到40.60点，相比3年前下跌89%。1933年罗斯福总统就职之前，美国的GNP相比1929年大概萎缩了32%。

史无前例的大萧条，让民众感觉沮丧且恐慌，"如果灯在1914年灭了，如果窗帘在1939年落下，那么1929年以后灯就慢慢暗淡了"，"大萧条是自黑死病以来，摧残人性最严重的和平危机"②。世界进入了黑暗峡谷，墨索里尼在意大利上台，希特勒赢得了国会多数席位，日本滑向了军国主义。

## 2.3 凯恩斯与《通论》

1883年，凯恩斯出生于英国剑桥一个富裕家庭，父亲是剑桥大学的教授，母亲是一位热心公共事务的慈善人士。他从伊顿公学以优异的成绩，尤其是数学成绩来到了剑桥大学，他开始对伦理哲学感兴趣，并且有幸成为当时已经是著名学者马歇尔的得意门生。凯恩斯放弃了恩师马歇尔的盛情邀请，本科毕业后积极投身到了英国公务员队伍中，希望能给现实经济问题提供专业建议。1919年，他以英国财政部首席代表身份参加了"一战"战后的

---

① ［美］本·伯南克：《大萧条》，东北财经大学出版社，2007年版。
② ［英］布莱恩·斯诺登，霍华德：《现代宏观经济学：起源、发展和现状》，凤凰出版传媒集团，江苏人民出版社，2009年版。

巴黎和会谈判,因为对战后赔款问题和很多政治丑态异常失望,他愤然辞职并写出了非常有先见之明的《合约的经济后果》:欧洲面临的经济问题,远比疆界等政治问题严重;英法战胜国要求的战争赔偿总额远超战败国实际可行的范围。

发起于美国的大萧条,对欧洲的经济冲击同样巨大。德国当时的魏玛共和国失业率飙升,美国对德国的援助贷款停止后,德国经济陷于停滞。英国超过3百万人没有工作,英镑作为世界核心通货的地位下降,在大量要求进行黄金兑换的压力下,英国被迫在1931年9月放弃了近200多年的英镑金本位制。凯恩斯意识到问题的严重性:资本主义体系面临的动荡的经济状况,正在威胁它自身的生存,这种状况已经说明作为调节工具的价格运行机制存在基本缺陷。

《国富论》中"看不见的手"推行的价格调节机制,是不会产生产能过剩的,也很难出现长时间大规模的失业。但是,从1929年之后近十年的经济表现来看,古典经济模型已经很难给出完满充分的解释了。1936年2月,《就业、利息和货币通论》(简称《通论》)正式出版,这本著作是首个从社会总产出的角度宏观思考经济增长、就业和物价问题,凯恩斯也就此奠定了他宏观经济学之父的历史地位。

《通论》的核心观点是,社会总就业水平有赖于有效需求,而有效需求指的是生产者对他们决定所提供的就业岗位数量带来收入的预期值。均衡就业量未必是充分就业的就业量,可以小于也可以大于充分就业,主要看总供给和总需求的力量对比。当总需求价格大于总供给价格时,社会对商品的需求超过商品的供给,资本家就会增雇工人,扩大生产;反之,资本家或者被迫降价出售商品,或让一部分商品滞销,因无法实现其最低利润而裁减雇员,收缩生产。在短期内,生产成本和正常利润波动不大,因而资本家愿意供给的产量不会有很大变动,总供给基本是稳定的,因此就业量实际上取决于总需求,这个与总供给相均衡的总需求就是有效需求。经济大萧条表明此时的均衡就业量大幅小于充分就业水平,主要原因是有效需求不足导致的。企业和个人减少了投资和消费,导致商品和服务的需求下降。面对需求下降的现状,企业倾向于降低生产水平,减少生产规模以适应市场实际需求,这导致了工业衰退和生产的进一步收缩。没有足够的市场需求支撑生产规模,这导致了大量企业减产和裁员,失业成为长期现象。

在凯恩斯看来,繁荣、通胀、萧条和复苏,是周期往返常常可能出现的经济现实状况,而它们主要由企业和居民对未来的预期和心理的变化引起的。在繁荣阶段,人们对未来充满信心,乐观看待投资的未来预期收益,不断增加投资额和债务规模。繁荣时候可能已经潜伏着诸多不利因素,比如劳动力和资金等生产要素趋于稀缺,价格不断上涨,增加了生产成本;而股票、房地产等资产价格在杠杆的加持下,会更快速度地脱离基本面的价值区域,形成击鼓传花类的心理游戏。生产过剩带来的有效需求不足,是凯恩斯在《通论》中重点阐述的,也是他的核心创新观点:"决定就业量的基本因素是信心的状态、消费的倾向、流动性偏好和货币的数量。可以把它称为就业的一般性法则。"①

凯恩斯《通论》:"除了投机所造成的经济不稳定以外,人类本性也会造成不稳定性。我们积极行动的很大一部分来源于自身的乐观情绪,而不取决于对前景的数学期望……我们的大多数决策,大概只是受一时的血气冲动,一种油然自发的驱策。"他认为三大心理规律影响了投资和需求往往会产生相对悲观的预期。第一,边际消费倾向递减,在收入增长的初期,居民消费倾向很高,各种消费品都得到追捧,伴随收入的不断增长,居民的消费增量会小于收入增量,消费倾向明显下降,带来消费需求的走弱。第二,投资的边际收益递减,与边际消费倾向类似,投资的预期回报也会与投资量有关,伴随投资量的增加,投资收益率的下降会带来投资需求的走弱。第三,流动性偏好,人们会为了方便日常交易和预防,保留一部分货币;还有在权衡不同资产收益率的时候,保留货币其实也是一种机会的预留,随时准备"逢低介入"。

富兰克林·罗斯福②:"我们唯一值得恐惧的就是恐惧本身,一种莫名其妙、丧失理智、毫无根据的恐惧,它把人们转退为进的种种努力化为泡影。"

从《通论》的书名可以看出,除了就业之外,凯恩斯重点想阐述对利息、货币理论的创新。传统的利息理论认为,利息是储蓄和投资的函数,利息率是可贷资金的市场均衡价格,资金的供给是储蓄,资金的需求是投资,两者一致,实现的均衡价格水平就是均衡利息率水平。而凯恩斯认为,储蓄和消费都是收入的函数,不同的收入水平会产生出不同的资金供给曲线,而利息率是货币的供求决定的。《通论》在货币需求方面给出了更多的论述,人们

---

① [英]罗伯特·斯基德尔斯基:《凯恩斯传》,三联书店,2015年版。
② [美]富兰克林·罗斯福:《炉边谈话》,中国人民大学出版社,2017年版。

基于对货币流动性的偏好而产生需求,流动性偏好是收入和利息率的函数。凯恩斯特别提到一种极端情况:利率降到很低后,人们持有货币的机会成本很小,而为了投机动机持有的货币需求无穷大,此时货币当局再继续增加货币供给,也不会导致利率下降了,货币需求曲线成为一条水平线,这被称为"流动性陷阱"。

## 2.4 凯恩斯与罗斯福新政

1934年5月,凯恩斯不远万里,专程前往华盛顿和当时的新任总统富兰克林·罗斯福会晤了一个多小时。罗斯福后来曾评价道:极好的谈话,对他非常欣赏。罗斯福新政的不断推出,以及在美国和全球的经济效果,给了《通论》一个极好的案例。罗斯福总统的百日计划包括以下几个方面:

(1) 炉边谈话增强信心,改变预期。

罗斯福在就职总统后的第8天,在总统府的壁炉前接受美国广播公司、哥伦比亚广播公司和共同广播公司的采访,罗斯福认为这样讲话亲切些,就像坐在自己的家里,双方随意交谈,故命名为"炉边谈话"。该谈话是利用大众传播手段进行政治性公关活动的最经典事例之一。数以百万计的美国人收听了广播,听众感觉到总统是直接与他们交谈,这一方式很好地恢复了大萧条时期恐慌的美国普通民众信心。在罗斯福12年总统任期内,共做了30次炉边谈话,每当面临重大事件时,总统都用这种方式与美国民众沟通。

(2) 通过《总统紧急银行救助法》,恢复商业社会最重要的信贷血管体系。罗斯福总统第一次炉边谈话的主题就是:"我想与美国人民谈谈银行业……"他首先希望恢复人们对美国金融体系的信心,希望美国的银行体系能恢复正常的信贷功能。这部法案扩大了总统的权力以管理信贷和货币,并允许在联邦储备系统中唯有状况良好的银行,才能在财政部颁给执照后重新营业。财政部和其他联邦机构的审计师对每家银行进行了检查,根据情况选择能够重新开业的银行,一旦拿到重新开业的准许,该商业银行就可以用任何资产做抵押,向美联储借款,恢复流动性。总统就任十天后,3月15日有将近80%的银行被宣布有偿付能力并获准重新开放,而美国民众也非常配合地开始重新到银行进行储蓄了。建立美国联邦存款保险公司,最高保险额为2 500美元,降低了银行被挤兑的风险。

(3) 废除金本位制,调低利率水平。《紧急银行法》于1933年3月9日签署成为法律,距离国会首次看到该法案不到 8 个小时,该法律正式使该国脱离了金本位制。美元钞票不能再兑换黄金,让美联储可以摆脱黄金储备的困扰,增加了对商业银行提供流动性的能力。同时,美联储调低利率,相应的道琼斯工业指数在四个月内上涨 100%。金融市场的信心也得以恢复。

(4) 正式签署了国会法案,创建了至今仍是全美最大公共电力公司的联邦机构田纳西河谷管理局(TVA),在田纳西河上修建水坝,以避免因洪水对相关表土的侵蚀,这一公共电力公司可以覆盖南部七个州的 90% 的农场。成立了土木工程管理局(CWA),雇用 400 万工人从事重建基础设施的体力劳动。通过《联邦失业救济法案》,招募健康的未婚年轻人加入平民保护团(CCC),为他们提供教育和训练,每月工资 30 美元,其中 25 美元直接寄给家人。其中有一支民间护林工作队,接近 50 万失业人员被安排到国有林区工作。这一系列的财政扩张政策,带来联邦财政赤字的扩大,不再受限于以往的财政平衡原则。

(5) 1933 年签署《联邦紧急救助法》,拨款 5 亿美元,救济了全国 600 万贫困人口。1935 年 8 月,签署《社会保障法》,规定提供失业工人的福利金和 65 岁以上人群的退休金,规定了最长工作时间和最低工资,废除了使用童工现象,且特别限制了一些恶性竞争和价格战行为。在两年的时间里,社会保障局为 2 800 万人提供了就业保障,为 5 000 万老年人建立了养老保险,此外还给残疾人以及不能自立的妇女儿童提供了援助。

美国经济在 1933 年 3 月触底,工业生产指数在 1932 年 7 月降到最低点 52.8,到 1933 年的三月时仍是几乎没有变化的 54.3,但是到 1933 年 7 月时,已经达到 85.5。复苏直到 1937 年都呈现强势而稳定的态势,除了就业率,1937 年之前的经济已经超过 20 世纪 20 年代晚期的情况了。

# 3 滞涨与新古典复兴

## 3.1 石油危机与滞涨

1973 年 10 月第四次中东战争爆发,石油输出国组织(OPEC)的阿拉伯成员国减收石油产量来提升价格,短短两个月内原油价格从每桶 3 美元提高到11.6美元,猛然上涨了两倍多,1973年到1975年持续三年的石油大幅上涨被称为第一次石油危机,也触发了第二次世界大战之后最严重的全球经济危机。美国CPI同比数据由1972年的3.2%上升到1974年的11%,1975年维持在9.1%。英国和日本CPI峰值甚至分别达到了24.21%和23.30%,在物价高速攀升的同时,美国的工业生产下降了14%,日本的工业生产下降了20%以上,所有的工业化国家的经济增长都明显放慢。

1978年年底到1980年年底,伊朗爆发伊斯兰革命运动,伊朗停止石油出口,石油市场每天短缺石油500万桶,约占世界总消费量的十分之一,国际原油价格再次暴涨,1979年到1980年国际油价再次出现翻倍行情,史称第二次石油危机。1980年爆发伊朗、伊拉克两伊战争,产油设施遭到破坏,市场每天有560万桶的缺口,国际油价高位一直维持到80年代中期。两次石油危机期间,国际油价的大幅上涨,带动上游的能源、工业金属、贵金属等各类大宗商品价格大幅上涨,从PPI传导至CPI,由此带来了"二战"后最为严重也是时间最久的一次全球通货膨胀,1972年到1982年美国CPI的年均涨幅为8.7%,而英国、法国、韩国等CPI年均增长超过10%。生产要素价格短时间内成倍暴涨,让经济秩序和生产厂商的预期出现紊乱,陷入比较明显的产出收缩和经济衰退。物价大幅上涨、经济增速下降,这种组合被称作为"滞胀"(Stagflation)。70年代的"大通胀"(Great Inflation)与30年代的"大萧条"(Great Depression),被经济学家并列为20世纪全球经济的两大黑暗时刻。

## 3.2 滞胀与凯恩斯政策的失效

按照凯恩斯理论的政策建议,面对大幅快速的通胀,西方各央行纷纷开启加息步伐。美国联邦基金目标利率1972年的均值在4.5%,1974年最高超过13%。但令人困扰的是,利率上行并没有迅速把通胀降下来,反而让本已经乏力的GDP增长雪上加霜,经济衰退幅度加大。1973年美国GDP增速为5.6%,到1974年、1975年则连续两年陷入负增长,英国情况与美国类似。日本1973年GDP增速为8.03%,1974年快速回落到-1.23%,回落幅度最大。

在通胀压力有所缓解之后,为了刺激经济,美联储重启宽松政策,1975—1977年,美国联邦基金利率均值大幅回落至5.5%左右,M2增速超过10%。

第二次石油危机期间,美国再度进入"滞胀"困境。1980年美国GDP同比增速为-0.2%,失业率大幅攀升,1982年12月高达10.8%,CPI快速上行至13.6%。1979年8月,沃尔克担任美联储主席,美国进入"沃尔克时刻"。沃尔克对通胀采取"零容忍"政策,实行了激进的紧缩政策,收紧货币供给,1980年12月美国联邦利率最高升至22%,终于在1983年将美国通胀率降至3.2%,但美国经济在此期间一直低迷且艰难。

## 3.3 新古典经济学复兴与卢卡斯批判

在滞胀时期,以凯恩斯理论为基础的宏观经济计量模型预测性和解释力令人失望,并且传统的需求管理调控政策,无法解决石油危机这种供给冲击。从19世纪70年代开始,凯恩斯主义理论受到新货币主义和新古典理性预期学派的两种"反革命"冲击。这两种理论都认为不需要积极的主动的,尤其是相机抉择的稳定政策,政府没有能力更不应该试图通过运用积极的需求管理政策去稳定产出和就业的波动。

《美国的货币史,1867—1960》的作者弗里德曼是新货币主义的领军人士,他认为某种扰动即使发生,经济也会很快恢复到产出和就业的"正常"水平,需求管理的财政政策和货币政策有关的漫长而多变的各种时滞效应。货币主义者认为不应该给予央行自由货币政策裁量权,应该受到某种明确且固定规则的约束。他们的观点包括:货币存量的变化是解释货币收入变化主导的因素。经济具有内在的稳定性,除非受到不稳定的货币增长干扰。从长期来看,失业和通货膨胀之间不存在交替关系,长期菲利普斯曲线在自然失业率下是垂直的。通货膨胀是一种货币现象。

1995年诺贝尔经济学奖获得者小伯特·E.卢卡斯是弗里德曼的学生,他坚持老师的观点,并引入理性预期假设,认为只有在信息不充分、政策未被预期到的情况下,菲利普斯曲线的短期替代关系才成立。凯恩斯理论中的预期是外生的,受"动物精神"驱使;理性预期假设中的预期是内生的,理性经济人将最有效利用所有可以公开得到的信息,假如经济行为人认为通货膨胀率是由货币增长率决定的,他们将充分利用所有可以公开得到的有关货币增长率的信息,以形成他们对未来通货膨胀率的预期。在理性预期假设中,行为人对经济变化的平均预期一定是正确的,不会形成系统性错误。假如有系统性错误,行为人会从中吸取教训,改变预期从而消除系统性的错误。

更为有力的是卢卡斯对凯恩斯大规模使用的宏观计量模型的方法论表

示怀疑：当政策发生变化时，模型的参数依然保持不变。在 IS-LM-AD-AS 框架中，模型推导出的政策效应依赖模型中变量系数的估计值，但这些参数（如消费函数中的边际消费倾向）会不断发生变化的，理性的、效用最大化的经济行为人对政策变化的最优（消费）回应表现为参数的变化。政府改变经济政策，经济行为人就会相应调整他们的预期，宏观经济计量学模型中的各参数并不是外生不变的。

## 附：经济学理论的不断演进

表 2-1　经济学理论的不断演进

| 名　称 | | 英文名称 | 时　间 | 代表人物 | 核心思想 |
|---|---|---|---|---|---|
| 古典理论 | | Classics | 1936 年《通论》问世之前 | 斯密 | 想象完美市场，相信的萨伊定律 |
| | 古典 | Classical | 18 世纪到19 世纪上半叶 | 李嘉图、密尔 | 关注总产出，关注商品的价格，讨论商品的价值决定 |
| | 新古典 | Neoclassical | 19 世纪下半叶到 20 世纪初 | 马歇尔、瓦尔拉斯、古诺、杰文斯 | 边际革命，关注个体最优化供求决定均衡价格、一般均衡 |
| 新古典综合 | | Neoclassical Synthesis | 《通论》至 1976 年卢卡斯批判 | 凯恩斯、萨缪尔森 | 短期市场失灵，政府调控有必要；长期相信市场。关注现实经济问题，关注失业、通胀，积极参与国家政策制定 |
| 新古典理论 | | New Classical | 卢卡斯批判至今 | 卢卡斯、普雷斯科特 | 宏观模型必须有微观最优决策的基础，对市场信仰的复兴，政府干预政策无效，经济波动是随机的，是对供给冲击的最优反应 |
| | 新-新古典理论 | New Neoclassical Synthesis | 20 世纪 80 年代至今 | | 构建动态随机一般均衡（DSGE）理论框架，形成微观基础。市场存在价格刚性等各种短期摩擦力政策在短期内起效，长期经济运行由市场决定 |

# 第 3 讲 现代经济学框架

## 1 微观最优选择框架

### 1.1 "经济人"假设

斯密在《国富论》中有这样的经典论述:"每天所需要的食物和饮料,不是出自屠夫、酿酒家或烙面师的恩惠,而是出自他们自利的打算。"[①]穆勒、西尼尔等在此基础上,明确提出了"经济人"假设,并将其凝练为:完全逐利、完全理性、完全信息。在这样的新古典微观经济系统中,个体本身有能力且在完备信息中充分运用自身理性,追求自身利益最大化。以这一假定为基础,后续的经济学家开始充分运用数学工具,逐步将经济学完善为一套有严密逻辑分析与演绎体系的完整学科。必须承认,"经济人"假设是经济学数理化、学科体系更加严密的基石,也为经济学研究从定性到定量,从叙事伦理分析到数理实证分析打开了序幕。

同样在《国富论》中,可以看到斯密在强调:"不说唤起他们利他心,而说唤起他们利己心的话。不说自己有需要,而说对他们有利。"人们的自利根本上体现为"为己利他",是内含特定社会伦理关系的社会人,而群体活动的人类发现市场这一资源配置机制,可以充分有效利用人性的自利整合人类的具体活动,恰是自利的人性,人们开始相互关心。"为己利他"的行为机理促进了个人利益和社会利益的完美统一。"人类几乎随时随地都需要同胞的协助,想要仅仅依赖他人的恩惠,那是一定不行的"。人类之所以爱护别

---

[①] [英]亚当·斯密:《国民财富的性质与原因的研究:上卷》,商务印书馆,1972年版,第13页。

人、帮助别人,也就因为自己也需要他人的爱护和帮助①。而劳动者个体之间的协作会促进分工的深化,而分工带来技术进步,这是国家总体财富增长的正确路径。

"经济人"的假设一经提出,就有非常多的反对声。面临的挑战之一首先来自斯密自身,"任何一个受道德准则约束的人都会从同情中获得快乐,同时也会被对同情的强烈需求所伤害。所以,自身似乎也会从对别人产生的同情中收获愉悦,也会因为自己无法产生同情而受伤。"②斯密在《道德情操论》中强调人性的复杂性,尤其是人性天生具备利他和各种情绪,它们由自爱、同情、正义感、劳动习惯、追求自由的欲望和交换这六种动机所推动。斯密最后的解释是,追求欲望并不有损于美德的培养,欲望的追求途径是要满足他人的需求,和他人分工协作。

第二个挑战来自行为经济学及其相关的大量人类实验。最早最有名的是赫伯特·西蒙的"有限理性"(The Bounded Rationality Model)学说③,该理论认为:现实情况是不确定和复杂的外部环境,信息不完全,人类真实的思考模式应该不可能是古典经济学假设中的超凡模式。"人类在事实依据、价值观的结构一致性、处理问题的必备推理能力等方面,都不足以直接应用主观期望效用模型"。人类真实的行为模式是基于有限理性,受到计算能力限制的,大多数时候是"通过某种方式集中注意力,在特定时间里集中处理需要高度关注的事情"。他们的处理结果未必是全局最优的,却是拥有一定心智能力但绝非"超人"的生物得以生存的行为模型。西蒙还特意强调,人类的直觉也是常用的行为模式之一,直觉或者灵感来自经验的积累,"如果不能投入至少十年的密集学习和强化训练,几乎没有人能够达到世界一流水平。"有限理性模型认为,在真实决策时的人类更多受到自身认知能力与现实环境条件的双重限制,实际决策时很难遵循最大化(Maximization)或最优化(Optimization)原则,而"满意度"(Satisfying)是可行的,人们确定可接受的满意值,与决策后的预期结果进行评估。

---

① 朱富强:《斯密人性悖论及其内在统一性》,东北财经大学学报,2019(4):12-23页。
② 亚当·斯密:《道德情操论》,蒋自强、钦北愚译,商务印书馆,1997年版。
③ [美]赫伯特·西蒙:《人类活动中的理性》,胡怀国、冯科译,广西师范大学出版社,2016年版。

## 1.2　经济学的十大原理

美国哈佛大学经济学终身教授曼昆,有一本没有完稿就被出价1 400万美元天价版权费(创下经济学著作版权费的吉尼斯世界纪录)的著名教材《经济学原理》,该教材出版后成为至今为止最为畅销的经济学教科书。曼昆在该教材的开篇就提到,经济学的研究领域多面而广阔,但是可以用几个原理对这一经济学帝国进行概况和统一,那就是经济学"十大原理"[①]。

### 1.2.1　人们单独进行决策时

(1) 人们面临权衡取舍。
(2) 某种东西的成本是为了得到它所放弃的东西。
(3) 理性人考虑边际量。
(4) 人们会对激励做出反应。

### 1.2.2　人们相互之间的交易和决策

(1) 贸易可以使每个人的状况变得更好。
(2) 市场通常是组织经济活动的一种好方法。
(3) 政府有时可以改善市场结果。

### 1.2.3　整体经济如何运转

(1) 一国生活水平取决于它生产物品与服务的能力,与生产率正相关。
(2) 当政府发行过多货币时,物价上升,引起通货膨胀。
(3) 社会面临通货膨胀与失业之间的短期权衡取舍。

## 1.3　资源配置的最优化

市场主体的选择如果对应数学的最优化过程,经济学的资源有限前提相当于是数学模型里的限制条件,而满足无止境的需求或者欲望相当于是目标。

---

[①] [美]曼昆:《经济学原理:微观经济学分册》,第6版,梁小民、梁砾译,北京大学出版社,2012年版。

### 1.3.1 约束

人的选择依赖于偏好,也依赖于约束条件。如果没有资源有限性的约束,人们的任何需要都可以满足,也就没有选择的必要。随着经济发展和物质条件不断满足,许多曾经有限的资源禀赋逐渐呈现出过剩常态,但物质满足后时间成为新的约束条件,同样对人的选择产生限制。

### 1.3.2 目标

人类之所以需要选择,是因为人类欲望的无限性和满足欲望的资源的有限性之间的矛盾。虽然人类的进步就是不断地突破资源约束,但人类的欲望也在不断增加,资源的有限性问题永远不可能被解决。资源之所以稀缺,是因为人类的欲望无限,但满足这些欲望所需的土地、劳动力和资本有限。人类无限的欲望和社会有限的资源之间的冲突意味着在分配稀缺资源时必须做出选择。欲望是经济学存在的基础。欲望消失意味着想象力缺失,人类只要有想象力,欲望就会存在。

### 1.3.3 选择

在经济活动中,个人的选择具有目的,即用其有限的资源获得最大利益,这就是最优化行为的原理。最优化行为在经济学中又称为经济化行为,指人们一旦认识到他们能获得的资源(收入、时间、才能等)有限,就会努力做出能最好地达到其个人目的的选择,而不会故意浪费自己有价值的资源。

### 1.3.4 最优决策模型

从数学上较为一般的观点看,所谓最优化问题可以概括为一种数学模型:给定一个函数 $F(x)$,同时给定自变量应满足的条件限制,求 $x$ 为怎样的值时 $F(x)$ 取得最大值或最小值。通常,称 $F(x)$ 为目标函数,$x$ 应满足的条件为约束条件。通常,最优问题的数学模型可以简洁地表示为 $\text{Min}F(x)$ 或 $\text{Max}F(x)$。解决最优化问题的关键步骤是如何把实际问题抽象成数学模型,也就是构造出目标函数与约束条件。无论是无约束的最优化还是约束最优化,均可采用拉格朗日函数法求出极值。

## 1.4 需求——消费者效用最大分析

人们在进行最优选择时主要考虑的因素是边际收益。所谓边际收益，如果从消费者角度来说，就是消费一单位商品所能带来的效用的增量。通过从边际上考虑问题，人们对不同选择的边际收益进行比对，最终做出边际收益最高的决定。

### 1.4.1 边际效用定义

边际效用是指消费者对某种物品的消费量每增加一单位所增加的额外满足程度。

### 1.4.2 边际效用递减

在一定时间内，随着消费某种商品数量的不断增加，消费者从中得到的总效用是在增加的，但是以递减的速度增加的，即边际效用是递减的；当商品消费量达到一定程度后，总效用达到最大值，边际效用为零，如果继续增加消费，总效用不但不会增加，反而会逐渐减少，此时边际效用变为负数。

当有 $n$ 种商品可供选择的时候，消费者效用用效用函数表示即为：

$$效用 = U(x_1, x_2, \cdots, x_n)$$

### 1.4.3 约束：收入

虽然我们可以从商品中获得效用，但是对商品的获取是有限制的，这个约束就是收入。用函数来表示即为：

$$I = p_1 x_1 + p_2 x_2 + \cdots + p_n x_n$$

式中，$p_n$ 为商品 $n$ 的价格，$x_n$ 为商品 $n$ 的消费量。

在没有借贷和跨期消费的前提下，收入－消费使用的钱 $\geqslant 0$。但有时候会出现如下情况：在收入有盈余的情况下消费者不再进行更多支出，这是由于商品带来的边际效用递减太快，在收入全部用于支出之前就达到了均衡，导致更多的支出不能带来更多的效益。

### 1.4.4 在收入约束下的效用最大化

消费者的目标是从这 $n$ 种商品中获得最大的效用。在计算一定约束条件下函数的最大值时,我们可以建立拉格朗日表达式,即:

$$L = U(x_1, x_2, \cdots x_n) + \lambda(I - p_1 x_1 - p_2 x_2 - \cdots - p_n x_n)$$

在约束时最大化的一阶条件为,

$$\frac{\partial L}{\partial x_1} = \frac{\partial U}{\partial x_1} - \lambda p_1 = 0$$

$$\frac{\partial L}{\partial x_2} = \frac{\partial U}{\partial x_2} - \lambda p_2 = 0$$

$$\cdots$$

$$\frac{\partial L}{\partial x_n} = \frac{\partial U}{\partial x_n} - \lambda p_n = 0$$

$$\frac{\partial L}{\partial \lambda} = I - p_1 x_1 - p_2 x_2 - \cdots - p_n x_n = 0$$

## 1.5 供给——企业利润最大决策

### 1.5.1 生产函数

厂商的主要活动是将投入转化为产出,因此经济学家建立了一个抽象的生产模型,将投入和产出的关系用生产函数的形式给出:

$$q = f(k, l, m, \cdots)$$

此函数可以简单表示为:

$$q = f(k, l)$$

表示对于可供选择的资本量 $k$ 和劳动量 $l$ 的组合,能够生产出的最大产量。

### 1.5.2 柯布-道格拉斯生产函数

柯布-道格拉斯生产函数是美国数学家柯布和经济学家道格拉斯创造的生产函数,可以表示为如下的形式:

$$q = f(k, l) = Ak^\alpha l^\beta$$

式中，$\alpha$ 和 $\beta$ 都是常数。

### 1.5.3 约束：成本

假设厂商的投入只有两种：同质劳动 $l$，用时间来计量；同质资本 $k$，用机器使用时间来计量。所有要素投入来源于完全竞争市场，厂商可以以当前的价格 $w$ 和 $r$ 购买所需要的所有劳动和资本。也就是说，$w$ 和 $r$ 在厂商的决策过程中被认为是常数，厂商不能对其施加影响。在一定时期内的总成本可以表示为：

$$C = lw + kr$$

### 1.5.4 经济利润

经济利润定义为一个厂商总收入和其总成本之间的差值。

$$\pi = f(k, l) - lw - kr$$

在这个式子中，$l, k$ 是内生变量，而 $w, r$ 则是外生变量。因此，如果厂商寻求利益最大化，就是改变劳动和资本的使用量以获得固定产出下成本的最小化。

$$L = lw + kr + \lambda[q_0 - f(k, l)]$$

在约束时最小化的一阶条件为：

$$\frac{\partial L}{\partial l} = w - \lambda \frac{\partial f}{\partial l} = 0$$

$$\frac{\partial L}{\partial k} = r - \lambda \frac{\partial f}{\partial k} = 0$$

$$\frac{\partial L}{\partial \lambda} = q_0 - f(k, l) = 0$$

## 1.6 市场均衡及相关条件

市场均衡是指市场供求达到平衡时的状态。均衡状态下，若市场价格高于均衡价格，此时市场的供给就会大于需求，商品积压，迫使商品价格下降,直到价格等于均衡价格即供求均衡为止;反之,若市场价格低于均衡价格,市场的需求就会大于供给,商品供应不足,消费者愿意以更高的价格购买商品,使得商品价格上升,直到等于均衡价格。市场均衡的实现需要满足一定的条件。

### 1.6.1 市场结构:完全竞争市场

一般地,如果市场中的买者和卖者规模足够大,市场中的商品都是同质的,并且每个市场中的个体(包括买者和卖者)都是价格接受者,而且不能单独影响市场价格时,这样的竞争性状态被称为完全竞争。同时,也称这样的市场为完全竞争市场。

当市场中有一方存在影响市场价格的力量时,这个市场就是垄断市场。垄断市场分为卖方垄断市场和买方垄断市场。在卖方垄断市场中,只有一个卖者,卖方有影响价格的能力。在买方垄断市场中,买者只有一个而卖者很多,买方有影响价格的能力,此时买方的购买量是由买方垄断者的边际价值和产品的边际价格决定的,如铁路和电网。一般情况下,很少有完全竞争市场和完全垄断市场,大多情况下都是垄断竞争市场和寡头垄断市场。在不完全竞争的市场中,商品价格不完全由市场决定,因此无法实现市场均衡。

### 1.6.2 进出壁垒:进出无壁垒

在壁垒低的市场中,处于市场之中的企业固定成本较低,这就会使得新加入者进入市场的成本较低。只要这个市场是有利可图的,就会有新加入者进入市场,最终使得市场中企业的利润为 0。

在壁垒高的市场中,处于市场之中的企业固定成本较高,新加入者若想进入这个市场就需要付出较多的成本,高壁垒一定程度上阻止了新进入者,使原本处于市场之中的企业可以赚取更多的利润。

乔·贝恩认为,进入壁垒、利润率与市场集中度呈正相关关系。如果其他因素不变,则市场集中度越高,进入行业越困难,进入壁垒越高。因此,进出有壁垒的市场就不是完全竞争市场,也无法实现市场均衡。

### 1.6.3 信息对称：没有逆向选择、道德风险等问题

（1）逆向选择：一般发生在契约签订之前。

逆向选择的经典案例是旧车市场中的"柠檬"。在一个旧车市场之中存在两种车：好车和坏车。只有卖家可以了解所销售汽车的质量，对于买家来说，这些旧车看上去都是相同的。由于买家无法辨别好车和坏车，他们倾向于为车辆支付较低的价格。而对于好车的卖家来说，若较低的价格和车辆的品质并不匹配，会导致他们退出市场。

在生活中，逆向选择常发生在健康保险之中。在缴纳保费相同的前提下，低风险者的购买意愿会低于高风险者。对于高风险者来说，较高的保险费率仍然是有利可图的，但对于低风险者来说，他就会选择放弃购买保险。

（2）道德风险：一般发生在契约签订之后，个体由于受到保险的保障而发生变化的倾向。事前道德风险，如果被保险人的行动（投保行为）发生在保险事故（或意识到保险事故）之前，这是"事前的道德风险"，主要影响到损失发生的概率。例如，买了车险之后，车主的开车行为有可能变得更加随意。事后道德风险，如果被保险人的投保行动发生在保险事故之后，则是"事后的道德风险"。主要影响事故发生后损失的大小。例如，反正有保险，我生病用的药越贵越好。委托代理模型，在签署合约之前，代理人承诺要围绕股东利益的最大化，然而签约后，代理人就会权衡自己的利益和股东的利益。一般来说，代理人为了自己的利益很有可能会牺牲股东的利益。比如，在一起并购事件中，如果失败的话股东的利益会受损，而对于代理人来说无论成功还是失败公司的曝光度都会得到提升，代理人可以获得更好的收益。所以，对于股东来说并购不一定是一件好事，而对于代理人来说并购是一件有百利无一害的事。在信息不对称的市场中，价格也不是完全由市场决定，无法实现市场均衡。

### 1.6.4 外部性

外部性的产生是由于个体经济单位的行为对社会或者其他个人部门造成了影响，却没有承担相应的义务或获得回报，即私人成本与社会成本、私人收益与社会收益不相等的现象。

外部性有正外部性和负外部性。正外部性也称为外部经济，即私人收

益小于社会收益,社会可以获得外溢收益的现象,这会导致具有正外部性的行为缺乏私人投资,如教育,需要政府进行补贴。负外部性也称为外部不经济,即私人成本小于社会成本,社会需要帮个人承担部分成本,这会导致具有负外部性的行为私人投资过剩,如污染的排放,需要政府进行限制。在存在外部性时,从整个社会的角度看,市场均衡不是有效率的,即均衡点偏离了效率点。

## 1.7　供求均衡分析

市场供求的均衡来自三重自发秩序,即自发需求、自发供给、自发均衡。在这个过程中,市场这一看不见的手发挥作用,采用非强迫的方式,由市场参与者进行自主选择,市场自主调整。

### 1.7.1　自发需求

需求量是给定价格下愿意并且能够购买的数量,影响需求的因素包括商品的自身价格、消费者的收入水平、相关商品(替代品和互补品)的价格、消费者的偏好、消费者对商品的价格预期、消费者人数的变化等。

需求函数表示的是一种商品的需求数量和影响该需求数量的各种因素之间的相互关系,需求曲线表示商品的需求量和价格之间呈反方向变动的关系。

### 1.7.2　自发供给

供给量是给定价格下愿意并且能够生产的数量,影响供给的因素包括商品的自身价格、生产成本、生产者的技术水平、相关商品的价格、生产者预期的未来价格、生产者人数的变化等。

供给函数表示一种商品的供给量和商品价格之间存在一一对应的关系,供给曲线表示商品的价格和供给量同方向变动的关系。

### 1.7.3　自发均衡

需求量随着商品的价格上升而下降,而供给量随着商品的价格上升而上升,因而必定存在一个均衡点。在这个均衡点上,其价格和产量既为需求方所接受,也为供给方所接受,由此形成的是均衡价格和均衡产量。均衡价格的形成,实质上是市场经济运作三大机制(价格、供求、竞争机制)共同作用的结果。

## 2 宏观新古典综合派框架

第二次世界大战后,随着凯恩斯主义宏观经济学的流行,西方经济学体系的内在矛盾也显露出来。一方面,新古典经济学以个体分析为主,根据市场可以出清的均衡价格理论,认为资本主义经济能够自行解决其运行中出现的矛盾,主张实行自由竞争,反对国家干预;另一方面,凯恩斯主义以总体分析为主,根据"有效需求不足"理论,认为资本主义经济不能自动解决需求不足问题,难以实现总供给和总需求的平衡,不能实现充分就业,因此,主张实行国家干预经济生活的政策。

为了克服西方经济学体系的内在矛盾,以萨缪尔森为首的西方经济学者建立了新古典综合派的理论体系,将马歇尔的微观经济学与凯恩斯的宏观经济学综合在一起,将凯恩斯主义倡导的政府调节与新古典学派主张的市场调节综合在一起,将政府调节宏观经济的政策和市场调节微观经济的政策综合在一起。这种综合集中体现在萨缪尔森的《经济学》教材中。该教材一经出版便成为畅销书,新古典综合派的理论因此拥有了广泛的读者群,一直到20世纪60年代,该理论都在西方经济学中居于主流地位,其政策主张也相继被西方国家作为基本经济政策付诸实施。

其理论框架包括萨伊定律代表的古典理论体系,并接受了凯恩斯革命对古典经济学的批判。对于短期视角经济中的市场失灵和有效需求不足做出解释,引入需求管理的理论,强调以财政、货币政策为手段的相机抉择与政府宏观调控,整体上采用了凯恩斯学派的理论实践。对于长期经济视角,新古典综合派认为价格不再黏性,支持供给出清假设,强调市场调节的作用,认为政府也会失灵,整体上采用新古典学派的理论实践,包括货币主义、理性预期学派等理论流派。

新古典综合派理论体系一般具有双重性的特征。它在继承凯恩斯的有效需求理论的同时,又在一定程度上恢复了萨伊定律;在坚持国家干预经济必要性的同时,又强调市场价格的调节机制;在承认凯恩斯低充分就业均衡的同时,又坚持新古典学派充分就业的假定。从分配与增长理论方面来看,由于凯恩斯的《就业、信息和货币通论》在这方面缺乏理论阐述,所以,新古典综合派更多的是从新古典学派的理论传统中吸取精华。

以下介绍宏观新古典综合派框架,包括古典理论体系中的萨伊定理,凯恩斯经济学诞生的标志性"凯恩斯革命",短期视角下新古典综合派对凯恩斯学派的采纳,长期视角下对新古典学派理论的借鉴。

## 2.1 萨伊定律

1803年,法国经济学家萨伊(Jean Baptiste Say)出版了代表作《政治经济学概论》,被大卫·李嘉图称赞为:是正确理解和应用斯密原理的第一个欧洲大陆学者,他成功地把政治经济学这个学科组织得更合逻辑,更能增益人们的智慧。他坚定的支持斯密和《国富论》中的观点,强烈反对政府干涉经济活动。

在《政治经济学概论》中,他提出了著名的萨伊定律(Say's Law):"供给能够创造其本身的需求"(Supply creates its own demand)。也即,生产者进行生产的目的(除了自己使用的部分外),是用自己的产品和其他生产者相交换,以便到得他自己所需要的东西。例如,农民用自己生产出的多余的粮食在市场上交换棉布,就是用粮食的供给创造出自己对棉布的需求的过程。将这个例子推广至整个市场,任何产品的生产除了满足自身的需求之外,其余部分总用来交换其他产品,形成对其他产品的需求,即供给创造了需求,需求是无限的。"生产给产品创造需求","用产品换钱、钱换产品的两道交换过程中,货币只是一瞬间发生作用,交易结束后,会发觉交易总是用一种货物交换另外一种货物"。在萨伊这里,货币只是起到了交易媒介的作用,货币的多少只是对价格有影响,而对货物的生产和内在价值没有影响。

萨伊定律能够成立的关键在于其假定由于市场机制的自发调节作用,商品的价格能够有效地使商品的供求均衡,工资作为劳动的价格能够自发调节劳动的供求均衡,利息作为资本的价格能够自发调节资本的供求均衡,即在市场机制的作用下,市场出清,因而不会存在长期的、普遍的和全面的生产过剩。"某一种货物之所以过剩,应该是别的产品生产得太少",过剩产品在市场交换过程中,价格一定下降,导致厂商利润减少,过剩的产品会逐步被销售掉。不仅如此,由于每个生产者都想享用品种最多和数量最大的各种物品,所以每个生产者都尽量制造出最大数量的产品和别人相交换,使生产达到最高的水平,即达到充分就业状态。在整个过程中,市场自由竞争机制自动发挥作用,政府不用也不应该干预经济。

萨伊定律受到了大多数古典经济学家的支持,为数不多的挑战中,比较有影响力的来自马尔萨斯,他认为人们的短期欲望可能易于满足,并且会出现商品过剩和经济停滞。他的政策建议包括给工人增加工资补充收入的再分配政策,呼吁公共工程项目的建设。

## 2.2 凯恩斯革命

根据萨伊定理,供给会创造自己的需求,因而不存在生产过剩,也就不存在经济危机。然而,19世纪30年代的大萧条沉重打击了这一观点。1936年,约翰·梅纳德·凯恩斯发表了代表作《就业、利息和货币通论》,引发了经济学领域的"凯恩斯革命"。之所以称为"革命",是由于其对古典经济学提出了诸多批判:

(1) 否定了萨伊定律,明确了经济危机的存在性和破坏性;

(2) 摒弃了亚当·斯密"看不见的手"理论,提出市场是不完善的,经济危机不能通过市场的自发调节而恢复均衡,而是需要政府强有力的干预;

(3) 提出"需求创造供给"的有效需求理论,只要存在需求,社会便可以生产出任何数量的产品与之相适应;

(4) 反对古典学派单纯通过价格机制解决失业问题的理论,认为在有效需求处于一定水平上时,存在非自愿失业条件下的均衡;

凯恩斯的理论框架和古典经济学的区别,大体可以包括以下三点:

(1) 价格不是具有完全弹性的,存在黏性甚至刚性情况。

这一现象,在劳动力市场更容易出现。效率工资理论认为,工人的劳动生产率以及努力程度依赖于厂商支付的实际工资,为了激励员工更好地生产,企业愿意支付高于市场均衡水平的实际工资,并且一般不轻易降低工资,因为会损害劳动生产率,反而引起单位劳动力成本的上升。这一理论的最好案例来自美国福特汽车公司:福特的高工资摆脱了工人的惰性,旷工减少了75%,高工资改善了工人的纪律,努力程度大大提高,劳动成本每天实际在下降。"内部人—外部人"假说认为,寻找新的劳动力需要支付搜寻成本,包括广告、筛选、面试、试用以及培训等,企业一般不会轻易置换劳动力要素。由于工资和价格刚性的存在,工资和价格在短期内不容易调整,市场不能迅速实现自我平衡。即使企业面临生产不足,也难以通过降低工资来维持雇佣水平,而大萧条期间糟糕的经济形势让企业面临降低生产成本的难题,而不得不裁员。由于工资刚性,企业更倾向于裁员而不是降低工资,这加剧了失业激增现象。

(2)强调预期和未来的不确定对经济的影响。

亚当·斯密从来没有回避过他对牛顿力学的崇敬,他曾经预言:牛顿体系将成为所有科学体系的典范,宇宙就如同一部按照自然法则规则运转的机器,这一思想也可以应用到社会和经济现象中。古典经济学把经济学描绘出独立的原子的个体构成,彼此互动,形成一个处处均衡的理想状态。而且在自利的人性动机和市场价格机制的自动调节下,这种最优均衡是美好的帕累托状态。在市场中的个体,对未来会发生事情的概率非常清晰,人们面对的都是可测度的风险。凯恩斯更看重真实世界的运行,他认为反复出现的失业现象是基本事实,另外构造一个完美的理想国,对现实问题的解决无济于事。

凯恩斯有一段名言:"长期对我们当前要讨论的事务是一个颇具误导性的概念,长期,我们都死了。如果在风雪交加的夜晚,经济学家只是告诉我们风暴终究会过去,大海终究恢复平静,那这群经济学家给自己设定的任务也太简单、无用了。"

他强调经济现实中的诸多不确定性,工业革命后产品生产的中间过程越来越多,这种"迂回生产"模式更容易产生中间不同环节协调不一致的情况,不同环节的企业家对行业的预期决定了他自己的生产计划。更不确定的是消费者对他们正在生产产品的真实需求,愿意用多少的价格进行购买,等等。每个人的预期总处于变动之中,经济的繁荣与萧条,其实建立在每个行为决策人对未来的预期之上。更有甚者,信息的不确定有可能被人利用和操纵,"一些资本家十分善于利用民众的无知和信息的不确定来获利,结果造成全社会财富巨大的不平等,社会大众也悲观面对未来的经济状况,而政府放任这种情况发生。"

(3)政府应该积极主动进行宏观调控,防止错过最佳时机,扩大了经济衰退的幅度。

凯恩斯建议政府要经济主动地对经济实行干预,引导民众的预期,通过恰当的货币和财政政策,改变有效需求不足的事实,实行就业率的提升。在财政政策方面,主张通过增加公共支出来刺激总需求。这可以通过政府在基础设施、教育和医疗等领域的投资实现,通过这些方式,政府可以直接推动经济活动,提高就业水平,并在经济低迷时提供失业补贴给予支持。通过降低税率,特别是对个人和企业的税率调整,可以增加人们的可支配收入,激发更多的消费和投资,这是提高整体需求的有效途径,有助于经济增长。在货币政策方面,主张通过调整利率来影响投资和消费。在经济衰退时,可以扩大货币供应量,市场利率走低会鼓励企业借款和扩大生产,有助于提振经济活动,推动整体经济复苏。近年来,伴随各种危机的发生,有部分国家中央银行开始直接购买国债或其他金融资产定向宽松,给不同的金融市场提供货币流动性,促进信贷市场的活跃,改善融资环境,一方面解决流动性危机,并改变不同期限和不同行业融资的利率成本。

## 2.3 新古典综合派

《通论》获得了极大的成功。它所激发的革命,吸引了当时许多优秀的年轻学者。他们的丰富成果,为理解短期经济波动提供了新的方式。萨缪尔森在著名教材《经济学》第三版的时候,明确引入了新古典综合这个名词。他认为:"凯恩斯革命,是 20 世纪经济科学的最重要事件。"凯恩斯革命不仅仅是理论的进展,更大程度上为经济学家的政策建议提供了理论支持,一部分宏观经济家具有"工程师"的角色。托宾、索洛曾经在总统的经济顾问委员会工作。在英国,直到 20 世纪 70 年代中期,工党和保守党两者都赞同凯恩斯主义的原则。1971 年,美国总统尼克松甚至宣称:"我们现在都是凯恩斯主义者。"学界还发现很多这类学者大多来自靠近东海岸的哈佛、MIT、哥伦比亚大学和西海岸的加州大学伯克利分校、斯坦福大学等,他们被称为"咸水学派"。而坚持自由不干预的新古典观点的很多人来自芝加哥大学、卡内基梅隆大学、明尼苏达大学等,他们恰好分布在五大湖周边,称为"淡水学派"最为合适。两边的观点看起来针锋相对,但是新古典综合派给出了融合的框架:斯密和马歇尔的古典理论,在长期是正确的;但价格机制"看不见的手"在短期会失灵。时间长短,取决于价格调整的时间,一些价格(最显著的是劳动力价格)随着时间缓慢地调整。

新古典综合派在分析短期经济时主要采用凯恩斯主义的分析框架。他们认为,古典学派"看不见的手"学说,有一定的适用范围和现实局限性。换言之,市场有时会使我们失望,即存在"市场失灵"的情况,"市场失灵"现象的发生是由于缺乏完全竞争和外部效果的存在所导致的资源配置低效率。萨缪尔森认为,即使斯密本人也意识到只有为"完全竞争"的假设全部满足时,市场机制的优点才能完全实现。现实中一直存在的"不完全竞争"会让"看不见的手"效能下降。外部性的存在也会导致市场机制缺乏效率,一种经济上的好处或坏处转移给了供求双方以外的第三方,价格机制也会失灵。新古典综合派同意在短期条件下反对萨伊定律"供给自动创造需求",可以自发达到充分就业均衡。需要解决有效需求不足问题,政府在经济衰退期间促进需求,短期总供给曲线是从左到右向上倾斜的,所以刺激需求在提高产量方面是有效的。短期的经济体系存在波动和不稳定,需要交替实行收缩与扩张政策,保持经济稳定增长,减少经济波动的幅度。需要逆风向行事,在衰退时扩张,增加货币供给量,降低利率,刺激社会总需求,提升就业。在过分膨胀时采取紧缩政策,减少货币供给量,提高利率,抑制社会总需求,压低通货膨胀及通胀预期。

从长期来看,新古典综合派同意(新)古典的观点,供给曲线是垂直的,只有通过提高生产率,总供给曲线右移,才能增加均衡产量。作为一个折中主义者,萨缪尔森也会告诫人们,"就像看不见的手会失灵一样,也存在政府失灵。""当政府政策或集体行动所采用的手段不能改善经济效率或道德可接受的收入分配时,政府失灵便产生了。"政府失灵的情况提醒大家:应当谨慎地使用看得见的手。

凯恩斯的有效需求理论和国家主动干预经济的政策措施,让西方主要国家从"二战"后到20世纪70年代实现了相对稳定的繁荣增长期。

# 第4讲 宏观经济学目标与权衡

## 1 四大目标

### 1.1 经济增长与国内生产总值

> 收入是一连串的事件:享用收入是心理的实体,是无法直接衡量的,然而可以退回去一步,经由实际收入间接求得一个近似值,这些物质会给予内部的享受。
>
> ——欧文·费雪[①]

**国内生产总值**(Gross Domestic Product,GDP)是在某一既定时期一个国家内生产的所有最终物品与服务的市场价值。这一概念至少包含四个要点:市场交易行为,是产品生产过程中的增加值汇总,是国土的区域空间而不是所有者国民的概念,流量而不是存量。

GDP是一个地域概念,与之相联系的国民生产总值(GNP)则是一个国民的概念,指的是某国国民所拥有的全部生产要素在一定时期内所生产的最终产品的市场价值。详细来说,只有在指定的国家或地区生产出来的产品和服务才能被计入该国或地区的GDP。例如,美国某公司在中国生产的运动鞋,市场价值应该计入中国的GDP;同样地,中国某公司在美国生产的空调,市场价值则应该计入美国的GDP。

用支出法计算GDP的公式为:

---

① [美]欧文·费雪:《利息理论》,陈彪如译,商务印书馆,2013年版。

$$GDP = C + I + G + (X - M)$$

**消费**(指居民个人消费)**支出**(用字母 C 表示)**包括购买耐用消费品**(如小汽车、电视机等产品)、**非耐用消费品**(如食品、服装等产品)和**劳务**(如医疗、教育、旅游等方面)**的支出**。建造住宅的支出不包括在内。**投资指增加或更换资本资产的支出**,用字母 I 表示,是企业在厂房、设备和存货上的支出和家庭在住宅上的支出之和。**政府**对产品和劳务的**购买**(用字母 G 表示)**是指各级政府购买产品和劳务的支出**,如政府花钱设立法院、提供国防、建筑道路、开办学校等方面的支出。**净出口指进出口的差额**。用 X 表示出口,用 M 表示进口,则$(X-M)$就是净出口。净出口可能是正值,也可能是负值。

经济是由产出、收入和需求三个阶段组成的一个无限循环过程,企业通过对各种要素的组合进行生产活动。产出在市场上销售后,变成劳动力、资本和土地三种要素的各自收入工资、利息和地租,它们三者总和构成社会的总收入。要素所有者获得收入后,在市场上消费购买,形成对不同产品的消费需求、投资需求等,构成总需求。政府通过税收等形成收入,提供公共产品和政府购买需求,也变成总需求的一个部分。综上,从产出到收入再形成需求,循环往复,三者的总量在统计学意义上都等于 GDP。用所有经济单位在一定时期的生产过程形成的增加值之和表核算的是用生产法计算的GDP;用所有经济单位在一定时期获得的初次收入之和来核算的是用收入法计算的GDP;用所有经济单位在一定时期最终购买并使用的货物和服务,以及净出口之和来核算的是用支出法计算的GDP。

大多数宏观经济指标都存在季节效应,比如中国的 GDP 在一年的四个季度通常会有一季度(通常在1、2月份)的春节效应,大多数企业都会有一周左右的停产状态;通常会在下半年尤其是年底会有较好的消费和出口数据。为了避免这些季节性波动以及较为明显的长期增长趋势,在实际经济工作中,通常更关心 GDP 的同比增长率。从 2015 年开始,中国的季度 GDP 初步核算数据由国家统计局在季后 15 天左右公布,年度 GDP 初步核算数一般在次年 1 月 20 日左右公布。通常在逢 3 和 8 的年份为中国的经济普查年,数据会在次年 12 月左右公布。图 4-1 为中美 1978—2022 年 GDP 走势图,图 4-2 为中美 GDP 占全球 GDP 比例。

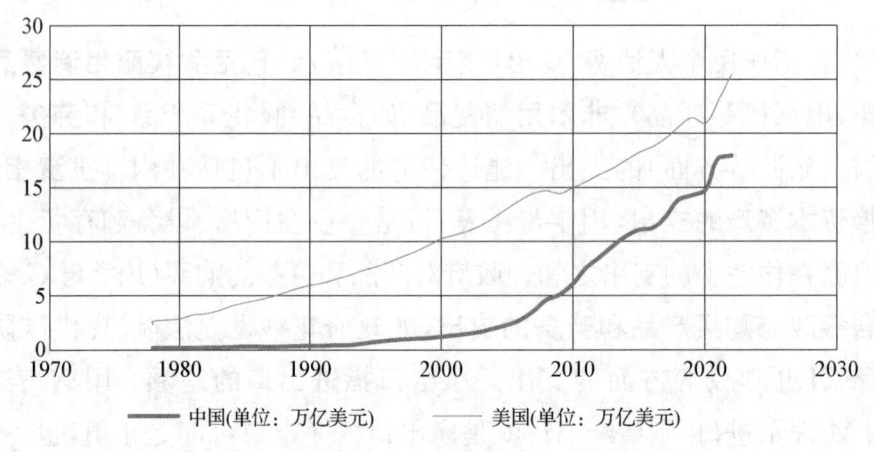

图 4-1 中美 1978—2022 年 GDP 走势图

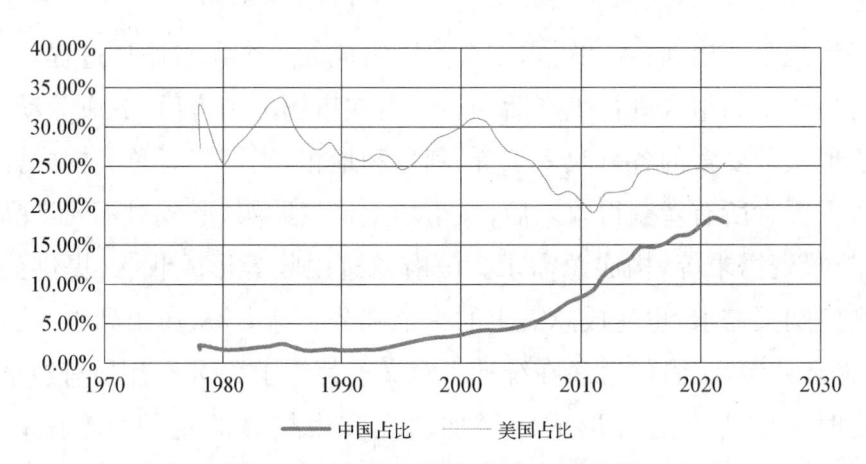

图 4-2 中美 GDP 占全球 GDP 比例

数据来源：中国国家统计局网站，世界银行。

## 1.2 稳定物价与物价水平

消费价格指数 CPI(Consumer Price Index)和工业生产者出场物价指数 PPI(Producer Price Index for Industrial Products)。

(1) CPI 是衡量一国（或一个地区）居民的生活消费品和价格服务水平随时间变动的相对数。很明显，选取哪些商品和服务进入"篮子"作为核算代表非常重要，中国的 CPI 篮子大致包括食品烟酒、衣着、居住、生活用品及服务、交通通信、教育文化娱乐、医疗保健、其他用品及服务 8 大类，268 个基本分类，其中占比最大的是食品，达到 30% 左右。其次是占比 20% 的居住，主要是居民租赁房的房租和水电燃料费等。伴随着居民收入的提高，技术进步对产品的更新替代等,代表性商品和服务以及相对应的权重都是在不断调整的。例如,最近一次中国国家统计局对部分消费品和服务的调整中就增加了新能源汽车、可穿戴智能设备、网约车服务等。过去一段时间,中国的猪肉价格波动对CPI的影响较为明显(见图4.3)。

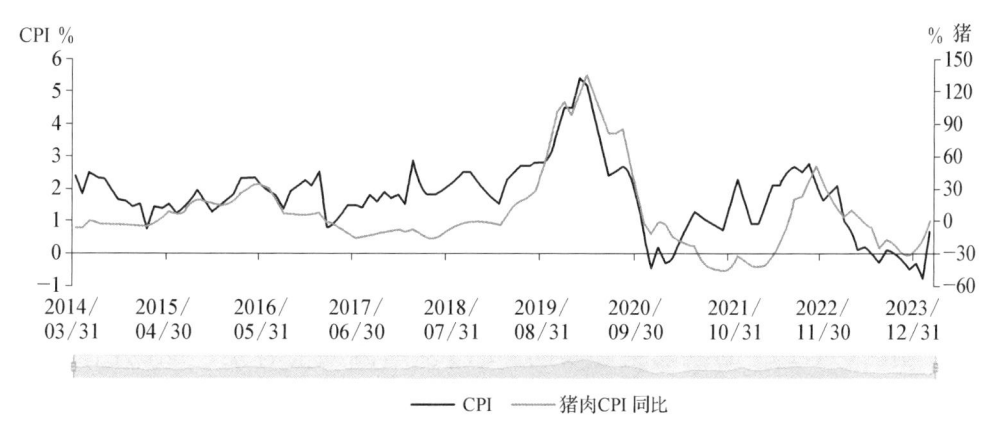

图 4-3 CPI同比与猪肉价格变动高度相关

数据来源:Wind 数据库。

通货膨胀是指一个经济体在一定时期内价格水平普遍持续上升的情况。可以用两个时期的物价水平变动的百分比来表示通货膨胀率。例如,2020年一国的CPI设为100,2021年该国CPI为108,则表明2021年该国通货膨胀为8%。

(2) PPI是某个时期工业企业产品第一次出售时价格变动的相对数。中国的PPI涵盖40个工业行业大类,1 300多个基本分类的工业产品价格。其中生产资料是用于工业生产的中间消耗品,比如煤炭、原油、有色金属等,占权重达到75%;生活资料包括食品、衣着、一般日用品和耐用消费品等,占比1/4左右。一般来说,上游原材料价格的变化会直接反映到PPI的价格波动中,涵盖原油、天然气、玉米、大豆、铝、铜等19种大宗商品的全球价格的路透商品研究局指数(CRB Index,即 Commodity Research Bureau Index)和中国的PPI高度相关。图4-4显示PPI与CRB现货指数同比走势趋同。

**图 4-4　PPI 与 CRB 现货指数同比走势趋同**

数据来源：Wind 数据库。

一般认为，PPI 的波动会逐步向 CPI 传导，因为前者是产品的出厂价格和原材料成本价格，后者是最终消费价格，所以 PPI 似乎是 CPI 的领先指标（见图 4-5）。

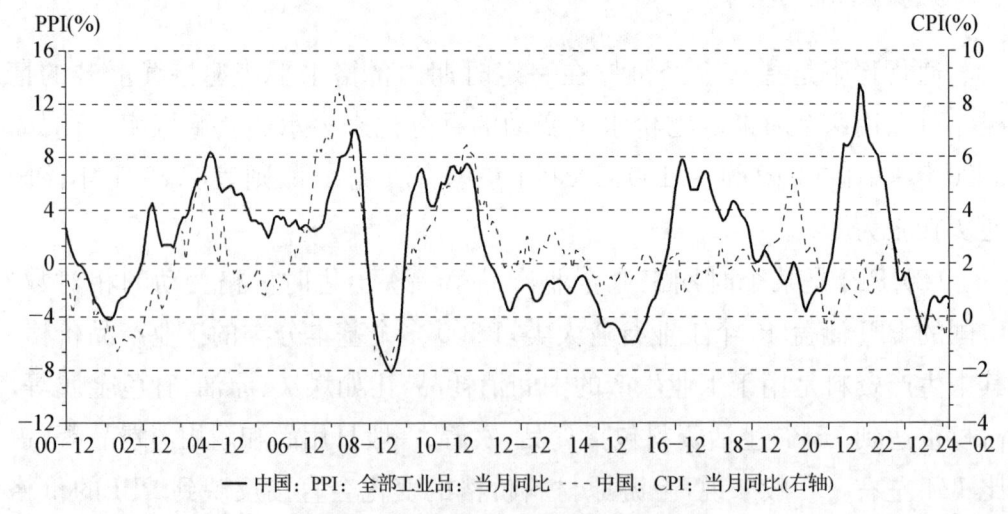

**图 4-5　PPI 同比走势领先于 CPI**

中国的 PPI 并未顺利传导到 CPI，PPI 的波动幅度明显大于 CPI。初步分析有以下两个原因：

（1）上游的 PPI 垄断性较强，下游的 CPI 竞争性较强。上游产业的很多大宗原材料市场竞争结构垄断程度较高，生产的同质性和规模性强，在涨价的时候幅度较大，但是下游由于竞争无法进行同样幅度的涨价，因此会牺牲一部分的利润。

（2）下游居民对于价格较敏感,在上游价格上升时没有足够多的收入增加消费。

中国的 CPI、PPI 数据通常由国家统计局在次月的 10 日公布。

## 1.3 就业水平与充分就业

一般用失业率来衡量该国的劳动力资源利用情况,用失业人数在劳动力总人数中的百分比来表示失业率。美国劳工统计局通常将在过去四周中力图寻找工作而没有找到的劳动人口（16 周岁以上）定义为失业人口。除了在疫情防控的特殊时期,美国非农失业率（见图 4-6）超过 8% 左右通常就是经济周期进入衰退的时期。

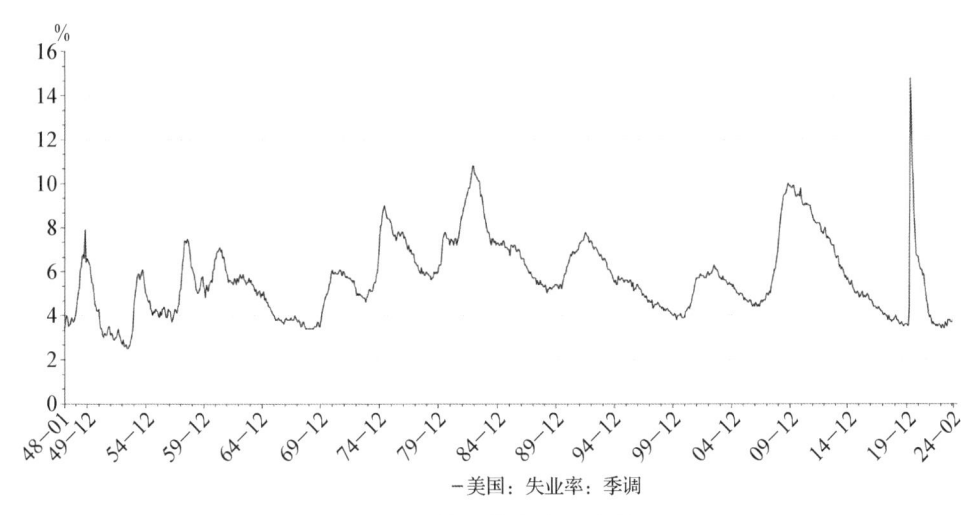

图 4-6 美国非农失业率情况

失业的来源通常有三类:摩擦性失业、结构性失业和周期性失业。摩擦性失业是因为劳动力市场的供求双方匹配不及时而造成的失业。通常认为摩擦性失业是较短时间存在的信息不对称带来的,所以一定程度的摩擦性失业是不可避免的。结构性失业是源于劳动者技能和特征与工作需求持续不匹配带来的失业。一般在技术较大变革时,这类失业较为明显。结构性失业持续的时间更长,需要劳动者调整自己的技能和学习新工具。周期性失业来自宏观经济的整体波动,特别是经济整体下行衰退带来的失业。经济整体衰退带来总量需求的下降,企业销售收入和利润不断萎缩会引发裁员的增加。

《中国人口普查年鉴—2020》详细披露了第七次人口普查的分项数据，在长表数据资料的第四卷"就业"里有全国及各地区各个大类行业及细分行业的就业人口情况。在全部住户中抽取10%的住户（不包括港澳台居民和外籍人员）可以看到，其中在所有6 563.178 6万人中，依然是农、林、牧、渔业占比最高达20.56%；制造业居第二占比为18.1%；排第三的行业是批发零售行业，占比14.11%。中国女性的劳动参与率较高，男性占抽样的就业人口比例为59.24%，也就是有41%左右的女性从业者；男性在建筑业和交通运输、仓储邮政行业中占比最大，高达84.58%和83.68%（见表4-1）；女性在教育、卫生和社会工作行业中占比较高，达65%左右。

表4-1　中国就业人口的不同行业分布

| 行　业 | 总　计 | 农、林、牧、渔业 | 制造业 | 建筑业 | 批发零售业 | 交通运输、仓储和邮政业 | 住宿和餐饮业 | 教育 | 卫生和社会工作 | 文化、体育和娱乐业 |
|---|---|---|---|---|---|---|---|---|---|---|
| 所有就业人口 |  | 0.206 | 0.181 | 0.113 | 0.141 | 0.050 | 0.049 | 0.041 | 0.020 | 0.007 |
| 该行业男性占所有男性就业者比例 |  | 0.186 | 0.183 | 0.161 | 0.118 | 0.070 | 0.041 | 0.025 | 0.012 | 0.006 |
| 该行业男性占该行业所有人比例 | 0.592 | 0.537 | 0.601 | 0.846 | 0.497 | 0.837 | 0.496 | 0.354 | 0.334 | 0.526 |

　　党的二十大报告指出，要"支持和规范发展新就业形态……完善劳动者权益保障制度，加强灵活就业和新就业形态劳动者权益保障。"灵活就业作为一个总称性的概念，因其在"劳动时间、收入报酬、工作场所、保险福利、劳动关系等方面与传统就业方式不同"，吸引了众多就业观念更加多元开放的年轻就业者。根据国家统计局2022年年初发布的数据，我国新就业形态蓬勃发展，新产业新业态新模式持续较快发展，各种灵活的就业模式吸纳了许多劳动力就业。目前我国灵活就业人员已经达到了2亿人左右。据调查，一些平台外卖骑手达到400多万人；有的平台上从事主播及相关岗位的从业人员达160多万人，比上年增加近3倍。《中国灵活

用工发展报告(2022)》显示,"普通工人"是企业使用灵活用工人员最为集中的岗位,占比为45.6%。"IT和其他技术人员"是企业使用灵活就业人员第二集中的岗位,占比为18.2%。岗位为行政、人力、财务、法务的占比为3.2%。[①]

00后、90后为代表的灵活就业者都更注重精神追求,期望拥有自由支配时间的愿望更为强烈。线上工作可以避免工作中长时间的通勤和复杂的人际关系,更加自由弹性的劳动雇佣关系为特征的灵活就业吸引力加大,远程办公工具、社交媒体为灵活就业提供了便利条件。2021年,中央经济工作会议首次提及健全灵活就业劳动用工和社会保障政策。

### 1.4　国际收支平衡

国际收支是一个经济体在一定时期参与国际经济交易活动的市场价值量总和,包括商品和服务的买卖、物物交换、金融资产交换、无偿的单项商品或服务的转移、无偿的单项金融资产转移等。

用一段时期的出口额减去进口额为该时期的净出口,如果净出口大于零,即国际贸易顺差;如果净出口小于零,即国际贸易逆差。境外资本流入一国,通常也有两种途径,一种是购买境内的资产,这称为间接投资;另外一种是投资办企业,被称为直接投资。资本流出本国,也有对外间接投资和对外直接投资两种。资本的流入和流出,被记录在国际收支平衡表的非储备资本与金融账户。通常在国际收支分析中,把经常账户和直接投资之和看成是基础国际收支状况;证券投资、其他投资、净误差与遗漏一般看成是短期资本的流动状况。中国的经常项目顺差从2001年之后迅猛增加,在2008年达到最高4 200亿美元,在新型冠状病毒感染疫情防控期间再次飙升到接近这一最高值(见图4-7)。

---

[①] 杨伟国、吴清军、张建国:《中国灵活用工发展报告(2022)》,社会科学文献出版社,2022年版。

图 4-7 中国经常项目差额

# 2 宏观经济目标的相互权衡

## 2.1 奥肯定律

失业与 GDP 之间的这一负相关关系被称为奥肯定律(Okun's Law),以首先研究这一问题的经济学家阿瑟·奥肯的名字命名。奥肯定律的基本内容是:当实际 GDP 增长相对于潜在 GDP 增长上升时,失业率下降;当实际 GDP 增长相对于潜在 GDP 增长下降时,失业率上升。换句话说,经济增长与就业之间存在一种正向的关系。具体来说,奥肯通过统计回归过往数据发现,失业率的下降与经济增长率的提高之间存在一个相对稳定的比例关系。奥肯定律并不是一种精确的科学定理,而是一种经验性的观察和概括。实际情况可能受到多种因素的影响,如经济结构的变化、技术进步、劳动力市场的灵活性等。此外,奥肯定律在不同的国家和时期可能表现出不同的特征。奥肯定律在宏观经济政策制定和分析中具有重要意义。它提供了一个简单而直观的框架,可以帮助政策制定者评估经济增长对就业的影响,并制定相应的政策措施来促进就业和降低失业率。奥肯定律提醒,支配短期经济周期的力量与决定长期经济增长的力量很不相同,GDP 的短期波动与劳动力就业情况高度相关。经济的衰退和萧条,总是与失业人数增加相互验证。

奥肯定律证明了失业率在经济衰退期上升,在经济繁荣期下降。然而,中国的宏观经济数据显示,2003年至2020年城镇失业率并未随着经济增长率的显著变化而波动,而是一直定在4.1%的较低水平,对于这个现象,学界有很多解释,其中一个解释是:随着产业结构升级,工业3.0、制造2025、人工智能等发展战略的不断提出,资本对劳动的替代率也不断提高。当第二产业不断创造增加值带来增长的同时,也会减少普通工种的就业岗位。正如霍金所言:"工厂自动化已经让众多传统制造业工人失业,人工智能的兴起很可能会让失业潮波及中产阶级。"

技术进步在推动经济增长和提高生产效率的同时,也可能导致某些行业或职业的工作岗位减少或消失。例如,自动化生产线的引入可能会减少对人工劳动力的需求,导致一些制造业工人失业。此外,信息技术的发展可能使一些传统的文书工作实现自动化,从而影响相关岗位的就业。卢德运动就是18世纪刚刚进入工业革命的英国发生的一次就业危机,珍妮纺纱机让很多手工业者破产,工资下跌,失业。纺织工人开始组织起来,破坏机器,组织大规模抗议活动,因这场运动的领导者化名卢德将军而得名。英国政府采取了严厉的镇压措施,通过法案授权地方政府可以动用军警镇压工人。"经济发展和结构调整,数字化、智能化技术迭代升级,经济、社会和部门政策调整,都会给就业造成直接或间接的多重影响。"[①]

## 2.2 菲利普斯曲线

在维持物价稳定和实现低失业率之间,是否存在矛盾?用货币政策或财政政策来扩大社会总需求,将导致经济沿着短期总供给曲线右移,实现更高均衡产出的同时也带来更高的物价水平。更高的产出通常意味着较低的失业率,企业在提高产量和预期更多需求时需要雇用更多工人。在给定前一年价格水平的情况下,更高的价格水平则意味着更高的通货膨胀率。政策制定者在沿着短期总供给曲线向上推动经济时,降低了失业率但提高了通货膨胀率。反之,当政策制定者采取措施紧缩总需求后,经济沿着短期总供给曲线向下移动时,通货膨胀率下降的同时失业率增加了。

通货膨胀与失业之间的这种权衡关系被称为菲利普斯曲线。1958年,

---

① 莫荣、陈云:《把稳就业提高到战略高度通盘考虑》,《红旗文稿》,2023第19期。

新西兰经济学家菲利普斯根据英国1861年至1957年的统计资料，提出了一条用以表示失业率和货币工资变动率之间交替关系的曲线。传统的菲利普斯曲线表明，通货膨胀率与失业率之间存在一种此消彼长的替代关系，即低失业率往往与高通货膨胀率相伴随，而高失业率则往往与低通货膨胀率相伴随。菲利普斯曲线为政策制定者提供了一种思考通货膨胀和失业率之间权衡关系的框架，政府可以通过扩张性的宏观经济政策来实现低失业率，需要一定的通货膨胀率作为成本；反之，可以通过紧缩性的宏观经济政策来控制通货膨胀率，但这可能会带来高失业率。在一定的失业率和通胀率目标之间进行权衡，似乎成为各国政府宏观经济调控的既定理论框架。然而，对于菲利普斯曲线的具体形状和适用性，经济学界一直存在不同的观点和研究结论。在实际经济情况中，通货膨胀和失业率的关系也更复杂，会受到多种因素的影响而发生变化，如技术进步、经济结构变化、预期等。

近年来，在全球化日益加深的背景下，很多国家的经验证据表明新凯恩斯菲利普斯曲线出现平坦化的现象，即通胀对本国经济活动（如产出缺口）的敏感性在降低。对这一现象的发生，具体解释主要包括以下几个方面：

① 全球化带来更激烈的竞争，导致面对需求上升时提价的商业空间缩小，贸易的开放使得不完全竞争的厂商面临更加激烈的竞争，从而削弱了他们的定价能力，使得通胀产出交替系数变大。② 全球化使市场竞争更加激烈，故而潜在地推动了生产力进步，更快速的生产力进步对价格水平有直接的降低作用，同时技术进步也使得产出持续快速增长，从而使央行制造通胀刺激生产的激励功能减弱。③ 国际贸易和资本流动的急剧增加使得商品价格对本国需求压力的敏感度降低，金融资产的国际流动允许个人平滑其消费，降低了个人劳动供给的波动，同时削弱了国内产出波动和通胀的联系。④ 由于劳动的外包而加强了不同国家之间工资水平的联系，劳动力的国际流动（包括向内和向外流动两个方面）在近年来也有所增加，这使得服务业的工资和价格对国内需求变化敏感度降低，进一步使得菲利普斯曲线平坦化。

中国是全球化进程中最大的参与者和推动者之一，开放度的提高对国内政策实施带来的挑战越来越大，货币政策的制定和实施愈发受到外部因素的影响，近年来全球化背景下中国国内菲利普斯曲线变化情况也得到了一些学者的关注，他们发现：① 开放程度的加深使得中国菲利普斯曲线中产出、通胀替代弹性变小，也即曲线更加平坦；② 中国的通胀率对本国产出缺口的敏感度在下降,为抑制本国的通货膨胀,需要更加持久的货币收缩政策,这会带来更大的产出牺牲。菲利普斯曲线平坦化是一把"双刃剑"。一方面,它表明即使一个过热的经济体也可能导致较低的通胀率;另一方面,为了消除一定程度的通胀将使经济体付出更大的代价。经济体的过热或者宽松的政策环境并不会立即导致 CPI 的高企。实际上,在全球化背景下,即便 CPI 等物价指数是正常的,也不能得出通货稳定的结果,可能还需关注资产价格等其他细节。过多流动性可能最先表现为资产市场的通胀,然后才会出现消费者价格的通胀;一旦通胀已经表现为 CPI 的高企,则下一次的治理将更加困难。其原因就在于开放度的加深对于通胀和产出交替关系的正向冲击效应,而此时政策的制定依然依赖于过去的经验,则无疑将对经济的可持续发展产生损害。[1]

## 2.3 泰勒规则

泰勒规则(Taylor's Rule)由斯坦福大学经济学教授约翰·泰勒于 1993 年根据美国货币政策的实际数据拟合的一个数据公式。该规则认为,美联储应根据实际通胀率和目标通胀率之间的差距来设定其目标联邦基金利率。如果实际通胀率高于目标通胀率,联邦基金利率就应该相应提高,反之亦然。如果中央银行采用泰勒规则,货币政策的抉择实际上就有了一种预承诺机制,从而可以解决货币政策决策的时间不一致问题。[2] 在泰勒规则下,美联储的货币政策应该遵循:

$$i = i^* + a(p - p^*) - b(u - u^*)$$

式中,$p$ 和 $p^*$ 分别是实际通胀率和目标通胀率;$u$ 和 $u^*$ 分别是实际失业率和自然失业率;$i$ 和 $i^*$ 分别是名义利率(以联邦基金利率即银行之间短期资金拆借利率衡量)和名义目标利率;$a$ 和 $b$ 是正的系数,表示央行对通胀和失业的关心程度。

---

[1] 耿强、付文林、刘荃:《全球化、菲利普斯曲线平坦化及其政策含义——中国数据的实证分析》,《学海》,2011 年第 2 期第 115-120 页。

[2] 刘达禹、刘金全、赵婷婷:《经济周期与规则型货币政策的动态关联机制研究——基于中国典型经济波动阶段的经验证据》,《经济评论》,2017 年第 2 期第 48-61。DOI:10.19361/j.er.2017.02.04.

假定经济中存在一个"真实"的均衡联邦基金利率,在该利率水平上,就业率和物价均保持在由其自然法则决定的合理水平上。如果上述真实利率、经济增长率(从而就业率)和通胀率的关系遭到破坏,货币当局就应采取措施予以纠正:若通胀率高于目标值($p>p^*$),央行就应将名义利率$i$设定为高于$i^*$,以抑制通货膨胀;若失业率高于自然失业率($u>u^*$),央行就应降低名义利率,以降低失业率。将美国的实际数据代入,美联储的泰勒规则如下:

名义联邦基金利率=通货膨胀率+2.0+0.5×(通货膨胀率-2.0)+0.5×GDP 缺口

可以用真实的美国数据反向验证泰勒规则的有效性,如图 4-8 所示,用美国真实的 CPI 月度同比数据减去美国的月度失业率,和美联储的联邦基金利率进行比较,可以发现两者的方向基本一致。

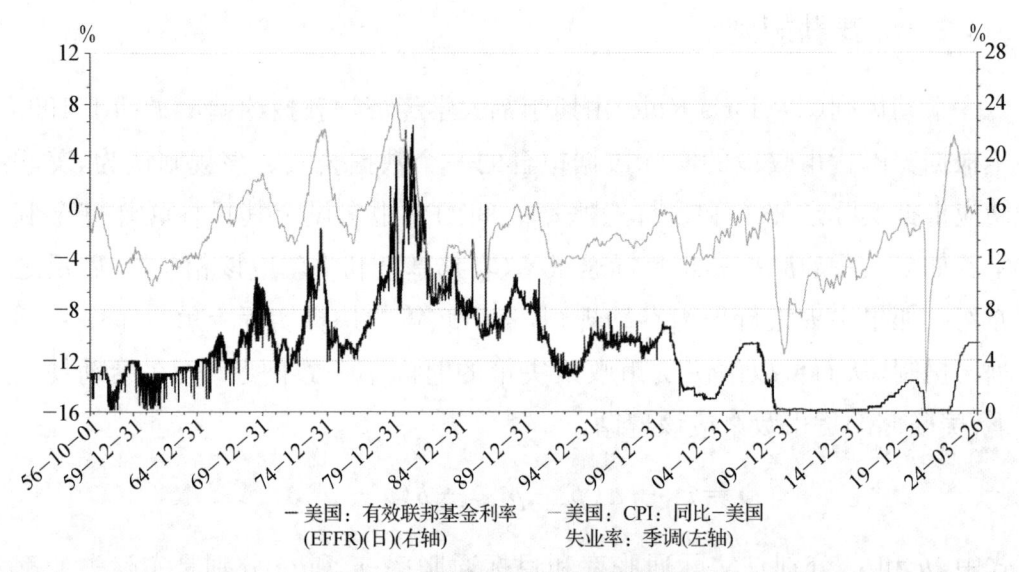

图 4-8 美国 CPI 与联邦基金利率

根据这一规则,实际联邦基金利率(名义联邦基金利率减去通货膨胀率)应该对通货膨胀率和 GDP 缺口做出反应。实际上,货币政策的泰勒规则与近些年美联储的真实行为很相似,这表明约翰·泰勒的货币规则可能不只是一个学术性建议,在某种程度上,它可能是美联储理事们潜意识地遵从的规则。[①] 需要指出的是,不同于欧美等发达经济体的央行大多基于泰勒

---

① 曼昆:《宏观经济学》,第 9 版,北京大学出版社,2015 年版,第 341 页。

规则运用公开市场操作调节短期市场基准利率以影响宏观经济运行,我国央行综合运用了包括存贷款基准利率、法定存款准备金率和公开市场操作在内的多种政策工具以实现"保持货币币值稳定,并促进经济增长"的政策目标。① 实证结果表明,在三类政策工具中,"存贷款基准利率"对产出和总体价格水平的影响最为显著。

## 2.4 三元悖论

通常情况下,宏观经济管理者们有三个核心目标:首先,他们需要制定灵活的货币政策,以对抗经济衰退和通货膨胀的威胁;其次,他们需要保持汇率的稳定,以确保商业活动不受太多不确定性的影响;最后,他们追求促使国际商业活动自由进行,特别是使货币的买卖自由进行,以维持私有经济的核心。

一个经济体越是开放,其国内宏观经济政策就会受到更多的掣肘,这种目标间的相互权衡,早在20世纪三四十年代就已经被很多人认识到。"二战"后,英国提出要稳定汇率,不能再出现竞争性贬值的现象。凯恩斯提出,为了保证货币政策的独立性,应当将资本管制写入国际货币基金协定的章程,允许各国在需要的时候进行资本管制。而米尔顿·弗里德曼则认为固定汇率制会传递通货膨胀,引发金融危机,只有实行浮动汇率制才有助于国际收支平衡的调节。英国经济学家詹姆斯·米德明确提出,固定汇率制度与资本自由流动是矛盾的。他认为,实行固定汇率制就必须实施资本管制,控制资本尤其是短期资本的自由流动。该理论被称为米德"二元冲突"或"米德难题"。

"三元悖论"又称"不可能三角"理论,是由美国经济学家保罗·克鲁格曼在研究亚洲金融危机的过程及原因后提出的。即一个国家不可能同时实现资本流动自由、货币政策独立和汇率稳定这三个目标。即在资本完全流动情况下,如果实行严格的固定汇率制度,则没有货币政策的完全独立;如果要维护货币政策的完全独立,则必须放弃固定汇率制度;如果要使得固定汇率制度和货币政策独立同时兼得,则必须实行资本管制。三个政策目标只能三选二。国家可以选择放弃汇率的稳定,采取像美国和澳大利亚那样

---

① 刘洪愧、涂巍、周国富:《多种政策工具下的中国"货币政策效应"——兼论泰勒规则在"中国版"DSGE 模型中的适用性》,《金融评论》,2018 年第 10 卷第 5 期第:70-89 和第 124-125 页。

的浮动汇率制度;可以放弃灵活的货币政策,实行像沙特阿拉伯、中国香港地区那样的固定汇率,甚至像某些欧洲国家那样取消本国货币;或者,可以放弃完全的自由市场原则,实行资本管制,这是20世纪40年代至60年代大多数国家采取的做法之一。

(1) 保持本国货币政策的独立性和资本的完全流动性,必须牺牲汇率的稳定性,实行浮动汇率制。这是由于在资本完全流动条件下,频繁出入的国内外资金带来了国际收支状况的不稳定,如果本国的货币当局不进行干预,亦即保持货币政策的独立性,那么本币汇率必然会随着资金供求的变化而频繁地波动。利用汇率调节机制将汇率调整到真实反映经济现实的水平,可以改善进出口收支,影响国际资本流动。虽然汇率调节机制本身具有缺陷,但实行汇率浮动确实较好地解决了"三难选择"。但对于发生金融危机的国家来说,特别是发展中国家,信心危机的存在会大大削弱汇率调节机制的作用,甚至起到恶化危机的作用。当汇率调节不能奏效时,为了稳定局势,政府的最后选择是实行资本管制。

(2) 保持本国货币政策的独立性和汇率的稳定性,必须牺牲资本的完全流动性,实行资本管制。在金融危机的严重冲击下,在汇率贬值无效的情况下,唯一的选择是实行资本管制,实际上是政府以牺牲资本的完全流动性来维护汇率的稳定性和货币政策的独立性。一方面是由于这些国家需要相对稳定的汇率制度来维护对外经济的稳定;另一方面是由于他们的监管能力较弱,无法对自由流动的资本进行有效的管理。

(3) 维持资本的完全流动性和汇率的稳定性,必须放弃本国货币政策的独立性。资本完全流动时,在固定汇率制度下,本国货币政策的任何变动都将被所引致的资本流动的变化而抵消其效果,本国货币丧失自主性。在这种情况下,本国或者参加货币联盟,或者更为严格地实行货币局制度,基本上很难根据本国经济情况来实施独立的货币政策对经济进行调整,最多是在发生投机冲击时,短期内被动地调整本国利率以维护固定汇率。可见,为实现资本的完全流动与汇率的稳定,本国经济将会付出放弃货币政策的巨大代价。

【课堂思考题】

寻找相关资料,讨论1997—1998年,泰国、马来西亚、菲律宾等东南亚国家爆发的金融危机和三元悖论之间的关系。

# 第 5 讲　经济周期的需求管理

针对 1929—1933 年大萧条产能过剩的事实,"凯恩斯革命"强调**有效需求不足**,是必须面对并亟待解决的严重问题,经济体在总供求相等时实现的均衡未必是充分就业的均衡,如果是非充分就业均衡,此时社会有效需求小于充分就业时的供给水平,会产生非自愿失业。如果能通过一些政策措施的推出,扩大有效需求,会带来就业的提升和产出水平的增加,"**需求决定供给**"的结论就是在这样的逻辑下得到的。

凯恩斯**有效需求原理**中均衡国民收入(有时也称为均衡产出水平)指的是总收入和总支出相等时候的产出。在**短期或者经济萧条**时,总供给处于非充分就业、产能供给过剩的状态,**总需求成为均衡国民收入水平的决定因素,有效需求决定均衡产出水平**。总需求有**消费、投资、进出口和政府支出四个重要组成部分**,用国民收入核算恒等式表示如下:

$$GDP = C + I + G + (X - M)$$

## 1　对消费需求的分析:简单国民收入决定模型[①]

### 1.1　消费函数

凯恩斯认为,居民的可支配**收入是消费需求最重要的影响因素,而且消费和收入之间存在一个稳定的函数关系**。消费和收入的增量之间也存在一个规律:随着收入的增加,消费也会增加,但是消费的增加不及收入增加得

---

① 高鸿业:《西方经济学教材(宏观分册)》,第七版,中国人民大学出版社,2018 年版.

多,这个被称为边际消费倾向递减规律①。

**消费和收入的这种关系被称做消费函数或消费倾向**,用公式表示是:

$$C = C(Y)$$

平均消费倾向(APC)是指任意一个收入水平上的消费支出在收入中所占的比率。

$$APC = \frac{C}{Y}$$

边际消费倾向(MPC)是指每增加 1 单位收入中用于增加消费的部分所占的比率,也就是增加的消费额与增加的收入额之比,边际消费倾向是介于 0 和 1 之间的数值:

$$MPC = \frac{\Delta C}{\Delta Y}$$

消费函数可以用方程来表示:

$$C = \alpha + \beta Y$$

式中,$\alpha$ 为必不可少的自发消费部分,即使收入为 0 时消费者为了维持生活而必须进行的消费;$\beta$ 为边际消费倾向;$\beta$ 和 $Y$ 的乘积表示收入引起的消费,即引致消费。$C = \alpha + \beta Y$ 的经济含义是消费等于自发消费与引致消费二者之和。

## 1.2 均衡产出水平

假设所分析的经济中不存在政府,也不存在对外贸易,只有家庭部门(居民户)和企业部门(厂商)。消费行为和储蓄行为都发生在家庭部门,生产和投资行为都发生在企业部门。假定企业投资是自发的或外生给定,即不随利率和产量而变动。这种简单的经济关系称为两部门经济。假设不论需求量为多少,经济社会均能以不变的价格提供相应的供给量。这就是说,社会总需求变动时,只会引起产量和收入变动,使供求相等,而不会引起价

---

① 西方经济学编写组:《西方经济学(下册)》,第二版,高等教育出版社、人民出版社,2019 年版。

格变动,经济社会的产量或者说国民收入就决定于总需求。**和总需求相等的产出被称为均衡产出或收入。**由于两部门经济中没有政府和对外贸易,总需求就只由居民消费和企业投资构成。均衡产出可用公式表示为:

$$Y = C + I$$

式中,$Y$、$C$、$I$ 分别表示收入、消费与投资。考虑 $I$ 不变的情况,根据凯恩斯的理论假设,有:

$$C = C_0 + \alpha Y$$

联立可得:

$$Y = C_0 + \alpha Y + I$$

$$Y = \frac{C_0 + \bar{I}}{1 - \alpha}$$

这就是由消费需求推导出了**均衡产出水平**。

## 1.3 乘数效应

投资支出的增加会带来均衡产出水平的倍数增加,这个比率被称为乘数效应。当增加的投资用来购买资本品时,实际上是用来购买制造投资品所需要的生产要素。这笔投资以工资、利息、利润和租金的形式流入生产要素的所有者(即居民)手中,居民的收入便因此而增加了等同于投资的数额。居民的收入会再次形成消费和储蓄,储蓄转化为投资,不断循环,产生更多产品需求。

若以 $\Delta Y$ 代表增加的国民收入,$\Delta I$ 代表增加的投资,则二者之比率 $k = \Delta Y / \Delta I$。因此,$\Delta Y = k \Delta I$。由此推导出**投资乘数**:

$$k = \frac{1}{1 - MPC} = \frac{1}{1 - \beta}$$

乘数大小和边际消费倾向有关,边际消费倾向越大,则乘数就越大。

更为关键的是政府的需求管理政策会带来类似的乘数效应,比如政府购买和税收,加入政府部门后的均衡收入应是计划的消费、投资和政府购买之总和同计划的消费、储蓄和净税收之总和相等的收入。

$$C+I+G=C+S+T$$

消去上式等号两边的 $C$，得：

$$I+G=S+T$$

上式是三部门（家庭、企业、政府）经济中宏观均衡的条件。假定政府征收的是定量税，即税收量不随收入而变动，用 $T$ 来代表；加入政府部门以后，不仅投资支出变动有乘数效应，政府购买、税收和政府转移支付的变动同样有乘数效应，因为政府购买支出、税收、转移支付都会影响消费。由于三部门经济中总支出为：$Y=C+I+G=\alpha+\beta(Y-T)+I+G$，这里，$T$ 是定量税，在这样的情况下，均衡收入为：

$$Y=\frac{\alpha+I+G-\beta T}{1-\beta}$$

通过这一公式，就可求得下述几个乘数。

### 1.3.1 政府购买支出乘数

所谓政府购买支出乘数，是指收入变动对引起这种变动的政府购买支出变动的比率。以 $\Delta g$ 表示政府购买支出变动，$\Delta y$ 表示收入变动，$k$ 表示政府购买支出乘数，则：

$$k_g=\frac{\Delta y}{\Delta g}=\frac{1}{1-\beta}$$

此式中 $\beta$ 仍代表可支配收入的边际消费倾向，在三部门经济中，政府购买支出乘数和投资乘数相等。

在 $Y=\dfrac{\alpha+I+G-\beta T}{1-\beta}$ 中，若其他条件不变，只有政府购买支出 $g$ 变动，则政府购买支出为 $g_0$ 和 $g_1$ 时的收入分别为：

$$y_0=\frac{\alpha_0+i_0+g_0-\beta t_0}{1-\beta}$$

$$y_1=\frac{\alpha_0+i_0+g_1-\beta t_0}{1-\beta}$$

$$y_1-y_0=\Delta y=\frac{g_1-g_0}{1-\beta}=\frac{\Delta g}{1-\beta}$$

所以，
$$\frac{\Delta y}{\Delta g}=k_g=\frac{1}{1-\beta}$$

可见，$k_g$ 为正值，它等于 1 减可支配收入的边际消费倾向（$\beta$）的倒数。

### 1.3.2 税收乘数

税收乘数指收入变动与引起这种变动的税收变动的比率。假设 $Y=\dfrac{\alpha+I+G-\beta T}{1-\beta}$ 中，只有税收变动，则税收为 $t_0$ 和 $t_1$ 时的收入分别为：

$$y_0=\frac{\alpha_0+i_0+g_0-\beta t_0}{1-\beta}$$

$$y_1=\frac{\alpha_0+i_0+g_0-\beta t_1}{1-\beta}$$

$$y_t-y_0=\Delta y=\frac{-\beta t_1+\beta t_0}{1-\beta}=\frac{-\beta \Delta t}{1-\beta}$$

所以，
$$\frac{\Delta y}{\Delta t}=k_1=\frac{-\beta}{1-\beta}$$

税收乘数为负值，这表示收入随税收增加而减少，随税收减少而增加，其原因是税收增加，表明人们的可支配收入减少，从而消费会相应减少，因而税收变动和总支出变动方向相反，税收乘数的绝对值等于可支配收入的边际消费倾向与可支配收入的边际储蓄倾向之比。

### 1.3.3 平衡预算乘数

平衡预算乘数指政府收入和支出同时以相等数量增加或减少时，国民收入变动与政府收支变动的比率。用 $\Delta y$ 代表政府支出和税收各增加同一数量时国民收入的变动量，则：

$$\Delta y=k_g\Delta g+k_1\Delta t=\frac{1}{1-\beta}\Delta g+\frac{-\beta}{1-\beta}\Delta t$$

由于假定 $\Delta g=\Delta t$，因此：

$$\Delta y = \frac{1}{1-\beta}\Delta g + \frac{-\beta}{1-\beta}\Delta g = \frac{1-\beta}{1-\beta}\Delta g = \Delta g$$

或

$$\Delta y = \frac{1}{1-\beta}\Delta t + \frac{-\beta}{1-\beta}\Delta t = \frac{1-\beta}{1-\beta}\Delta t = \Delta t$$

可见

$$\frac{\Delta y}{\Delta g} = \frac{\Delta y}{\Delta t} = \frac{1-\beta}{1-\beta} = 1 = k_b$$

式中，$k_b$ 即平衡预算乘数，其值为1。

## 2 对投资、货币需求的分析：IS-LM模型

IS曲线基于投资函数，代表产品和服务市场达到均衡状态时，产出与利率$r$的函数关系，该曲线会受到财政支出的影响而移动。

### 2.1 投资函数及 IS 曲线

资本是能够在未来产生收入流的资产或某项能力。一项投资形成的资本在未来产生的预期收益，进行贴现之后的总和，在均衡情况下应该等于这项资本的供给价格或者重置成本。费雪很早就在《利息理论中》[1]强调，任何财产、财富权利的价值，就是作为收入源泉的价值，是对未来预期收入的折现而来；收入与资本之间的桥梁就是利率，利率是对某一日期的货币所支付的贴水的百分率；资本会带来未来的收入，而未来收入来自资本，所以资本现在的价格是多少，来自未来可能的收入价值大小。

企业在决定投资的各种因素中，预期利润率（资本未来的收益率）既定时，利率就是考虑的首要因素。在投资的预期利润率既定时，企业是否进行投资，取决于利率的高低。利率上升时投资需求量减少，利率下降时投资需求量增加。**投资是利率的减函数。** 投资和利率的这种关系被称为投资函数，可表示为：

$$I = I(r)$$

---

[1] ［美］欧文·费雪：《利息理论》，陈彪如译，商务印书馆，2013年版。

式中，$I$ 表示投资，$r$ 表示利率。如果把投资函数写成 $I = I(r) = e - \mathrm{d}r$，则式中的 $e$ 就是自主投资即利率为零时仍会有的投资量，$\mathrm{d}$ 是投资的利率弹性即利率对投资需求的影响系数，即投资对利率变动做出反应的敏感程度。

结合投资函数、消费函数、投资和储蓄相等的均衡条件，联立可以得到产品市场的均衡表达式，即 $IS$ 曲线。

$$I = e - \mathrm{d}r$$
$$Y = C + I$$
$$Y = \alpha + \beta Y + e - \mathrm{d}r$$

产品市场均衡产出的表达式为：

$$Y = \frac{\alpha + e - \mathrm{d}r}{1 - \alpha}$$

产品市场均衡时，产出与利率是负相关关系，若假设这种关系是线性，就可以根据这个表达式绘制如下的 $IS$ 曲线（见图 5-1）。

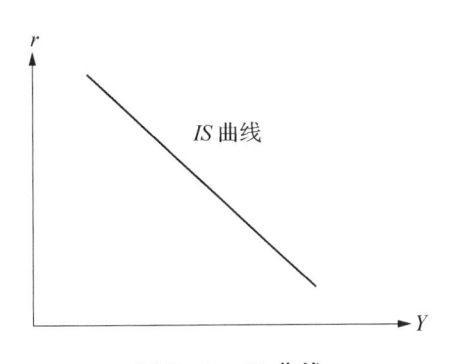

图 5-1　IS 曲线

如图所示，纵轴代表利率，横轴代表收入，可得到一条反映利率和收入间相互关系的曲线。这条曲线上任何一点都代表一定的利率和收入的组合，同时都满足投资和储蓄相等，即 $I = S$，从而产品市场是均衡的，这条曲线称为 $IS$ 曲线。$IS$ 曲线是产品市场均衡状态的一幅简单图形，它表示与任一给定的利率相对应的国民收入水平，在这样的水平上，投资恰好等于储蓄。由于利率的下降意味着一个较高的投资水平，从而也意味着一个较高的储蓄和收入水平，因此，$IS$ 曲线的斜率是负值。

## 2.2　IS 曲线移动：政府财政支出的影响

分析财政政策对 IS 曲线的影响，即在总产出中添加政府支出这一项，均衡产出变为：

$$Y=\frac{C_0+e+G-\mathrm{d}r}{1-\alpha}$$

政策对经济活动有着重要的影响。特别是财政政策的变化可以通过增加或减少政府支出 $G$ 来影响总需求。当政府增加支出时，总需求增加，从而导致 IS 曲线向右移动。

假设政府支出增加了 $\Delta G$，新的总需求函数为：

$$Y=C+I+G+\Delta G$$

政府支出增加将导致总需求曲线整体上移，IS 曲线也会向右移动。政府支出同样对均衡产出有乘数效应，会使每一个利率水平下的均衡产出都增加。政府支出增加一个单位，IS 曲线向右平行移动 $\dfrac{1}{1-\alpha}$ 个单位，表明在给定的利率水平下，GDP 的均衡水平会增加。假设政府决定增加基础设施投资，这将刺激建筑业和相关行业的需求。随着投资的增加，企业开始雇用更多的劳动力，增加了人们的收入。随着个人收入的增加，消费支出也会增加。这种增加的消费和投资支出会导致总需求的增加，从而使 IS 曲线右移。通过这种方式，财政政策可以促进经济增长和就业。

## 2.3　货币需求函数及 LM 曲线

凯恩斯的货币需求理论又称流动性偏好理论。凯恩斯认为，人们对货币的需求来自：商品交易需要一般等价物的便捷性、各种未预期到的不确定性发生时货币的预防效应、可能随时出现的有价证券购买机会。前两种货币的需求取决于交易需求和预防需求，和收入正相关，收入水平越高，持有的货币量越多。第三种货币需求取决于购买有价证券的时机，当市场利率水平较低时，债券等有价证券的市场价格会比较高。当人们认为现有利率过低时，也就是有价证券价格已经上涨到正常水平以上，投资人会卖掉有价证券，手中的货币量持续增加。而这些货币相当于一种对有价证券的看涨期权,不是为了交易或者预防而持有,是为了随时购买有价证券而持有。这种投机需求的货币持有量和市场利率成负相关关系,利率较高时,人们会将手中货币买入有价证券,货币持有量较少。当利率极低时,人们认为利率很难再继续下降,或者有价证券的市场价格已经不会再继续上升,此时会将有价证券(风险资产)全部换成货币持有。人们只愿意持有货币,对货币流动性的需求近似无穷大,不愿意进行任何风险资产购买的状况。这种现象被称为**流动性陷阱**。此时,扩大货币供给的货币政策,对实际投资和产出拉动的效应将大大下降。根据货币需求理论构建货币需求函数,人们对货币的需求可以分为收入因素和利率因素,即有:

$$L = L(Y) + L(r)$$

对于正常状态下的货币需求,货币需求函数可以写为收入和利率的函数:

$$L = kY - hr$$

LM 曲线中 L 是流动性(Liquidity)的首字母缩写,代指流动性偏好需求存在而对货币的需求量;M 指货币供给(Money Supply),这两者分别对应了在货币市场中的需求因素和供给因素。假设货币供给总量以及商品一般价格均为外生变量且短期内恒定,有:

$$M = \frac{\bar{M}}{\bar{P}}$$

$\bar{M}$ 的数量一般由决定发行货币总额的央行决定,$\bar{P}$ 则根据观察时间的长短有价格刚性、价格黏性、可变价格等多种情况。在本模型中,均视为外生变量。凯恩斯宏观经济学中通常把货币供给看成是中央银行的独立决策,根据经济活动的需求,央行的货币供给相对市场利率是外生政策变量。

LM 曲线是货币市场供求相等时均衡利率和产出水平的各种组合的集合,当货币供给在短期外生给定不变时,货币需求的交易需求和预防需求是收入的正相关函数,货币的投机需求是利率的负相关函数,而三者相加之和是一定的,所以货币市场供求均衡时,利率是收入的正相关函数。LM 曲线表示社会均衡产出的增加会带来利率的提高,同时货币供给和通胀水平也

会对利率产生影响。当货币市场达到均衡时,货币供给量等于货币需求量,即:

$$\frac{\bar{M}}{\bar{P}} = kY - hr$$

可得:

$$r = \frac{kY}{h} - \frac{\bar{M}}{h\bar{P}}$$

根据上述公式,LM 曲线可表示如下(见图 5-2)。

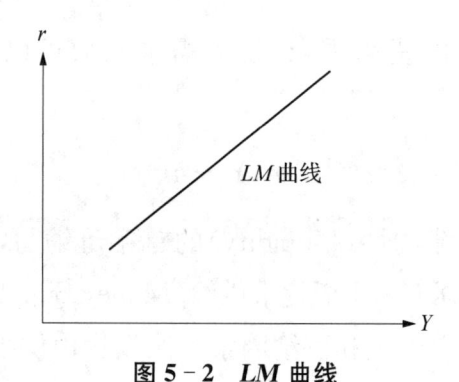

图 5-2　**LM 曲线**

由此得到了 LM 曲线,这条曲线上任何一点所代表的利率与相应的国民收入都会使货币供给(M)等于货币需求(L)。

## 2.4　*LM* 曲线移动:货币供应量变化的影响

### 2.4.1　*LM* 曲线上的三个区域

当利率降得很低时,货币的投机需求将变得无限大,货币的投机需求曲线就成为一条水平线。LM 曲线成为水平线,这就是"流动性陷阱"。

如图 5-3 所示,当利率降到 $r_1$ 时,图(a)中货币投机需求曲线的这一部分就变成了一条水平线。因而,LM 曲线上也相应有一段水平状态的区域。也就是说,如果利率一旦降到这样低的水平,政府实行扩张性货币政策时,增加货币供给量,并不能进一步降低利率,从而也不能增加收入、推动经济复苏。相反,实行扩张性财政政策,使 IS 曲线向右移动,收入水平就会在利率不发生变化的情况下提高,财政政策会有显著效果。凯恩斯认为,20 世纪 30 年代经济大萧条时期,西方国家的经济可能就陷在了"流动性陷阱"之中,LM 曲线呈水平形状的区域被称为"凯恩斯区域"或"萧条区域"。

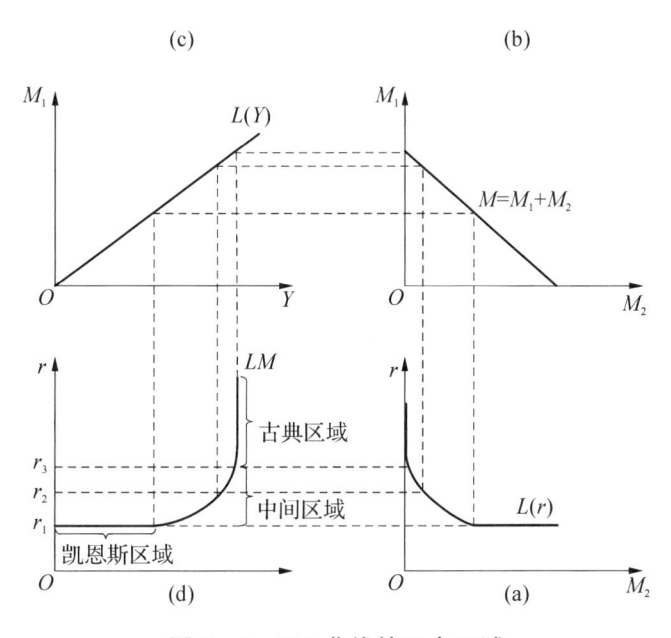

图 5-3 LM 曲线的三个区域

如果利率上升到相当高的水平时,货币的投机需求量趋近于零。人们持有货币就只剩下交易需求,不会为投机而持有货币,货币的需求和利率无关。图中表现即利率在 $r_3$ 以上货币投机需求量都是零,人们的手持货币量都只是交易需求量,LM 曲线成为一段垂线。这时实行扩张性财政政策使 IS 曲线向右上方移动,只会提高利率而不会使收入增加。但如果实行使 LM 曲线右移的扩张性货币政策,则不但会使利率下降,还会提高收入水平。这时候财政政策无效而货币政策有效。这符合现代货币主义者的观点。LM 曲线呈垂直状态的这一区域被称为"古典区域"。

"古典区域"和"凯恩斯区域"之间这段 LM 曲线是中间区域。LM 曲线的斜率为正值。

### 2.4.2 货币政策效应

货币政策是由央行通过调整货币供应或利率水平来影响经济活动并实

现宏观经济目标是的相关工具。货币政策的目标和宏观经济的整体目标是一致的:稳定物价水平、促进经济增长、保持充分就业和维持国际收支等。当央行采取宽松货币政策时,增加货币供应或降低利率,以提高信贷可用性和降低借贷成本,宽松货币政策会导致 LM 曲线向右平行移动,由于利率降低,投资和消费增加,从而促进经济增长和就业。相反,货币政策的紧缩性效应则是央行采取紧缩性政策以控制通货膨胀。紧缩货币政策包括减少货币供应或提高利率,以抑制借贷和消费。在 LM 曲线中,紧缩货币政策将导致 LM 曲线向左平行移动,由于利率升高,投资和消费减少,从而导致经济增长放缓和就业率下降。

将 IS 曲线和 LM 曲线这两条曲线放在同一坐标系中,构成 IS-LM 模型。在商品—货币市场同时达到均衡时,可以分析货币政策和财政政策对经济的影响,并分析利率、产出和价格水平之间的关系。

## 2.5　IS-LM 模型及其政策效应

IS 曲线反映了产品市场均衡时收入 $Y$ 和利率 $r$ 的关系,即对应各个可能的利率水平由收入—支出分析得出的均衡产出。LM 曲线则反映了货币市场均衡时收入 $Y$ 和利率 $r$ 的关系,即对应各个可能的产出水平由货币市场均衡得出的均衡利率。产品市场均衡方差和货币市场均衡方程分别为:

$$Y = \frac{C_0 + e + G - dr}{1 - \alpha}$$

$$r = \frac{kY}{h} - \frac{\overline{M}}{h\overline{P}}$$

产品市场与货币市场是相互影响的。从产品市场的角度上来看,产品市场的均衡产出取决于总支出曲线,而总支出曲线受利率的影响,利率是由货币市场的供求关系所决定的;从货币市场的角度上来看,货币市场的均衡利率取决于货币供求关系,人们对货币的需求受到收入水平的影响,而收入水平又取决于总支出曲线。

如图 5-4 所示,横轴表示产出 $Y$,纵轴表示利率 $r$,两条线分别为 IS 曲线和 LM 曲线。IS 曲线和 LM 曲线的交点是货币市场和产品市场同时达到均衡的点,其相应的利率和产出是均衡的利率和产出。

图 5-4 IS-LM 模型

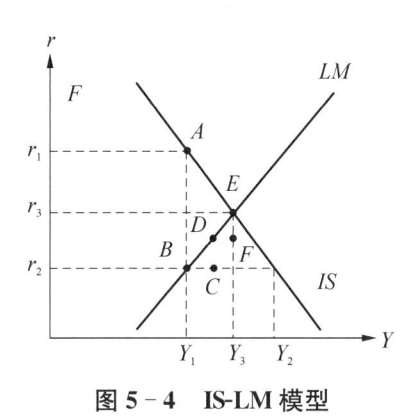

## 2.5.1 财政政策效应

当经济面临严重的衰退和高失业率时,政府可能会实施扩张性财政政策以刺激经济增长和就业。扩张性财政政策旨在通过增加政府支出或减少税收来增加总需求,导致 IS 曲线向右移动,增加政府支出或减少税收会提高家庭和企业的可支配收入,从而促使消费和投资增加。IS 曲线右移代表着财政政策的扩张,对应着更高的产出水平和较高的利率水平。如图 5-5 所示,图中代表了增加政府支出引起的 IS 曲线右移,在 LM 不变的情况下,均衡产出从 $Y_1$ 增加到 $Y_2$,均衡利率也从 $r_1$ 增加到 $r_2$。

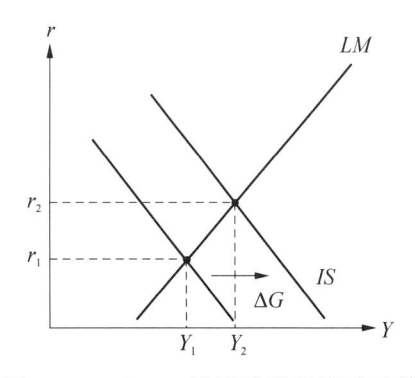

图 5-5 IS-LM 模型扩张性财政政策

而当国家面临较大的财政赤字和债务问题时,紧缩性财政政策旨在通过减少政府支出、增加税收或两者的结合来减少总需求,导致 IS 曲线向左移,减少政府支出或增加税收会降低家庭和企业的可支配收入,从而导致消费和投资减少。IS 曲线左移代表着财政政策的紧缩,对应着较低的产出水平和较低的利率水平。

## 2.5.2 货币政策效应

当经济面临衰退、失业问题、低通胀或通缩风险时,央行可能会实施扩张性货币政策以刺激经济增长和就业、提高通胀水平,增加货币供应量,降低利率,这将导致 LM 曲线向右移动,货币供应量的增加会导致市场利率下降,促使投资增加并刺激经济活动。LM 曲线右移代表着货币政策的宽松,对应着更高的产出水平和较低的利率水平。如图 5-6 所示,图中货币量增加引起 LM 曲线右移,在 IS 不变的情况下,均衡产出从 $Y_1$ 增加到 $Y_2$,均衡利率则从 $r_1$ 减少到 $r_2$。

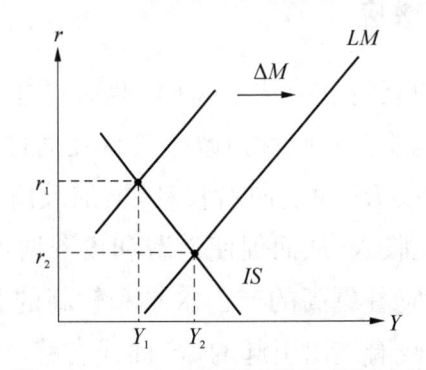

图 5-6 IS-LM 模型扩张性货币政策

而当经济中存在较高的通胀压力,或经济面临货币超发或高度流动性的问题时,央行可能会采取紧缩性货币政策来控制通胀风险,通过减少货币供应量和提高利率,紧缩性货币政策可以缩小经济中的货币过量问题,这将导致 LM 曲线向左移。货币供应量的减少会导致市场利率上升,从而抑制投资并减缓经济活动。因此,LM 曲线左移代表着货币政策的收紧,对应着较低的产出水平和较高的利率水平。

# 3 对物价水平和产出的分析:AD-AS 曲线

IS-LM 模型分析中暗含两个假定,一是价格水平固定不变,二是不考虑供给部门的影响(生产和劳动市场),专注于商品市场和货币市场,从而推导出宏观经济总体均衡的结论。将价格变量引入 IS-LM 模型,就得到了总需求曲线,可以分析物价总水平变化对总需求的影响。

实际货币余额是一定量的货币所能购买的实际产品和服务的数量,假设名义货币供给量 $M$,价格水平为 $P$,则实际货币余额为 $M/P$。实际货币余额是可购买的产品与服务的数量所需的货币量,等于名义货币供给量除以价格水平。

## 3.1 AD 曲线的推导及移动

### 3.1.1 AD 曲线的推导

总需求是经济社会对产品和劳务的需求总量,这一需求总量通常以产出水平来表示。总需求由消费需求、投资需求、政府需求和国外需求构成。在不考虑国外需求的情况下,经济社会的总需求是指价格、收入和其他经济变量在既定条件下,家庭部门、企业部门和政府部门将要支出的数额。将实际货币余额引入 IS-LM 模型,得出的均衡产出和价格的关系便得到了总需求曲线(见图 5-7)。

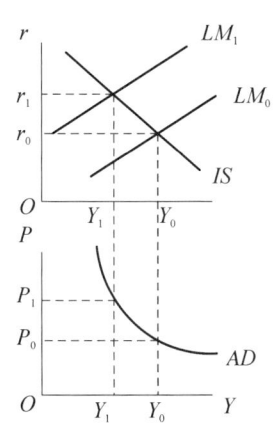

**图 5-7 从 IS-LM 模型推导总需求曲线**

当价格从 $P_0$ 上升到 $P_1$,名义货币供给不变,实际货币供给下降,$LM_0$ 移动到 $LM_1$,利率 $r_0$ 上升到 $r_1$,导致投资下降,从而国民收入从 $Y_0$ 下降到 $Y_1$。总需求曲线中反映的物价总水平变化和总需求反向变化的关系,可能来以下三种效应。

1. 凯恩斯效应

凯恩斯效应是指用利率传导价格波动的机制,物价下跌代表了实际货币供给增加,因而货币市场供大于求,利率下降,投资需求增加,最终总需求增加。

2. 庇古效应

庇古效应是由英国古典经济学家阿瑟·庇古在1930年代提出的理论,庇古认为消费不但和收入有关,也和家庭或居民所拥有的财富有关,$C=C(Y,M/P)$。实际货币余额是家庭财富的一部分,随着物价水平$P$的下降,实际货币余额($M/P$)增加,消费者会感到更加富有,从而带来更多消费。物价水平下降或者其他原因,带来金融资产的账目价值增加,财富的增加产生的消费增加的效应,称为庇古效应。

3. 蒙代尔效应

国内商品价格下降会导致出口成本下降,进口收益减少,从而促进出口,抑制进口,使净出口增加。在其他条件不变的情况下,净出口增加导致总需求增加。

以上三种理论并不矛盾,相互补充,都论证了物价下跌会让总需求扩张的结果。

### 3.1.2 AD 曲线的移动

根据 IS-LM 模型推导总需求曲线的过程,可以看到 IS 曲线或 LM 曲线移动也能导致 AD 曲线的移动。

1. 财政政策

当价格水平一定,政府购买增加或税收减少等扩张性财政政策发生时,IS 曲线右移,产出增加,对应 AD 曲线右移,总需求从 $Y_1$ 移动到 $Y_2$(见图 5-81)。

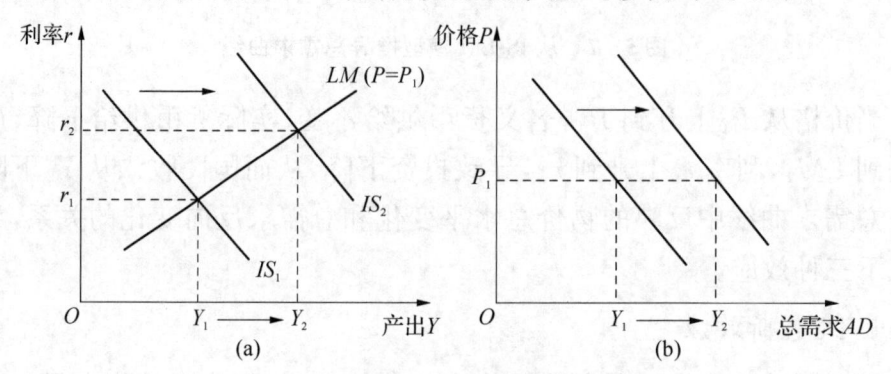

图 5-8 总需求曲线扩张性财政政策

## 2. 货币政策

当价格水平一定,名义货币供给量 $M$ 的增加使实际货币余额的供给 $M/P$ 增加,均衡利率下降从而 LM 曲线向右平移。对应 AD 曲线右移,总需求从 $Y_1$ 移动到 $Y_2$(见图 5-9)。

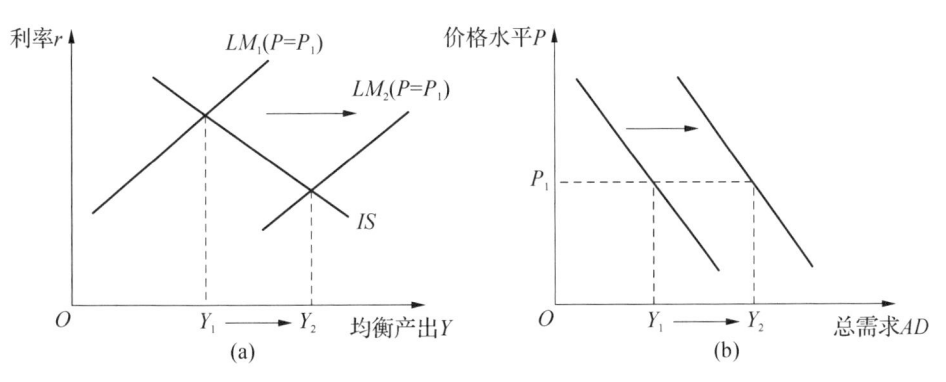

图 5-9 总需求曲线扩张性货币政策

AD 曲线突破了 IS-LM 模型的第一个假设:价格水平固定不变。将生产函数引入 IS-LM 模型,突破了第二个假设:不考虑生产和劳动力市场,这样可以推导出总供给曲线,分析在不同的价格水平时总产出水平。

## 3.2 AS 曲线的不同形态

生产函数是对要素投入和产出之间数量关系的函数表达:

$$Y = F(K, L)$$

式中,$Y$ 表示产出,$K$ 表示投入的资本,$L$ 表示投入的劳动。产出取决于这两种要素投入的数量和效率。

### 3.2.1 总供给曲线的不同形态

1. 垂直的短期总供给曲线

在长期中,经济的就业水平或产量并不随着价格水平的变动而变动,始终处在充分就业的状态。经济的总产量水平也位于潜在产量或充分就业的水平上,不受价格变动的影响。古典学派认为,总供给曲线是一条位于经济潜在产量或充分就业产量水平上的垂直线(见图 5-10)。假设已经实现了充分就业,由于某种原因,企业希望继续扩大产出,那只能带来价格水平的上升。

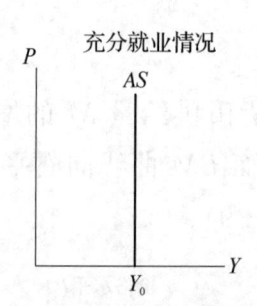

图 5-10 总供给曲线古典区域

### 2. 水平的短期总供给曲线

和古典总供给曲线相对应,凯恩斯总供给曲线之所以具有水平的形状,短期货币工资和整体物价均具有刚性,$W$ 和 $P$ 也没有足够的时间进行调整。生产能力严重过剩,供给的价格弹性无限大,也被称为极端凯恩斯情况(见图 5-11)。

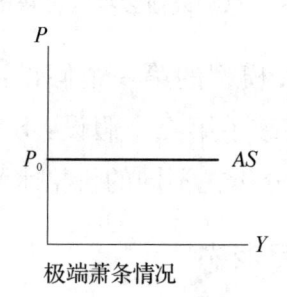

图 5-11 总供给曲线凯恩斯区域

### 3. 正斜率短期总供给曲线

在货币工资黏性的假设条件下,价格上涨会导致实际工资水平的下跌。在尚未达到充分就业的前提下,实际工资水平的下跌会,让企业更愿意雇用工人,从而带来总产出增加(见图 5-12)。

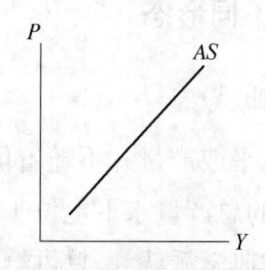

图 5-12 总供给曲线中间区域

一般情况下,总供给曲线向右上方倾斜,经济极端萧条时,总供给曲线为水平状,在充分就业情况下,总供给曲线为垂直状(见图 5-13)。

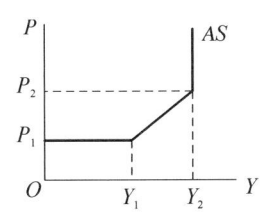

**图 5-13 短期总供给曲线的整体**

### 3.2.2 AD-AS 模型的三种形态

在得到 $AD$ 曲线和 $AS$ 曲线之后,将两者结合在一个坐标系中,即构成宏观经济学中的 AD-AS 模型。而由于 $AS$ 曲线的不同形态,使得需求曲线变化会带来不同的政策效应。

1. 古典情形

在古典情形中,总需求扩大只能导致价格水平上升,产出量或国民收入不会变化(见图 5-14)。

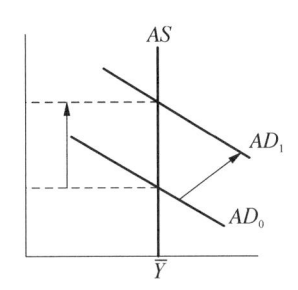

**图 5-14 AD-AS 模型古典情形**

2. 凯恩斯情形

如果总需求增加,会使闲置的资源逐渐得到充分利用,产出扩大,但是价格水平不会变动(见图 5-15)。

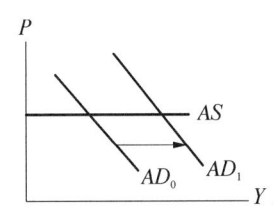

**图 5-15 AD-AS 模型凯恩斯情形**

### 3. 常规情形

常规情况下，总供给曲线向右上方倾斜。总需求增加，AD 曲线右移，导致国民收入增加，价格水平上升（见图 5-16）。

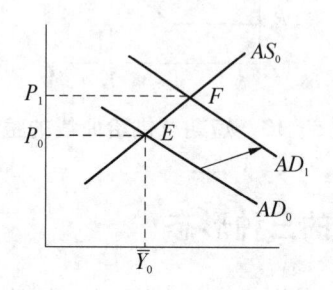

**图 5-16 AD-AS 模型常规情形**

由此可见，在上倾的总供求曲线区，产出和价格水平决定于供求双方。在极端萧条情况下，产量决定于总需求，价格决定于总供给。在充分就业情况下，价格决定于总需求，产量决定于总供给。

## 3.3 AD-AS 模型的政策效应

### 3.3.1 财政政策效应

扩张性财政政策通过增加政府支出或减少税收来增加总需求，AD 曲线向右移动，表示总需求的增加。随着总需求的增加，经济产出和价格水平都有可能上升。相反，紧缩性财政政策通过减少政府支出或增加税收来减少总需求。AD 曲线向左移动，表示总需求的减少。随着总需求的减少，经济产出和价格水平都有可能下降。

### 3.3.2 货币政策效应

扩张性货币政策通过增加货币供应量和降低利率，促进消费和投资支出，从而增加总需求，这将导致 AD 曲线向右移动，表示总需求的增加。随着总需求的增加，经济产出和价格水平都有可能上升。相反，紧缩性货币政策通过减少货币供应量和提高利率，抑制消费和投资支出，从而减少总需求，这将导致 AD 曲线向左移动，表示总需求的减少。随着总需求的减少，经济产出和价格水平都有可能下降。

### 3.3.3 供给变化的效应

1. 积极的正面冲击

（1）技术进步。

技术进步可以提高生产效率和生产能力，降低成本，从而使企业能够以更低的成本提供更多的产品和服务。当发生技术进步时，总供给曲线 AS 向右移动，价格水平下降，经济产出增加，这意味着经济可以以较低的价格生产更多的产品和服务。

（2）资本积累。

投资于资本设备和技术改进，以提高生产效率和生产能力，可以增加总供给，当企业增加投资和创新时，他们能够提供更多的产品和服务，从而使总供给曲线向右移动。

除此之外，教育和培训水平提升、基础设施发展、劳动力市场灵活性增加、制度和政策改革等因素可能构成总供给的正面冲击。

2. 负面冲击

以下是可能引起负面冲击的外部因素：

（1）自然灾害。

自然灾害（如地震、洪水、干旱等）可以破坏生产设施和基础设施，从而导致生产能力下降，成本上升。当发生自然灾害时，总供给曲线 AS 向左移动。

（2）战争。

战争可以导致资源的浪费和破坏，同时也打击了商业信心和投资活动。战争对经济的影响往往是负面的，总供给曲线 AS 向左移动。

（3）石油/大宗商品涨价。

当国际油价或其他重要大宗商品价格上涨时，成本上升会传导到各个行业，导致生产成本的增加，总供给曲线 AS 向左移动。

除此之外，自然资源短缺、劳动力不足或劳动力技能匹配不足、政策不确定性等因素可能构成总供给的负面冲击。

负面冲击的体现是总供给曲线向左移动，此时的情况被称为"滞胀"，即停滞膨胀。滞胀是高通胀和低经济增长同时存在的情况，这使得政策制定者面临双重压力。传统的经济政策通常是针对通胀或经济衰退进行调整，而滞胀情况下需要平衡两个问题，使得政策制定更加困难。传统的经济政策工具(如货币政策和财政政策)往往是相互对立的,收紧货币政策可能能够控制通胀,但也可能进一步抑制经济增长;扩张性财政政策可能能够刺激经济增长,但也可能加剧通胀压力。解决滞胀需要综合考虑不同因素,并采取长期的结构性改革和政策调整,以平衡通胀和经济增长的目标。

**附：三个模型的小结**

45°线模型说明的是产品市场上的均衡收入的决定,它暗含假定价格不变、利率不变,是一个抽象化的简单模型。IS-LM模型说明的是产品市场、货币市场共同均衡时的均衡收入和均衡利率的决定,但它假定价格水平不变。AD-AS模型说明的是均衡收入和价格水平的决定,它取消了价格水平不变这一假定,寻求价格水平与均衡收入之间的联系机制。

| 模型 | 核心变量 | 函数 | 均衡产出 | 政策效应 |
|---|---|---|---|---|
| 简单国民收入决定 | C | $C = \alpha + \beta Y$ | $Y = \dfrac{\alpha + I + G}{1-\beta}$ | $K_G = \dfrac{1}{1-\beta}$ |
| IS | I | $I = a - br$ | $Y_E = \dfrac{a+\alpha+G}{1-\beta} - \dfrac{b}{1-\beta}r$ | 财政政策乘数 货币政策乘数 |
| LM | L | $L = kY - hr$ | $Y_E = \dfrac{M}{k} + \dfrac{h}{k}r$ | |
| AD | P | $\dfrac{M}{P} = kY - hr$ $Y = \alpha + \beta Y + a - br + G$ | $Y_E = F(\bar{P})$ | 需求侧：扩张/紧缩 供给侧：正面/负面 |
| AS | Y | $Y = F(K,L) = A k^a L^b$ $y = F(\dfrac{w}{P})$ | $Y_E = F(P^+)$ (前提：工人工资黏性) $Y_E = F(\bar{P})$ | |

**【课堂思考题】**

基于AS-AD模型讨论美林时钟的有效性和可能的缺陷。

# 第6讲 经济波动的供给冲击

20世纪70年代,西方主要资本主义国家出现了经济滞胀,滞涨指经济停滞与通货膨胀并存。这一现象使得凯恩斯学派的宏观经济理论和政策受到了各方的批评和发难,不同学派纷纷提出和建立属于自己的理论和政策观点。从不同的角度,挑战凯恩斯学派的需求冲击。

大卫·休谟的经典论文《论货币》(出版于1752年)被认为是货币数量论的早期论述中最著名的一篇,货币主义大多数基本主张可以追溯到这篇论文。此后,货币数量论在整个19世纪和20世纪初被许多经济学家接受和发展,其中包括大卫·李嘉图、艾尔弗雷德·马歇尔、欧文·费雪,以及1930年之前的凯恩斯本人。从费雪的数量方程式到剑桥学派的现金余额说,再到弗里德曼的货币主义,货币学派的学者先后粉墨登场,为解决现实问题从不同角度提供参考。

## 1 货币中性论:所有的物价问题都是一种货币现象

货币主义(Monetarism)认为,货币供给是决定名义GDP短期变动和价格长期变动的主要因素。凯恩斯主义认为,除了货币之外,还有许多其他因素也影响总需求;而货币主义则强调,只有货币供给的变动才是决定产出和价格变动的主要因素。

### 1.1 费雪数量方程

美国经济学家费雪提出数量方程式:

$$MV = PT$$

式中,$M$ 表示货币供给量,$V$ 称为货币的流通速度,$P$ 是整体的物价水平,而

$T$ 代表一定时间内的交易产品总量，$PT$ 为一段时间内产品交换需要的货币总量。货币的交易流通速度是指一定时间的一张货币的转手次数，整理方程可得：货币流通速度等于名义产出与货币量之比，即：

$$V = \frac{PT}{M}$$

费雪认为在一个时期内 $V$ 和 $T$ 保持在较为稳定的状态中，因而货币量与物价有了一定的相关关系。费雪将复杂的货币问题用简单的模型提炼出来，为货币理论起到了推动作用。

### 1.2 剑桥学派的现金余额说

马歇尔最先反对费雪的理论，认为货币的价值不是由现金交易决定的而是由现金余额决定的，所谓现金余额是指一国人民以通货形态保持手中的购买力。其学生庇古提出了现金余额方程式，也被称为剑桥方程式。

令 $K = 1/V$，则：

$$L = \frac{M}{P} = KY$$

货币需求除以物价水平的商定义为 $L$，称为实际货币需求。实际货币需求的含义是：剔除物价变化的影响，和去年相比，货币需求的实际价值是多少。实际货币需求决定于收入水平 $Y$ 和参数 $K$（货币流通速度的倒数）。在剑桥方程式中，货币流通速度转变为影响货币需求的一个因素。

### 1.3 货币中性论

古典货币数量论解释了货币数量对经济的影响，说明了货币数量与价格水平和收入等变量的关系。将交易的产品总数 $T$ 替换为总产出 $Y$。货币数量论可以用公式表示为：

$$MV = PY$$

式中，$M$ 表示经济中的货币数量，$P$ 表示价格水平，$Y$ 表示实际产量，$P$ 与 $Y$ 的乘积代表了名义 GDP，$V$ 表示货币流通速度，$MV$ 表示货币总量所能够支持的交易的名义价值。

许多古典经济学家认为货币只不过是蒙在实体经济上的一层帷幕,不影响实体经济的活动,相信实体经济和货币经济可以分开来分析。在宏观经济学分析中,若一个模型能够将实体经济(真实变量)与货币经济(名义变量)分开来分析,则称其为古典两分法(Classical Dichotomy)。其中,货币量的多少不影响实体经济变量的特性叫作货币中性(Neutrality of Money)。货币增长率的大小不影响实体经济变量的特性叫作货币超中性(Super-neutrality of Money)。

进一步说,模型之所以能够呈现出这种"古典两分法"的特性,或者说货币呈中性及超中性,是因为模型中名义价格是灵活变化的,因而货币总量的变化只反映在名义价格上,而不影响真实变量。但如果价格是黏性的即存在名义刚性,或者经济中有其他摩擦,这一结论就未必成立。可以这样形象地思考,把货币想象成水,在实体经济中流动。如果货币与实体经济之间没有摩擦力的作用,货币之水的流动就不会影响实体经济的运行。相反,如果二者之间存在摩擦力,那么货币之水就会带动实体经济。古典学派认为经济分为两个部门,且这两个部门互不干扰,这种思想被称为"古典二分法"。

实际部门:

$$总量生产函数:Y=Af(K,N)$$

$$劳动市场均衡:N_d\left[\frac{W}{P}\right]=N_s\left[\frac{W}{P}\right]$$

$$资本市场均衡:S(r)=I(r)$$

货币部门:

$$货币数量论:MV=kY$$

从上式可以看出,两个部门之间没有相互联系的变量。实际价格(交换价值)由实际部门的市场均衡单独决定,名义价格由货币部门的货币供给量单独决定,二者互不干扰。即货币供给的增长只会导致价格水平的相同比例增长,对于实际产出水平没有产生任何影响,实际产出水平只取决于生产函数中各要素的投入和组合情况。

## 1.4 现代货币主义

> 通胀问题在任何时候、任何地方都是货币数量问题。
> ——[美]米尔顿·弗里德曼

弗里德曼从美国的经济发展的历史经验中得出,货币的流通速度长期以来是非常稳定的。市场上货币的需求量是由货币的发行量与货币的流速共同决定的,如果货币流通速度长期稳定,那么货币价格实际上由货币发行量这一个因素决定。因此,要稳定物价控制通胀,就必须控制货币的发行数量。以弗里德曼教授为代表的现代货币主义者对通货膨胀现象有精深的研究、独到的见解。现代货币主义者把通货膨胀归结为货币发行量过多,其理论依据仍然是货币数量方程。现代货币主义者认为,最重要的宏观经济变量是货币供给量。政策结论是:货币当局只要以经济增长所需为限增发货币,就可以成功地避免通货膨胀。

弗里德曼认为,人们对货币的需求主要取决于以下几个因素:收入($Y$):货币需求与收入正相关,收入增加会导致货币需求增加。利率($r$):货币需求与利率负相关,利率上升会导致货币需求减少。价格水平($P$):货币需求与价格水平正相关,价格水平上升会导致货币需求增加。预期通货膨胀率($\pi e$):货币需求与预期通货膨胀率正相关,预期通货膨胀率上升会导致货币需求增加。其他因素:弗里德曼的货币需求函数中还可能包括其他因素,如财富、流动性偏好等。弗里德曼的货币需求函数可以表示为:$M = f(Y, r, P, \pi e, \cdots)$,其中 $M$ 表示货币需求量。弗里德曼强调,货币需求是稳定的,并且主要受到收入和利率等少数几个关键因素的影响。

"单一规则"是弗里德曼提出的一种货币政策理念。他主张中央银行应遵循一个简单、明确的规则来制定货币政策,而不是根据复杂的经济情况进行频繁的政策调整。根据单一规则,中央银行可以将货币供应量的增长设定为一个固定的速度,如每年增长5%到6%。这样的规则旨在提供一个稳定的货币环境,避免货币政策的不确定性和过度干预。单一规则有以下优点:① 稳定性和可预测性。单一规则使货币供应量的增长具有稳定性和可预测性,这有助于企业和个人做出更准确的经济决策。② 抑制通货膨胀。

通过控制货币供应量的增长速度,可以有效地抑制通货膨胀,保持物价的稳定。③ 避免政治干预。单一规则减少了货币政策的主观性和政治干预的可能性,使货币政策更加独立,避免受制于经济增长和就业的政治压力而带来长远的通胀。④ 简化决策过程。相比于根据复杂的经济情况进行频繁的政策调整,单一规则简化了决策过程,降低了政策失误的风险。

弗里德曼的单一规则理念对货币政策的研究和讨论产生了重要影响,促使人们更加关注货币供应量在经济中的作用,并对稳定货币政策的重要性进行深入思考。到底应该执行"单一货币规则",还是执行"相机抉择",货币主义和凯恩斯主义有多年的争论。

## 2 国债中性论:财政扩张会挤出私人需求

### 2.1 李嘉图等价

自古典经济学以来,政府举债对经济活动是否产生影响已经成为西方经济学界一直十分关注的问题,并且存在非常大的理论争议,甚至于有些观点是截然相反的。其中"李嘉图等价定理"拥有更为深远的影响和更为持久的争议。

#### 2.1.1 李嘉图等价定理及拓展

李嘉图在《政治经济学及赋税原理》[①]中指出,政府为筹措战争或其他经费,采用征税和发行公债的影响是等价的,这是"李嘉图等价"思想的来源。法国和英国在18世纪后期都面临比较严重的债务危机,1770年两国的公共债务都接近国民收入的100%。法国在1789年爆发大革命,之后出台新的税收制度来增加税源,并且允许大面积破产,把从教会没收的土地作为抵押发行超额货币(指券),到1815年法国公共债务下降至国民收入的20%。而英国则是无限制地借款,债务率持续上升到1810年附近,之后通过接近一

---

① [英]大卫·李嘉图:《政治经济学及赋税原理》,郭大力、王亚南译,商务印书馆,2021年版。

个世纪的政府盈余才把债务化解到1914年的30%。

李嘉图表达了一种推测,在拥有较为明确的政府预算约束的条件下,有着理性预期的人们会预见到政府最终会用未来的税收来偿付其发行的政府债券。因此,政府无论是收税还是发放债券,政府的决策都不对居民的消费决策产业影响,也不会对产出总额和总收入产生影响。

莫迪利亚尼强调收入在人们的一生中不断变化,人们通过储蓄把收入从一生中收入高的时期转移到收入低的时期,这种对消费者行为的解释形成了生命周期假说。生命周期模型预测储蓄在人的一生中会发生变动,一个人在工作年份中积累财富,然后在退休年份中消耗财富,人们希望在一生中平滑其消费,工作的年轻人储蓄,退休的老年人则负储蓄。弗里德曼提出了永久收入假说来解释消费者行为。弗里德曼的永久收入假说与莫迪利亚尼的生命周期假说互为补充,两者都认为消费不应该只取决于现期收入。消费者具有完全理性,并且能准确地预见到无限的未来,他们的消费安排不仅依据他们现期收入,而且根据他们预期的未来收入。当政府债券仅仅是延迟的税收,债券本息还将通过税收被上缴,人们会因为未来支付因偿还公债而增加的税收,减少现时的消费并增加储蓄。李嘉图等价定理本质上是一种中性原理:选择征收一次性总量税,还是选择发行公债筹集政府开支,对于居民的消费选择和资本形成,即国家储蓄并无任何影响。

与其他古典经济学家不同,李嘉图并没有在其著作中用大量的篇幅来集中分析国债问题,只是在探讨政府通过征税还是举债来弥补财政收支差额时,初步提出了两者对经济活动的影响没有差别这一思想。而真正使这一理念引起世界关注的,是美国宏观经济学家罗伯特·巴罗。巴罗在1974年发表的著名论文《政府债券是净财富吗?》中,以一种更规范、更复杂的形式阐述了上述等价思想,他采用了新古典宏观经济学视角,通过深奥的数学推理发现,赤字融资的补偿性财政政策是无效的。在政府支出既定的条件下,发债与征税产生的经济效果是相同的。巴罗将消费者假定为有后代的永生者,并且具有利他动机,会将财产的一部分,以遗产的形式留给他的子孙后代。消费者不仅从自身的消费中获得效用,还从他的后代的消费中获得效用,由于具有利他动机的消费者的效用不仅取决于他自己一生的消费情况,也取决于他的后代的消费效用,他会像关心自己的消费一样关心其后代的消费,这延长了假设中理性经济人的眼光。

巴罗认为,代与代之间的所有消费者都关心其自身及后代的消费,因而对于任何一个具有利他动机的消费者来说,政府为偿付新发行的公债本息而征收的税收,是由他还是他的后人来偿付并无二致。在巴罗看来,消费者是死于债券到期之前还是到期之后,这对于他的即期消费并不会产生影响。购买债券与缴纳税收是一样的,会减少即期的个人消费。巴罗的理论将李嘉图的等价定理扩展到在具有利他动机的消费者即使死于债券到期之前,等价定理仍能成立。

### 2.1.2 凯恩斯学派对李嘉图等价的评述

凯恩斯学派认为,在经济衰退的时候,政府出钱使人进行不创造价值的行为也能刺激经济增长,尽管这一政策不提升任何人的福利,但是它提供了就业岗位,使失业的人拥有了收入。这些人把他们的收入花出去,就能创造更多的工作岗位,从而使更多的人获得收入。但这种政策,古典或新古典经济学家(如李嘉图)会有不同看法,认为不会对经济有正面影响。财政支出只是挤出了民间更加有效率的支出而已,对经济有害无益。更详细的解释便是在古典和新古典经济学家看来,经济中的资源总是被高效地利用着,劳动力也总是处在充分就业状态——这就是萨伊定律所反映的状态。就算存在失业,也是自愿性失业,即劳动者自己在劳动所得与闲暇之间权衡后,自愿选择不工作。在这种自然运行状态中,如果政府出钱让大家进行不创造价值的劳动,那就得让人们把手里的活计放下,去做那些他们没那么喜欢的事情,这样就会给经济带来不利的影响。

将两种学派的观点结合来看,经济越接近充分就业状态,产能利用率越接近常规水平,李嘉图等价对财政政策的约束就越明显,财政政策就越不容易发挥作用。相反,经济如果越是偏离充分就业水平,经济中越是存在资源的闲置问题,就越近凯恩斯对经济自然运行状态的假设,财政政策就越是有发挥空间。

## 2.2 相机抉择的困境:动态不一致难题

优利西斯约定:人为了抗拒当前的诱惑,追求目标,而主动树立阻碍、减少选择。

### 2.2.1 相机抉择

相传特洛伊战争结束后,古希腊英雄尤利西斯在返回故乡时,需要经过一片有海妖出没的水域,这些被称为"塞壬"的人面鸟身的海妖,拥有天籁般的歌喉,很多航海者被诱惑而航行到危险的礁石区,导致船毁人亡。尤利西斯提前下令,让水手们用蜂蜡塞住耳朵,要求同伴用最结实的铁链将自己绑在船的桅杆上,并告诉他们千万不要在中途给他松绑。通过这一做法,尤利西斯顺利通过了这片海域。

如果决策者事先向公众发布了各种情况下政策如何制定的信息,并能始终遵守事先的各种承诺,则宏观经济政策就是按单一规则实施的,体现出决策者的公信力。而在相机抉择的情况下,决策者不受任何单一规则的制约,可以根据实际情况最优化当期政策选择,使得宏观经济政策的实施有很大的灵活性。相机抉择是决策者认为在恰当的时候改变政策。

面对经济的衰退或通胀过热,政府可以根据实际情况调整支出和税收水平,或者调整货币供给量影响利率以调整总需求水平,达到稳定物价和促进就业充分的目标。政府根据宏观经济形势,斟酌使用的经济政策包括改变政府购买、改变转移支付方案和改变税率、影响市场化利率等政策。当面对经济萧条、失业增加、总需求不足时,政府主动上调购买水平;而当经济繁荣、价格普遍上涨、需求过盛时,政府便减少购买、削减支出。当经济衰退时增加转移支付、降低税率、增加货币供给和调低基准利率水平;在经济过热的时候减少转移支付并提高税率、减少货币供给和提高基准利率水平。政府政策的方向与经济表现相反,这种相机抉择宏观调控通常又被称为逆风向调节的宏观调控。

反对相机抉择的经济学家认为,即便决策者拥有充分的理性和公信力,仍然需要事先以固定的单一规则来约束决策者的行为。因为从特定时点上来看,相机抉择可能是最优的,但长期的政策绩效却并非最优的。经济学上用政策的前后不一致性来(或称动态不一致性)解释这一问题。

### 2.2.2 动态不一致

动态不一致又称为时间不一致(Time Inconsistency),指的是政府为了获取短期收益从而违背其之前的承诺的行为。考虑到这种动机,人们一开始就会怀疑政府不会坚守其承诺,从而导致经济处于一种效率更低的状态。当涉及多个时间点的决策时,一个决策者在过去所做出的承诺可能会因为未来的决策而被违背。这种情况下,决策者最初的承诺似乎是可信的,但是当时间流逝时,决策者会改变其行为并做出不同的决策,从而让之前的承诺失去了信用。

普雷斯科特(Prescott)和基德兰德(Kydland)在经典论文《规则而非相机抉择:最优计划的不一致性》[①]中阐述,即使存在一个公认的、固定的社会目标函数,政策制定者知道他们的行动效果的时间和规模,基于当前情况和对未来期末状态的正确评估而做出的自由裁量政策(即选择当前最佳决策),最后依然不会导致社会目标的最大化。原因在于,经济规划不是与自然对抗,而是与理性经济主体博弈,当预期是理性且信息是完备的时候,无法将控制理论应用于经济规划。经济主体的当前决策部分取决于他们对未来政策行动的预期。只有当这些预期对于选择的未来政策计划不变时,原有的最优控制理论才是合适的。政策的变化会使得原有的宏观变量之间的函数关系发生变化,需要重新估计各变量之间的参数。他们还发现,在某些情况下,政策规则的变化可能导致经济波动加剧,甚至可能使稳定的经济变得不稳定。这篇论文对经济政策制定的理论和实践产生了深远的影响,它强调规则一致不变,而非自由裁量,制定政策时要考虑经济主体预期反应的重要性。这篇论文为后来的新古典宏观经济学和理性预期理论的发展奠定了基础。

政策制定者可能面临短期目标(如促进经济增长、降低失业率)与长期目标(如维持价格稳定)之间的冲突。在短期内,他们可能会采取宽松的货币政策或扩大财政支出来刺激经济,这可能会导致通货膨胀的上升。然而,长期来看,持续的宽松政策可能会导致通货膨胀预期的形成和恶化。政策制定者还可能会因为政治周期或选举周期而更迭,新的政策制定者可能会有不同的政策倾向。这种更迭可能导致政策的不连续性,使得对抗通货膨胀的努力受到阻碍。政策制定者可能会根据最新的经济数据和情况调整政

---

[①] Rules Rather than Discretion: The Inconsistency of Optimal Plans, Finn E. Kydland, Edward C. Prescott, Journal of Political Economy, Vol. 85, No. 3 (Jun. 1977), pp. 473-492.

策。这种适应性行为可能会导致政策反应滞后，无法及时应对通货膨胀的变化。政府必须用外力绑住自己的手脚，才可以获得可信的承诺，也可以让最终目标实现。尽管货币政策在短期内具备对实体经济的影响能力，但决策者不应该动用这种能力，而只应把调控货币政策的目标集中在稳定通胀目标上。决策者还要捆住自己的手脚，让自己不具备通过货币政策刺激经济能力，这样反而能够获得更高的社会福利水平。

要化解动态不一致带来的通货膨胀倾向，需要让民众相信产出水平并不在央行目标函数中。有以下几种方法可以帮助实现这一目标：第一，实行通货膨胀目标制（Inflation Targeting），在法律上规定中央银行调控货币政策的目标仅仅是为了保持通货膨胀稳定。第二，增加中央银行独立性，使人们相信央行和政府之间可以有不同的目标函数，并且央行可以不受政府短期任期内对增长渴求而带来的政治压力。第三，选择一个有厌恶通货膨胀声誉的人来担任央行行长，这也是为什么央行行长或者有希望成为央行行长的人总是在公开场合表示对通胀不欢迎的原因。这三种方法并不相互排斥，可以综合起来使用。

### 3　实际经济周期理论：波动来自随机的供给冲击

纳尔逊和普洛瑟（Nelson and Plosser, 1982）[1]发现美国宏观经济时间序列数据（如国内生产总值GDP、通货膨胀率、利率等）在统计上表现出随机漫步的特征。这意味着这些时间序列的未来值不能被当前或过去的信息所预测，或者说，这些序列是不可预测的，更为重要的推论是，政策制定者很难通过调整政策来影响经济的长期趋势。纳尔逊和普洛瑟的工作引发了广泛的学术讨论和研究。一方面，他们的研究支持了新古典宏观经济学的观点，即市场机制能够有效地调整经济，减少政府干预的必要性。另一方面，这也对凯恩斯主义和其他宏观经济理论提出了挑战，因为这些理论通常假设政

---

[1] Nelson, C. R. AND C. I. Plosser, "Trends and Random Walks in Macroeconomic Time Series: Some Evidence and Implications," Journal of Monetary Economics 10 (1982), 139–162.

府政策可以在一定程度上平滑经济周期。这篇论文是宏观经济学和时间序列分析领域的一个重要里程碑,它不仅改变了经济学家对经济数据的理解,也对经济政策的制定和实施产生了深远的影响。

一批学者将目光从货币转移到了实际因素上,认为实际冲击是经济波动的主要原因,而需求管理并不能解决经济的随机波动。纳尔逊和普洛瑟的开创性研究显示,在解释跨期总产出变化轨迹的时候,实际冲击可能比货币冲击更重要。纳尔逊和普洛瑟认为,有证据表明:产出最优路径是"随机行走"(Random Walk)。

## 3.1 荒岛经济模型

荒岛经济又称鲁滨逊经济,鲁滨逊是小说《鲁滨逊漂流记》中的主角,他在荒岛上所面临的是最为简单的经济系统,荒岛经济模型的关键假设包括以下两点,① 封闭经济。鲁滨逊孤身一人,单一主体,无法进行交易,因此也不存在价格、货币、政府支出、进出口。只有真实因素影响,如产出、投资、消费、储蓄、自然气候变化等。② 自给自足。鲁滨逊的所有消费来自自己的产出。③ 均衡。产出(捕鱼的量)=投资(编制渔网)+消费(捕鱼)。鲁滨逊把时间分配给以上活动,以获得产出跨期的最大化。模型中只有一个决策者,简化了分析多主体互动的复杂性。④ 生产和消费。鲁滨逊需要生产物品以满足自己的消费需求,这涉及生产函数和效用函数。鲁滨逊必须决定如何分配时间来工作(生产)和休闲,这涉及劳动供给和闲暇时间的效用。⑤ 资本积累:鲁滨逊可以通过储蓄和投资来增加未来的生产能力,这涉及资本积累和投资回报。⑥ 效用最大化:在给定的生产技术和资源约束下,鲁滨逊会尝试最大化自己的终身效用或幸福感。鲁滨逊的决策是动态的,需要考虑当前和未来的消费,以及不同时间点的生产和储蓄决策。鲁滨逊经济模型被用来说明个体如何在资源有限的情况下做出决策,以及如何在消费和储蓄之间进行权衡。这个模型特别适用于分析个体的效用最大化行为、时间分配、资本积累和消费决策等问题。

在实际商业周期(RBC)模型中,鲁滨逊经济模型的概念被扩展到整个经济体,其中经济中的个体被视为在面对技术冲击和其他外部变化时做出最优决策的理性行为者。这些模型通常假设市场是完全竞争的,个体的决策是基于效用最大化原则,并且市场出清,即供给等于需求。鲁滨逊经济模型因其简洁性和直观性,在经济学教育和研究中被广泛使用,尤其是在宏观经济学和动态经济学领域。通过这个模型,经济学家可以探讨个体行为对整体经济动态的影响,以及政策变化如何影响个体的决策和经济福利。该模型中存在各种随机冲击,如天气变差或者野兽出没,将会导致停止捕鱼,从而影响产出。个体面对随机变化,做出随机最优反应,真实经济变量的自由最优选择是没有规律的波动。该模型的政策含义是在没有干预的情况下,所有微观主体已经可以在没有政府和中央银行的情况下做出最优的反应。荒岛经济模型从一个人的经济世界出发,从而分析由亿万个人的相互协作构成的经济体系。它存在明显的缺陷,与真正有货币的世界不相符,与有群体非理性的现实世界、有信息不对称的现实世界等世界不相符。

## 3.2 实际经济周期理论

### 3.2.1 供给方的冲击

供给层面会受到很多因素的影响,而且这些冲击往往是随机冲击,很难准确预判到或者事后得到明确稳定的函数关系。比如对农业产出产生不利影响的各种灾害性环境变化,包括地震、干旱、洪水、海啸、台风之类的自然灾害;能源价格的大幅变化,如 1973 年和 1979 年的石油价格迅猛上升,石油和上游能源价格的上涨会成为大多数制造业成本上升的主要先导因素;破坏现存经济稳定运作的战争,政治动乱、大规模罢工等;政府换届等带来的宏观政策的变化,比如出口管控、进口关税等;新一代或具有普遍替代性技术的普及,比如电力对传统能源的替代,最近十年新能源对传统石化能源的替代等。

### 3.2.2 动态随机一般均衡

DSGE 模型,即动态随机一般均衡模型(Dynamic Stochastic General Equilibrium Model),是宏观经济学中用于分析经济波动和政策效应的一种重要工具。这种模型结合了动态优化、随机冲击和市场均衡的概念,以模拟经济体在面对不确定性时的动态行为和相互作用。经济主体(如家庭、企业和政府)根据效用最大化和利润最大化原则进行决策,并考虑未来预期和约束条件。模型中包含一系列随机冲击,如技术变化、需求波动、政策变化等,这些冲击会影响经济变量的演变。所有市场在每个时间点上都达到均衡，即供给等于需求。这可能涉及商品市场、劳动市场和金融市场。模型考虑所有经济主体和市场的相互作用，以确保整个经济系统的一致性和均衡。DSGE 模型通常使用计量经济学方法进行估计和评估，如最大似然估计、贝叶斯估计或模拟方法。

DSGE 模型可以用来评估货币政策、财政政策和其他宏观经济政策的影响。模型可以用来解释和预测经济周期、通货膨胀、失业和其他宏观经济现象。通过模型，可以分析经济结构变化如技术进步、人口变动或制度变化，对经济动态的影响。DSGE 模型通常需要大量的参数和假设，这可能导致模型难以估计和计算。准确估计模型需要大量高质量的数据，这在某些情况下可能难以获得。模型的预测能力受限于其假设的准确性，如果模型未能捕捉到所有重要的经济机制，其预测可能不准确。尽管存在挑战，DSGE 模型因其能够提供关于经济政策和经济波动的综合分析而在宏观经济学研究中得到了广泛应用。

### 3.2.3 实际经济周期理论的提出

RBC 理论认为，技术进步和生产率变化是经济波动的主要驱动力。这些供给侧因素影响企业的产出和雇佣决策，从而影响整体经济活动。模型假设经济中的个体（如家庭和企业）是理性的，并根据其预期和约束条件做出最优化决策。这包括对消费、储蓄、劳动供给和投资的决策。与凯恩斯主义模型中的市场失灵假设不同，RBC 理论认为市场能够自我调整，实现供给与需求的平衡。价格和工资的灵活性允许市场在面对冲击时迅速恢复均衡。RBC 理论认为，由于市场的有效调整和个体的预期反应，政府的宏观经济政策可能在稳定经济方面作用有限，甚至可能产生不利影响。

实际经济周期理论认为经济波动是由于技术冲击等因素造成的。这里的技术不是人们通常所说的科学技术或者机器设备的更新换代，而是指任何使生产函数发生移动而不涉及投入要素数量变化的因素，资本、劳动投入的质量改变，比如说新的管理方法、新产品的开发及新的生产技术的引进所引起的冲击。这一理论认为货币因素不是带来经济波动的根本原因，各种实际因素共同造成经济中各微观主体出现决策的相应最优调整，比如说科学技术的突然变化、生产力的变化以及消费者偏好的改变和其他意外变化等。在这一理论中,货币是完全中性的,其变化不能引起产出和就业等实际变量的变化。该理论认为工资和价格弹性并非使经济回到自然率水平,而是使经济回到稳定增长的路径。

这一理论颠覆了传统的经济波动理论,认为对生产函数的冲击主要来自技术的变化,假如波动是对这种冲击的帕累托最优的回应,那么为了解释这种不稳定性,货币因素就不再是重要的了;货币政策也不可能具有任何实际的效果。政府通过税收政策和支出政策制造许多扭曲的话,就有可能产生更大的冲击和福利的损失。实际经济周期理论以动态随机一般均衡为基础解释了技术变化对经济的影响,同时解释了经济周期波动和经济增长。模型的实际解释能力也很强,RBC模型能够较好地预测产出和消费的波动,消费者在面对这些冲击时的最优消费决策则能够解释消费的变化。RBC模型预测投资会随着技术进步而增加,这与实际观察到的投资对生产率变化的敏感性相一致。模型预测了劳动供给的变化,这与实际数据中观察到的劳动时间和工作努力的波动相符合。通过比较RBC模型的预测与实际经济数据,发现模型能够较好地捕捉到经济变量的一些关键特征,如波动的持续性、不同经济活动之间的共动性以及对外部冲击的反应。表6-1为1954—1985年美国数据RBC模型的预测和实际值。

**表6-1 1954—1985年美国数据RBC模型的预测和实际值**

| 变量 | 均值 | 标准差 | 自相关系数 $\rho_1$ | $\rho_2$ | $\rho_3$ | 与产出之间的相关系数 | 与真实值之间的相关系数 |
|---|---|---|---|---|---|---|---|
| 面板A:实际 ||||||||
| $\Delta\log(Y)$ | 1.55 | 2.71 | 0.13 | −0.17 | −0.16 | 1.00 | 1.00 |
| $\Delta\log(C)$ | 1.56 | 1.27 | 0.39 | 0.08 | 0.05 | 0.78 | 1.00 |
| $\Delta\log(I)$ | 2.59 | 6.09 | 0.14 | −0.28 | −0.19 | 0.92 | 1.00 |
| $\Delta\log(N)$ | −0.09 | 2.18 | 0.17 | −0.32 | −0.24 | 0.81 | 1.00 |
| $\Delta\log(\omega)$ | 0.98 | 1.80 | 0.44 | −0.16 | −0.08 | 0.59 | 1.00 |
| 面板B:预测 ||||||||
| $\Delta\log(Y)$ | 1.56 | 2.48 | 0.30 | 0.18 | 0.14 | 1.00 | 0.87 |
| $\Delta\log(C)$ | 1.65 | 1.68 | 0.55 | 0.44 | 0.37 | 0.96 | 0.76 |

续　表

| 变　量 | 均　值 | 标准差 | 自相关系数 ||| 与产出之间的相关系数 | 与真实值之间的相关系数 |
|---|---|---|---|---|---|---|---|
| | | | $\rho_1$ | $\rho_2$ | $\rho_3$ | | |
| $\Delta\log(I)$ | 1.37 | 4.65 | 0.14 | 0.00 | −0.02 | 0.97 | 0.72 |
| $\Delta\log(N)$ | −0.08 | 0.89 | 0.07 | −0.09 | 0.12 | 0.87 | 0.52 |
| $\Delta\log(\omega)$ | 1.64 | 1.76 | 0.51 | 0.40 | 0.33 | 0.97 | 0.65 |

资料来源：Understanding Real Business Cycles, Charles I. Plosser, The Journal of Economic Perspectives, Summer, 1989, Vol. 3, pp. 51-77

实际经济周期理论具有一定的局限性。首先是对技术退步进行的质疑，如果经济上升是由于技术进步，但带来经济向下波动的技术后退很少会发生，与经济呈现出的经济周期波动现象并不相符。其次工资是具有黏性的，调整需要时间，因此劳动力市场不能很快到达平衡点，那么其传导机制就是有限制的。对投资波动的预测可能过于平滑，而对劳动供给弹性的预测可能与微观数据不符。尽管 RBC 模型在某些方面可能需要进一步地改进和细化，但它提供了一个有力的框架来理解和预测经济波动。模型的预测准确性在很大程度上取决于其对经济主体行为的假设，以及对技术冲击和其他外部因素的建模。宏观经济学家开始越来越多地用 DSGE 评估理论模型的有效性，并不断开发更精确的估计和假设检验方法。

## 4　卢卡斯批判：增加微观基础后的宏观模型[1]

宏观模型要有微观基础，具体是指在宏观分析时也要从经济学定义，即一定约束条件的最优化问题推导出均衡结果。可以从古诺竞争模型的两种解法，比较存在优化与否的结论有何不同。一个是有最优过程的标准解法，另一个是"凯恩斯解法"。

---

[1]　本节内容改编自徐高：《高级宏观经济学导游简图》，https://www.zhihu.com/question/22049613.

## 4.1 以古诺模型为例

### 4.1.1 标准解法

假设有两个厂商,在 $t$ 期的产量分别为 $q_{1t}$ 与 $q_{2t}$。他们共同面对的市场需求曲线是 $p_t = a_t - b(q_{1t} + q_{2t})$。其中 $a_t$ 随时间变化。两个厂商都可以观察到 $a_t$ 与 $b$。假设两个厂商的生产成本都是 $0$,从而他们的利润最大化问题为:

$$\max_{q_{1t}} \prod_{1t} = [a_t - b(q_{1t} + q_{2t})] q_{1t}$$

$$\max_{q_{2t}} \prod_{2t} = [a_t - b(q_{1t} + q_{2t})] q_{2t}$$

由利润最大化条件可以得到:

$$q_{1t} = \frac{a_t}{2b} - \frac{1}{2} q_{2t}, q_{2t} = \frac{a_t}{2b} - \frac{1}{2} q_{1t}$$

这分别是这两个厂商的反应方程。按照早已为人熟知的求解方法,只需联立求解两个厂商的反应方程,就可以找出这两个厂商的古诺均衡下的产量 $q_{1t}^* = q_{2t}^* = a_t/3b$。

### 4.1.2 凯恩斯解法

现在采用另一种方法来求解厂商 1 的最优产量。首先,厂商 1 在一段时间内保持自己的产出不变,为 $\bar{q}_1$。同时用计量模型

$$q_{2t} = \alpha + \beta a_t + \varepsilon_t \tag{1}$$

来观察厂商 2 的行为。一旦这个回归方程被估计出来,就可以在观察到 $a_t$ 后,预测厂商 2 的产量为:

$$\hat{q}_2 = \hat{\alpha} + \hat{\beta} a_t \tag{2}$$

式中,$\hat{\alpha}$ 与 $\hat{\beta}$ 分别为回归所得的系数。

现在厂商 1 在选择最优产量时,把回归所得的经验方程(2)作为厂商 2 的行为来考虑问题。那么他的极大化问题就变成:

$$\max_{q_{1t}} \prod_{1t} = [a_t - b(q_{1t} + q_{2t})] q_{1t}$$

其解为：

$$\tilde{q}_{1t} = \frac{(1-b\hat{\beta})}{2b}a_t - \frac{1}{2}\hat{\alpha}$$

由于前面已经解出了厂商 1 的最优产量是 $q_{1t}^* = a_t/3b$，所以这里算出的 $\tilde{q}_{1t}$ 不是最优的。那么问题出在哪里呢？建立的回归模型所对应的真实模型应该是：

$$q_{2t} = -\frac{1}{2}\bar{q}_1 + \frac{1}{2b}a_t$$

因此，$\hat{\alpha}$ 与 $\hat{\beta}$ 分别应该为 $-\bar{q}_1/2$ 与 $1/2b$ 的估计量。随着厂商 1 产量的不同，$\hat{\alpha}$ 也应该不同。一旦厂商 1 的产量不再保持在 $\bar{q}_1$ 上，回归方程(2)也就不再成立了。这时厂商 1 用方程(2)来推测厂商 2 的行为就是错误的。当然，基于这一推测基础上选择的产量 $\tilde{q}_{1t}$ 也就不是最优产量了。简而言之，厂商 2 的行为要受厂商 1 行为的影响，厂商 1 行为的改变将使以前观察到的厂商 2 的行为模式不再成立。

如果把厂商 1 看成是政府，其产量 $q_{1t}$ 看成是政府所控制的某些政策变量（如利率水平、公共开支等），把厂商 2 看成是居民，其产量 $q_{2t}$ 看成是居民的行为，那么就能很容易看出在 20 世纪 70 年代以前，宏观经济学家们总在犯在第二种解法中所犯的错误。宏观经济学家们以 IS/LM、AS/AD 模型为出发点，建立了规模庞大的计量经济学模型，希望通过这些经济模型，将一国所有经济行为都用若干回归方程描述。对政府而言，一个国家就像一台精密的机器，政府所要做的就是调动这台机器的旋钮（各种政策变量），使经济保持在高效运转的状态。为了达到一定的政策目标，宏观经济学家们首先通过数据回归得到一组居民行为的经验方程，然后再以之为依据，求解最优的政策手段。在这一过程中，他们全然不顾政府政策的变化会改变居民的行为，使最开始得到的回归方程失效。当然，他们给出的政策建议也就往往事与愿违。这正是 Lucas critique 的中心思想。

如果想避免犯卢卡斯所批评的那类错误，就应该像前面的第一种求解方法所做的那样，从厂商 2 的利润最大化问题入手，导出厂商 2 的反应方程。再以反应方程作为依据，选定厂商 1 的最优产量。以宏观的语言来说，就是从居民的效用最大化入手,导出居民的行为方程,再以这些行为方程作为依据,制定最优的政策。这样的模型才是不受卢卡斯批判(Lucas Critique)的。也就是说,宏观模型必须从居民的微观决策出发,即宏观模型必须要有微观基础。

## 4.2 添加微观基础的拉姆齐(拉姆齐)模型

### 4.2.1 家庭问题

家庭有两部分收入。第一是其所持有的资产所获得的利息收入,为 $r_t A_t$。第二部分为向社会提供劳动力所获得的工资收入,其总量为 $w_t L_t$。记 $t$ 时刻家庭的消费为 $C_t$。家庭所有收入减去当期的消费的剩余用来增加家庭的总资产。因此,有预算约束为:

$$\dot{A}_t = r_t A_t + w_t L_t - C_t$$

定义 $a_t = A_t / L_t$ 为 $t$ 时刻家庭人均资产,$c_t = C_t / L_t$ 为 $t$ 时刻家庭的人均消费。注意到劳动力的增长率为 $n$,可以将家庭的预算约束改写为:

$$\dot{a}_t = w_t + r_t a_t - c_t - n a_t$$

家庭目标为最大化家庭成员的人均消费。因此,家庭问题可以写为:

$$\max_{\{c_t\}} \int_{t=0}^{\infty} e^{-\rho t} u(c_t) dt$$

约束条件:

$$\text{s.t.} \dot{a}_t = w_t + r_t a_t - c_t - n a_t$$

### 4.2.2 厂商问题

厂商利用资本 $K$ 和劳动力 $L$ 两种要素,用一次齐次的生产函数 $F(K, L)$ 生产产出。其利润最大化问题为:

$$\max_{K, L} F(K, L) - (r + \delta) K - wL$$

最优性条件为:

$$r = f'(k) - \delta$$
$$w = f(k) - k f'(k)$$

式中，$k = K/L$，$f(k) = F(K/L, 1)$，$\delta$ 为折旧率。

### 4.2.3 宏观均衡

在均衡时，市场出清，债务市场也出清。因此有 $a = k$。将此条件代入家庭的预算约束中，可以将其改写为：

$$\dot{k} = f(k) - (n+\delta)k - c$$

于是，整个经济可以描述为如下动态问题：

$$\max_{\{c_t\}} \int_{t=0}^{\infty} e^{-\rho t} u(c_t) dt$$

约束条件：

$$\text{s.t.} \dot{k} = f(k) - (n+\delta)k - c$$

拉姆齐模型中可以推导出，一个中央计划者的最优决策问题和一个分散竞争均衡模型的结论是一致的，二者是等价的。

## 4.3 拉姆齐模型在宏观经济中的应用

### 4.3.1 拉姆齐模型与索洛模型

索洛(Solow)增长模型实际上是拉姆齐模型的一个特例，在拉姆齐模型中假设储蓄率一定，就可以得到索洛模型。假设 $c = (1-s)f(k)$（其中 $s$ 为储蓄率）。将这个条件代入拉姆齐模型的预算约束方程中可以得到：

$$\dot{k} = sf(k) - (n+\delta)k$$

这正是索洛模型的基本动态方程。索洛模型也可以看成是一个一般均衡模型，只不过它描述的是储蓄率外生给定的这种特例而已。

### 4.3.2 拉姆齐模型与内生增长模型

在新古典的增长模型中，资本要素的边际回报率持续下降。在长期稳定点,人均产出增长归因于外生的技术进步。内生经济增长模型就是突破这一假定,将技术内生化。内生经济增长模型与新古典增长模型的差别在于厂商的生产技术不同。新古典增长模型中,通常假设 $f(k)=k^a$。如果将这个生产函数换成 $f(k)=Ak$,就得到了最简单的内生增长模型 AK 模型。除此之外,还可以假设经济中存在一个专门生产技术的部门。这样,就得到了将技术内生化的两部门(Two Sector)模型。

### 4.3.3 拉姆齐模型与真实商业周期(RBC)模型

拉姆齐模型除了前面提到的连续时间的形式外,还可以写成离散时间的形式①。

$$\max_{\{c_t\}} \sum_{t=0}^{\infty} \beta^t u(c_t)$$

约束条件:

$$\text{s.t.} k_{t+1} - k_t = f(k_t) - n k_t - c_t$$

在这个模型中,如果假设生产函数受到一个外生的随机技术冲击的影响,就得到了 RBC(Real Business Cycle)模型。由于这个经济中出现了不确定性,优化目标就应该是期望效用了。具体模型为:

$$\max_{\{c_t\}} E\left[\sum_{t=0}^{\infty} \beta^t u(c_t)\right]$$

约束条件:

$$\text{s.t.} k_{t+1} - k_t = f(k_t, A_t) - n k_t - c_t$$

式中,$E[\cdot]$ 表示期望,$A_t$ 服从一个外生给定的随机过程。在这个模型中,给定一定的外生的技术冲击过程,可以得到资本存量、消费路径等的随机路径。而这些路径所显示的统计特征与真实经济的特征非常相似。

---

① 宏观经济学模型一般都可以有连续时间与离散时间两种形式,本质上两种形式是一样的。连续时间模型可以方便地运用很多的数学工具,求解过程更加符合直觉,便于得到解析解。离散模型则方便用数值方法求解,便于计算机编写程序进行模拟。

### 4.3.4 拉姆齐模型中加入货币

在拉姆齐模型中，可以有两种方法引入货币。其一是货币效用模型（MIU：Money in Utility）；另一种是现金先行模型（CIA：Cash in Advance）。MIU模型思想是消费者可以从持有的货币中直接获得效用。其微观机理可以理解为货币为消费者节省了时间，从而提高了消费者效用。消费者的最大化问题变为：

$$\max_{\{c_t, M_t\}} \int_{t=0}^{\infty} e^{-\rho t} u(c_t, \frac{M_t}{P_t}) dt$$

式中，$M_t/P_t$ 为消费者在 $t$ 时刻的真实货币余额。预算约束也有相应的变化。CIA模型是消费者必须用货币先进行商品购买，必须在拉姆齐模型中加上一个不等式约束。

$$c_t \leqslant \frac{M_t}{P_t}$$

通过这两种方式，就为经济引入了货币，分析货币的存量和货币量的增加对经济的影响。

### 4.3.5 拉姆齐模型的其他扩展

对于金融学的资产定价模型、国际贸易模型等，拉姆齐模型都可以添加原有理论模型，并得到最优路径。可以进一步分析贴现因子的改变，效用函数形式的改变的影响等对拉姆齐模型的拓展。按照是连续模型还是离散模型，是否有不确定性，拉姆齐模型有四种形式：

$$\max_{\{c_t\}} \int_{t=0}^{\infty} e^{-\rho t} u(c_t) dt$$

$$\max_{\{c_t\}} \sum_{t=0}^{\infty} \beta^t u(c_t)$$

$$\max_{\{c_t\}} E\left[\int_{t=0}^{\infty} e^{-\rho t} u(c_t) dt\right]$$

$$\max_{\{c_t\}} E\left[\sum_{t=0}^{\infty} \beta^t u(c_t)\right]$$

这四种形式的拉姆齐模型,都可以用动态规划求解。连续时间的确定性拉姆齐模型还可以用变分法或最优控制的相关知识求解。在连续模型中,欧拉方程是常微分方程。在离散模型中,欧拉方程是差分方程。在不确定性模型中,为了描述不确定性,还需要一点测度和积分,以及随机过程的数学知识。在实际模型求解中,会遇到无法求出显示解的情况,可以求助于数值方法,用计算机编程进行模拟。

# 第7讲 长期经济增长及相关模型

> 任何一个经济学家,一旦开始对经济增长问题、收入差距问题开始思考,就很难再有其他事情能够吸引他了。
>
> ——卢卡斯

人类的长期经济增长问题非常有趣,不同国家或地区在不同时期的经济增长表现出巨大的差异。总体上,人类的经济增长速度是在不断加速的,在公元后的两千年时间里,近一千年速度超过前一千年,近一千年里人口增加了21倍,人均收入提高了12倍,GDP增加了300倍,而前一千年里人口只增长了六分之一,而人均收入基本没有变化。① 在近一千中,以1820年为分水岭,前后差异也巨大。1000年到1820年,人均收入提高仅有50%,而1998年的世界人均收入水平是1820年的8倍以上,人口增长了5倍之多。1000年地球上的人类大约有三分之一的新生儿活不过一年时间,剩下的三分之二也经常面临饥饿、疾病的折磨,人均寿命只有24岁左右,而今天已经达到73岁,中国已经达到77.9岁。

今天国与国之间人均GDP的排名和200年前排序大致相同,只有一部分国家实现了跃升。美国的真实人均国内生产总值(GDP)以1985年的美元价格来衡量,1870到1990年均增长率1.75%,如果这个速度降低到每年0.75%(接近印度0.64%),则1990年其真实人均GDP将比现在的实际值低70%,大致和1990年的墨西哥相近,在全球的经济排名也会大幅下降。在1960年到1990年,短短三十年时间,韩国的真实人均GDP就提高了6.4倍,而伊拉克却下降了近50%。人均收入这一指标在不同区域之间的差异,在1820年最高达到2∶1,但是到了1998年已经扩大到了20∶1。

---

① [英]安格斯·麦迪森:《世界经济千年史》,北京大学出版社,2022年版。

# 1 经济增长的典型事实

## 1.1 世界上的贫富差距很大

横向来看,美国、中国、日本、德国和英国是目前全球经济总量最高的五个国家,他们的人口总计占比25.4%,但是GDP占比高达55.2%。最新的《世界粮食安全和营养状况》[1]报告显示,2021年全球受饥饿影响的人数增加到8.28亿人,占世界人口的9.8%,全世界约有23亿人(占全球人口的29.3%)面临中度或重度的粮食不安全状况,比新型冠状病毒感染疫情暴发前增加了3.5亿人。据估计,有4 500万名5岁以下儿童出现消瘦,这是最致命的营养不良形式,使儿童的死亡风险增加了12倍。此外,由于膳食中长期缺乏必需营养素,1.49亿名5岁以下的儿童生长发育迟缓,同时,还有3 900万名儿童面临超重问题。富裕国家的人均寿命为77岁,而低收入国家只有53岁。不同时期来看,1880年出生的日本人平均寿命只有35岁,而今天已经达到了81岁;1870年,美国人的人均一周工作时间是61小时,目前只需要34小时。按照2002年的购买力平价计算,人均GDP最高的国家是挪威,超过3.6万美元;而刚果民主共和国的人均收入大约600美元,二者相差50多倍。[2] 为什么会有这么大的差距呢?

国家之间的竞争是一场超长时间的马拉松比赛,维持长时间的年均增长率水平,在复利的巨大威力下,时间会带来差距的不断扩大。给定两个初始条件完全相同的国家,如果A国比B国年均增长率高2%,则200年后,A国的经济总量将是B国的52倍。

**拇指法则(Rule of Thumb):70规则**

拇指法则用来测算:如果能保持一个平稳增长率,这个经济体需要花费多久才能让经济总量翻倍?假设一个经济体年均增长率稳定在10%,那么用70

---

[1] 2022年《世界粮食安全和营养状况》报告由联合国粮食及农业组织(FAO)、国际农业发展基金(IFAD)、联合国儿童基金会(UNICEF)、联合国世界粮食计划署(WFP)和世界卫生组织(WHO)等联合分布。https://zh.wfp.org/。

[2] [美]达龙·阿西莫格鲁:《现代经济增长导论》,中信出版集团股份有限公司,2019年版。

除以 10% 得到 7,表示 GDP 翻番需要 7 年时间,而如果年均增长率是 5%,这个时间就是 14 年。在 100 年的时间范围内,两个国家的经济总量差距将高达 128 倍,70 规则其实蕴含的是一种增长的指数效应。即使在最近 40 年中,不同国家的增长依然表现出很大的差异,有的较为平稳,比如美国和英国;有的一路追赶,比如韩国和新加坡;有的半途开始波折,比如巴西;有的虽然起步早却中途开始乏力,比如印度;还有的基本不在游戏当中,比如尼日利亚。

## 1.2 国家间差距主要发生在近两百年

国家间如此大的经济差异是从何时开始的呢?经济史学家认为,1820 年到 2000 年,人均 GDP 在不同国家间的差距开始扩大。1820 年国家间经济集中度要远远高于 1913 年和 2000 年的情况,也就是说国家间的差距主要发生在近 200 年。1820 年的分布中,左尾部相对很小而且小于右尾部,表明低收入国家数量较少。1913 到 2000 年的左尾部逐步变大,这种"肥尾"现象说明低收入国家的数量愈来愈多,富国与穷国之间的绝对差异越来越大(见图 7-1)。

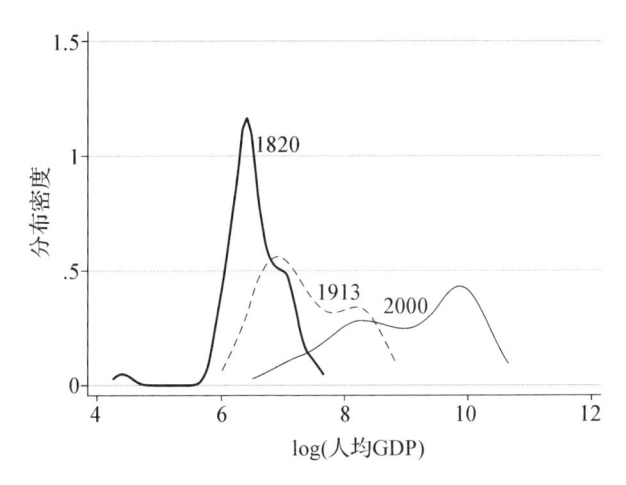

**图 7-1　1820、1913 和 2000 年全球人均 GDP 的发布密度。**

资料来源:Introduction to Modern Economic Growth,Daron Acemoglu(2008)。

从经济增长的数据来看,15 世纪以前的世界相对差距不大,全球各地的人均物质水平大体也就是保持温饱,并且长年没有太大的增长,各地区差距相对较小。伴随大航海带来的地理大发现,西欧部分国家开始进入工业革命时期,商品贸易的全球化开始加速,然后开始带动全球人口和人均 GDP 快速增长,如果把两者相乘得到人类创造的物质财富总量的话,更是惊人的增长。从1800年的9亿人增加到2000年的60多亿人口,同时人均GDP还增加了近33倍,使得物质总量增加了200多倍(见表7-1)。

表7-1 世界人口、人均GDP变迁过程

| 时间 | 人口/百万 | 人均GDP(以2000年为基年的换算) |
| --- | --- | --- |
| 公元前5000年 | 5 | 130美元 |
| 公元前1000年 | 50 | 160美元 |
| 公元1年 | 170 | 135美元 |
| 公元1500年 | 265 | 165美元 |
| 公元1800年 | 900 | 250美元 |
| 公元1900年 | 1 625 | 850美元 |
| 公元1950年 | 2 515 | 2 030美元 |
| 公元1975年 | 4 080 | 4 640美元 |
| 公元2000年 | 6 120 | 8 175美元 |

资料来源:Macroeconomics:an Introduction,Jesús Fernández-Villaverde, University of Pennsylvania. https://www.sas.upenn.edu/~jesusfv/macro_jfv.pdf.

与此同时,各地区经济的增长和发展差异被不断拉大。过去1000年大部分时间中,世界每年的平均产出的增长率仅有0.1%。但在1800年之后,增长率升到1.2%。工业革命促进了持续经济增长的伟大爆发,直到20世纪中叶,经济增长才开始逐步从欧美向其他国家扩展。1500到1820年,全球的人均GDP年均增长速度在0.05%,而欧洲是0.14%;1820年世界各地区间的收入差异远远超过一国或地区内部的差异,也大致是目前世界各国间经济发达程度的大致排序。

## 1.3 人均GDP高的国家,社会福利也较高

GDP这一宏观指标,受到很多批评,认为它存在诸多不足。但从统计相关性上看,人均GDP和该地区的社会福利水平有很大的正相关性。例如,平均预期余命反映了一个国家的营养状况、医疗条件和社会保障等条件,这是一个较为重要的衡量社会福利的指标,这个指标和人均GDP高度相关。高度相关的指标还有教育水平、营养等方面。从这个意义上,大家会把GDP作为社会福利分析的重要指标。经济学家巴罗通过一系列实证分

析，得到的结论包括以下几个方面：

（1）俱乐部收敛效应存在，大致每年收敛 2%，大约需要 35 年时间，经济增长的增速会趋同在同一水平上。

（2）经济增长率与该地区的人力资本初始水平正相关。

（3）经济增长率与该地区的总投资率正相关。

（4）该国的生育率与经济增长正相关，但与女性教育负相关、与男性教育正相关。对于大多数国家来说，随着真实人均 GDP 的增加，生育率趋于下降。

## 1.4 OECD 国家的"俱乐部收敛"现象

发达国家之间收入差距似乎在逐步缩小，而发达国家与不发达国家之间差距却在扩大。如果将经济合作组织的近 40 个国家归入一个俱乐部，会发现 20 世纪 80 年代到 90 年代，俱乐部内部国家间经济发展差距越来越小，但是它们和俱乐部外面的国家之间（撒哈拉南部的非洲和加勒比海沿岸的国家）收入差距是扩大的。

在什么情况下俱乐部内部的国家之间的差距会缩小，俱乐部之间的差距会扩大？这个现象是对一些已有理论的挑战。从索洛增长模型的均衡结果看，所有国家到最后都会收敛到同样的经济发展水平上。这样的话，穷国应该发展得更快，富国的增长速度应该变得缓慢。按照投资边际收益率递减的规律，富国投资达到一定量之后，其投资收益变小，低收入国家投资较少，其投资收益率应该更高。这样一来，穷国和富国之间的距离应该缩小。但从整个世界现实情况看，穷者愈穷、富者愈富的倾向还是比较明显的。

OECD 国家的"俱乐部收敛"现象如图 7-2 所示。

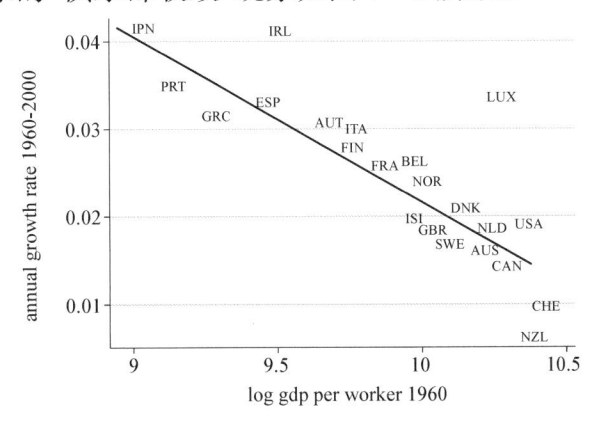

**图 7-2 OECD 国家的"俱乐部收敛"**

**【课堂思考题】**

阅读文献《中国经济增长的'俱乐部收敛'特征及其成因研究》[1],分析和讨论中国各区域间经济增长是否存在收敛性特征。

注:$\beta$-收敛(人均产出增长率与初始人均产出水平负相关)和$\sigma$-收敛(人均收入的离差随时间下降)。

关于增长的源泉,相关理论和解释非常多,麦迪森从千年的经济史跨度认为人口与收入的增长主要由三个相互关联的活动支持:对人烟稀少、土地肥沃和有着新生物资源地区的占领和殖民;国际贸易和资本流动;技术和制度上的创新。

伯恩斯坦[2]聚焦近200年的快速增长,认为人类的繁荣应该取决于四个要素的相互支持:财产权、科学理性、资本市场、交通和通信技术。只有在这四个目标全部实现以后,工业化和后工业化社会的居民,才能够享受他们自己丰厚的劳动成果,享受到物质的繁荣。

阿西莫格鲁[3]认为技术、物质资本和人力资本是经济增长的直接原因,而根本原因大致有四种互相竞争的假说:运气、地理资源禀赋、文化习俗、制度激励。他用殖民时代大量的数据进行工具变量的计量验证,更支持制度是经济增长的主要甚至是最显著的根本原因。

# 2 索洛增长模型

## 2.1 基本假定与思路

所有的理论都基于并非十分正确的假设,正是这些假设构成了理论形成的基础。理论建立的技巧就是要做出能够得

---

[1] 沈坤荣、马俊:《中国经济增长的'俱乐部收敛'特征及其成因研究》,《经济研究》,2002年第1期。

[2] [美]威廉·J.伯恩斯坦:《繁荣的背后:解读现代世界的经济大增长》,机械工业出版社,2021年版。

[3] [美]达龙·阿西莫格鲁:《现代经济增长导论》,中信出版集团,2019年版。

出稳定结论的必要、简单化的假设。
———Robert 索洛（1987 的诺贝尔经济学奖获得者）

索洛增长模型中的经济体假定如下：
(1) 经济中只有一种商品，没有货币和政府；
(2) 处于充分就业状态；
(3) 投入要素为资本和劳动；
(4) 技术是外生变量；
(5) 储蓄率、折旧率、人口增长率和技术进步率为外生不变的常数，其中人口增长率为 $n$，技术进步率为 $g$。

新古典增长模型建立在一个新古典生产方程体系之上，强调在一个封闭的没有政府部门的经济中，储蓄、人口增长及技术进步对经济增长的作用，它关注的焦点是经济增长的直接原因。新古典增长模型的基本假定是：经济由一个部门组成，该部门生产一种既可用于投资也可用于消费的商品；该经济为不存在国际贸易的封闭经济，且政府部门被忽略；生产的规模报酬不变；该经济的技术进步、人口增长及资本折旧的速度都由外生因素决定；生产要素的边际收益递减；社会储蓄函数为 $S=sY$，$s$ 为储蓄率，是一个外生变量。

## 2.2 模型推导与关键方程

引入技术进步的因素，经济中的生产函数可以表示为：

$$Y = F(AN, K)$$

在上述生产函数中，$A$ 代表技术状态，$A$ 的提高表明存在技术进步，此使经济体的劳动效率提高了。典型的例子如 20 世纪初福特通过流水线提高生产效率，极大地压缩了组装一辆汽车主要部件的时间；20 世纪末大量产线被计算机化，劳动效率得以进一步提高。$AN$ 这个量可以被解释为工人的有效数量，它考虑了工人和工人可用的技术。假定技术进步使得 $A$ 翻倍，这就意味着工人有效的劳动效率提高，初始状态下两个工人的生产效率相当于现在状态下一个工人的生产效率。$N$ 和 $K$ 分别表示总量劳动和总量资本，$N$ 随着时间变化而变化。

资本积累是增量减除损耗的结果,分别对应投资与折旧。假定投资为 $I$,全部由储蓄转化而来;折旧是资本存量的一个固定比率 $\delta K(0<\delta<1)$。故有:

$$\dot{K}=I-\delta K=S-\delta K=sY-\delta K$$

记 $\hat{y}=\dfrac{Y}{AN}$,即按有效劳动平均的产量,$\hat{k}=\dfrac{K}{AN}$,即按有效劳动平均的资本,则方程可以进一步写成:

$$\hat{y}=F(1,\hat{k})=f(\hat{k})$$

由于新古典增长理论假设技术进步是外生因素,即 $A$ 以一个固定的比率 $g$ 增长。则可以得出新古典增长模型的基本方程:

$$\dot{\hat{k}}=s\hat{y}-(n+g+\delta)\hat{k}$$

图 7-3 给出了考虑技术进步的新古典增长模型的稳态分析图。从图中可以看出,假设经济初始状态按有效劳动平均的资本为 $\hat{k}_0$,它低于稳态水平。随着时间的推移,$\hat{k}$ 值逐渐提高了,在 $\hat{k}_0^*$ 处,即达到了稳态状态:$s\hat{y}=(n+g+\delta)\hat{k}$。这时,经济处于稳定状态,经济体处于长期均衡。

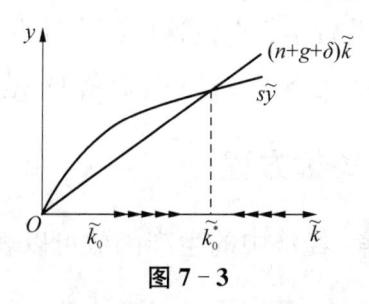

**图 7-3**

根据增长率的计算方法,可以得到有关变量在稳态时增长率的结果,表 7-2 说明了在技术进步的情况下,新古典增长模型在稳态时,4 个变量的增长率。

表 7-2 具有技术进步的新古典增长模型中的稳态增长率

| 变 量 | 稳态增长率 |
| --- | --- |
| 按有效劳动平均的资本 | 0 |
| 按有效劳动平均的产量 | 0 |
| 人均产出 | $g$ |
| 总产出 | $n+g$ |

可以发现,在考虑技术进步后,技术进步会引起人均产出持续增长,一旦经济处于稳定状态,人均产出的增长率只取决于技术进步。只有技术进步才能解释人均收入长期的增长。

## 2.3 其他推论:储蓄率变动与资本的黄金律水平

在经济体处于稳态时,假设储蓄率 $s$ 永久性提高,具体变化如图 7-4 所示。由图可以看出,$s$ 增加会使得实际投资突然大于持平投资,突然 $\dot{k}>0$,曲线从 $s_{old}f(k)$ 上移到 $s_{new}f(k)$,稳态状态从 $C$ 点移动到 $C'$,比较 $C$ 点与 $C'$ 点,可知储蓄率的增加提高了稳态的人均资本与人均产量。但是,由于经济体最终总会处于稳态,从长期来看,稳态中的产量增长率是独立于储蓄率的,随着资本的积累,增长率逐渐降低,并最终回落到人口增长的水平。

图 7-4 清晰地给出了储蓄率增加对于各变量随时间变化影响的轨迹。储蓄率的上升会导致人均资本的上升,从而增加人均产量,直到达到新的稳态为止,如图 7-5 所示,而对于总产量的增长率而言,储蓄率的增加会带动产量在短期内的较高增长,但随着资本的积累,总产量的增长最终会回落到人口增长率水平上。

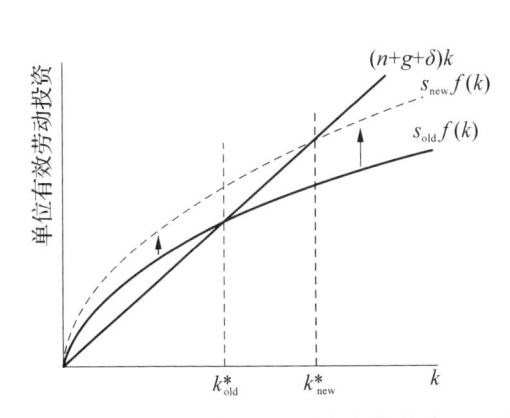

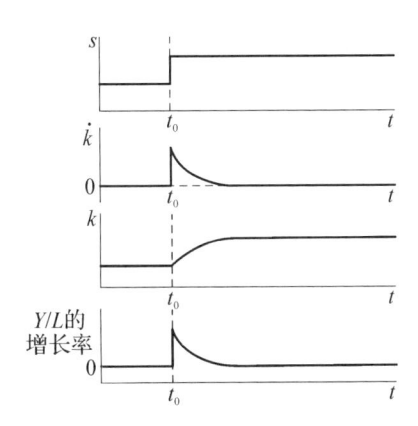

图 7-4 储蓄率提升的稳态效应　　图 7-5 储蓄率变化后各变量的动态趋势

因此,储蓄率的变化不能影响到稳态增长率,但是可以提高收入的稳态水平,换言之,储蓄率的增加只有水平效应,没有增长效应。事实上,在索洛模型中,仅有技术进步率才具有增长效应。

根据古典增长模型,储蓄率可以影响稳态的人均资本水平,人均资本水平继而决定人均产量。从全社会的角度看,产出可以用于消费和积累两个方面,产出一定时,消费与积累便呈现此消彼长的关系,因此,需要在二者之间形成一个平衡。一般认为,一个国家经济增长的根本目的是提高国家的人均消费水平。因此,美国经济学家菲尔普斯于1961年提出资本黄金律水平,即人均资本在该水平时人均消费达到最大化。下面对该模型进行推导。

单位有效劳动平均消费 $c$ 等于单位有效劳动的平均产出 $f(k)$ 乘以消费比例 $1-s$,即 $(1-s)f(k)$。当储蓄率 $s$ 提高(阶梯式增加),而 $k$ 也提高(连续型增加),$c$ 在初始会迅速地降低,之后将缓慢爬升。令 $c^*$ 为平衡路径上单位有效劳动平均消费,则:

$$c^* = f(k^*) - (n+\delta)k^*$$

根据链式法则,

$$\frac{\partial c^*}{\partial s} = \{f'[k^*(s,n,\delta)] - (n+\delta)\}$$

当 $\frac{\partial c^*}{\partial s} = 0$ 时,消费达到最大值,即:

$$f'(k^*_{gold}) = n+\delta$$

上述式子即为资本黄金律水平应满足的经济学条件,它表明,在稳态条件下,人均资本量应等于资本的边际产量,等于劳动增长率加上折旧率。已知资本黄金律水平后,可以推导出储蓄率的黄金水平。

可以结合新古典增长模型的图形来理解资本的黄金律水平。

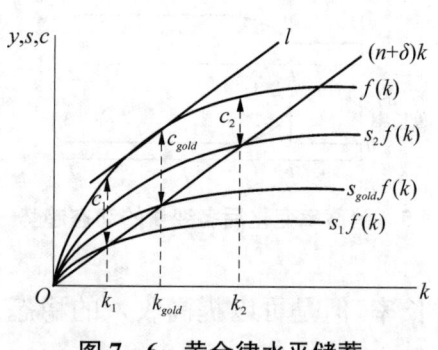

图 7-6 黄金律水平储蓄

如图 7-6 所示,对于不同的储蓄率,可以绘制出不同的储蓄曲线,储蓄曲线分别与 $(n+\delta)k$ 相交于不同点。以储蓄率等于 $s_1$ 为例,此时对应的稳态人均资本为 $k_1$,人均消费 $c_1$ 表示为 $f(k)$ 与 $(n+\delta)k$ 之间垂直距离,要使人均消费 $c$ 达到最大,就需要找到 $f(k)$ 与 $(n+\delta)k$ 之间垂直距离最大的位置,即 $f(k)$ 在 $k=k_{gold}$ 的切线 $l$ 与直线 $(n+\delta)k$ 平行,即:

$$f'(k^*_{gold}) = n+\delta$$

这与上面分析的结果是一致的。

## 3 RCK 增长模型

在索洛模型的基础上，学者 Cass[①] 和 Koopmans[②] 在拉姆齐[③]模型的基础上进一步提出了拉姆齐-卡斯-库普曼斯模型(后文简称 RCK 增长模型)。相较于索洛模型，RCK 增长模型不再简单地假设储蓄率外生给定，而是增加动态微观基础。RCK 增长模型将经济体分为企业和家庭两个部分，并假设企业达到最大化收益、家庭达到最大化效用，来分析决策。

### 3.1 竞争均衡

#### 3.1.1 消费者问题

$$\max \int_0^\infty u(c)\,\mathrm{e}^{-\rho t}\,\mathrm{d}t$$

约束条件

$$\dot{a} = ra + w - c$$

$a_0$ 给定。

写下消费者的哈密顿函数：

$$H^c = u(c) + \xi(ra + w - c)$$

一阶条件是：

---

[①] D Cass "Optimum Growth in an Aggregative Model of Capital Accumulation", The Review of Economic Studies, vol. 32, no. 3, 1965, pp. 233-240

[②] T C Koopmans "On The Concept of Optimal Economic Growth", in The Econometric Approach to Development Planning, Amsterdam: North-Holland, pp. 225-195

[③] F P 拉姆齐 A Mathematical Theory of Saving, The Economic Journal, Volume 38, Issue 152, 1 December 1928, Pages 543-559, https://doi.org/10.2307/2224098

$$u'(c) = \xi$$

$$\dot{\xi} = \rho\xi - r\xi$$

横截面条件是:

$$\xi a\, e^{-\rho t} \to 0 \text{ as } t \to \infty$$

### 3.1.2 公司问题

$$\max F(K, N^d) - rK - wN^d$$

一阶条件是:

$$\frac{\partial F}{\partial K} = r$$

$$\frac{\partial F}{\partial N^d} = w$$

### 3.1.3 供求均衡

需求等于供给:

$$N^d = N$$

$$K = Na$$

## 3.2 中央计划者与竞争均衡等价

中央计划者模型有三个假定:① 中央计划者私利、所有国民的最优;② 不存在信息不对称;③ $\mu(c_t)$ 代表性 Agest、同质。

中央计划者问题的一般形式可以写为:

$$\max \int_0^\infty Nu(c)\, e^{-\rho t}\, dt$$

约束条件

$$\dot{K} = F(K, N) - Nc$$

$K_0$ 给定,$N$ 是常数。

假设 $F(K, N)$ 具有恒定的规模收益:

$F(xK,xN)=xF(K,N)$ 等价于新古典框架($\Leftrightarrow \alpha+\beta=1$: CRTS)$\Leftrightarrow$

$AF(xK,xN)=A(xK)^\alpha(xN)^\beta=Ax^{\alpha+\beta}K^\alpha N^\beta=AxK^\alpha N^\beta=xF(K,N)$

这种生产函数具有以下性质。对 $x$ 求导(然后设置 $x=1$):

$$\frac{\partial F}{\partial K}K+\frac{\partial F}{\partial N}N=F(K,N)$$

为社会规划者写下哈密顿函数:

$$H^s=Nu(c)+\mu[F(K,N)-Nc]$$

一阶条件是:

$$u'(c)=\mu$$

$$\dot{\mu}=\rho\mu-\mu\frac{\partial F}{\partial K}$$

横截面条件是:

$$\mu K\,\mathrm{e}^{-\rho t}\to 0 \text{ as } t\to\infty$$

## 3.3 福利定理

福利定理指出,竞争均衡是帕累托最优的。为了看到中央计划者的解决方案和竞争均衡之间的等价性,让均衡条件和企业一阶条件替换为消费者横截条件

FOC 是:

$$u'(c)=\xi$$

$$\dot{\xi}=\rho\xi-\xi\frac{\partial F}{\partial K}$$

$$\begin{aligned}\dot{K}&=N\dot{a}\\&=N[ra+w-c]\\&=N\left[\frac{\partial F}{\partial K}a+\frac{\partial F}{\partial N}-c\right]\\&=\frac{\partial F}{\partial K}Na+\frac{\partial F}{\partial N}N-Nc\end{aligned}$$

$$= \frac{\partial F}{\partial K}K + \frac{\partial F}{\partial N}N - Nc$$
$$= F(K,N) - Nc$$

横截面条件是：

$$\xi a \, \mathrm{e}^{-\rho t} \to 0$$

可以重写为：

$$\xi K \, \mathrm{e}^{-\rho t} \to 0$$

因此，这两个问题最终将在两个变量上得到相同的条件集，在一种情况下变量被称为 $K$ 和 $\mu$，在另一种情况下它们被称为 $K$ 和 $\xi$。至此，福利定理得证。

## 3.4 相位图分析

在大多数情况下，不存在明确的解决方案。在这些情况下，必须依靠数值解或使用相图来说明解的性质。在本节中，使用连续时间进行演示。

$$\max \int_0^\infty u_t(c) \, \mathrm{e}^{-\rho t} \mathrm{d}t$$

以下限制条件：

$$\dot{k} = \frac{k(t+\mathrm{d}t) - k(t)}{\mathrm{d}t} = S_t = f(k_t) - c_t$$

$k_0$ 给定。

假设生产函数 $f(k)$ 随 $k$ 递增：

$$\lim_{k \to 0+} f'(k) = +\infty$$
$$\lim_{k \to \infty} f'(k) = 0$$

为社会规划者写下哈密顿函数：

$$H = u(c_t) + \mu[f(k) - c]$$

结合附件中连续时间的一阶条件，此处 FOC 是：

$$u'(c) = \mu$$

$$\dot{\mu} = \rho\mu - \mu f'(k)$$

TVC 是：

$$\mu k \, e^{-\rho t} \to 0 \text{ as } t \to \infty$$

方程 $u'(c) = \mu$ 可以重写为 $c = c(\mu)$。

对 FOC 中的 $u'(c) = \mu$ 变形得到 $\dot{\mu} = \mu''(c)\dot{c}$，对 $\dot{\mu} = \rho\mu - \mu f'(k)$ 变形得到 $\dfrac{\mu''\dot{c}}{\mu'} = \rho - f'(k)$。

于是得到，

$$\begin{cases} \dot{c} = \dfrac{\mu'}{\mu''}[\rho - f'(k)] \\ \dot{k} = f(k) - c \end{cases}$$

为了绘制相图，首先尝试找出稳态。

要找到稳定状态，设置 $\dot{k} = 0$ 和 $\dot{\mu} = 0$，存在稳态点 $[c^*(t), k^*(t)]$，条件如下：

$$f(k) - c(\mu) = 0$$
$$\rho = f'(k)$$

这两个方程代表 $(k, \mu)$ 空间中的两个轨迹。两个基因座的交集给出了稳态 $(k^*, \mu^*)$。

如 $k_0 = k^*$，那么显然最优路径是 $k_t$，始终保持在 $k^*$。

$c_0 \neq c^*$ 时，如果 $k_0 < k^*$ 或 $k_0 > k^*$，最优路径是什么样的，是否收敛，即 $c(t) \to c^*(t), k(t) \to k^*(t)$？为此，需要绘制相图（见图 7-7）。

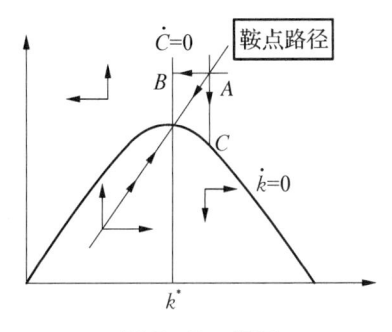

图 7-7 相图

首先我们知道，$f''(k) < 0, c_A = c_B, k_A > k_B$

$$\dot{c}_A - \dot{c}_b = \frac{\mu'_A}{\mu''_A}[\rho - f'(k_A)] - \frac{\mu'_B}{\mu''_B}[\rho - f'(k_B)] = \frac{\mu'}{\mu''}[f'(k_B) - f'(k_A)]$$

由函数单调性得到 $f'(k_A) < f'(k_B) \Rightarrow \dot{c}_A < 0$

由单调性可知，$f(k_A) - f(k_C) < 0, c_C - c_A < 0$

于是

$$\dot{k}_A - \dot{k}_C = f(k_A) - c_A - f(k_C) + c_C \Rightarrow \dot{k}_A < 0$$

综上，当 $c_0 \neq c^*, k_0 \neq k^*$ 时，只有在鞍点路径上才会收敛。

# 4 内生增长模型

## 4.1 具有外部性的两期模型

假设这个国家有 $N$ 个个体。每个个体的生命周期为两个阶段。个体 $i$ 具有以下效用函数：

$$\ln c_1^i + \beta \ln c_2^i$$

在第一个时期，上帝给每个个体 $\bar{e}$ 单位的物品。然后每个人可以自己决定消费多少($c_1^i$)和储蓄多少($S_i$)。储蓄下一个时期成为资本物。在第二个时期，有 $N$ 个公司根据以下技术生产消费品：

$$Y_j = F(K_j, L_j, \bar{K}) = K_j^{\alpha} L_j^{1-\alpha} \bar{K}^{\gamma}$$

式中，$\bar{K}$ 是该国的平均资本规模。$\bar{K}$ 出现在单个企业的生产函数中的原因是资本存量的平均规模越大，社会的工业化程度越高，因此单个企业能够生产的产出也就越高。

什么是帕累托最优配置（社会规划师的问题）？什么是竞争均衡？

### 4.1.1 社会规划者

社会规划者的存在意味着他可以协调每个人的行为。对于社会规划者来说，它的最优化问题是最大化一个代表个体的终生效用：

$$\max \ln c_1 + \beta \ln c_2$$

符合：
$$c_1 + S = \bar{e}$$

$$S = K$$
$$c_2 = K^\alpha L^{1-\alpha} \bar{K}^\gamma$$
$$= K^{\alpha+\gamma} L^{1-\alpha}$$

请注意，社会规划者知道，单个企业的资本存量规模与平均资本存量规模相同，因为企业的生产函数完全相同。$L=1$ 是因为有 $N$ 个人，每个人都为一家企业工作。

上述问题可简化如下：

$$\max \ln(\bar{e} - K) + \beta \ln(K^{\alpha+\gamma})$$

一阶条件是：

$$\frac{1}{\bar{e} - K} = \frac{\beta(\alpha + \gamma)}{K}$$

因此，

$$K = \frac{\beta(\alpha + \gamma)}{1 + \beta(\alpha + \gamma)} \bar{e}$$

并且，

$$c_1 = \frac{1}{1 + \beta(\alpha + \gamma)} \bar{e}$$

你能直观地解释一下上述公式吗？（例如，$\beta$ 越小，一个人的耐心越差，因此他的 $c_1$ 也就越高）

### 4.1.2 竞争性均衡

在竞争性均衡中，每个人都为自己着想，独立思考，没有社会计划者来协调他们的行动。当存在外部性时，市场将达到次优而非最优状态。

为了得出竞争性均衡,需要考虑消费者问题、企业问题和均衡条件。

1. 消费者问题

一个典型的消费者($i$)会解决以下问题:

$$\max \ln c_1^i + \beta \ln c_2^i$$

符合:

$$c_1^i + S^i = \bar{e}$$
$$c_2^i = (1+r)S^i + w$$

这等价于:

$$\max \ln(\bar{e} - S^i) + \beta \ln[(1+r)S^i + w]$$

请注意,实际利率 $r$ 和实际工资 $w$ 将由市场供求给出,消费者无法控制它们。在这个问题中,他唯一能控制的就是储蓄 $S^i$ 的多少。

一阶条件为:

$$\frac{1}{\bar{e} - S^i} = \frac{\beta(1+r)}{(1+r)S^i + w}$$

即:

$$S^i = \frac{\beta(1+r)\bar{e} - w}{(1+\beta)(1+r)}$$

2. 公司问题

公司最大化其利润:

$$\max K_j^\alpha L_j^{1-\alpha} \bar{K}^\gamma - K_j(1+r) - wL_j$$

请注意,任何个体企业都会将社会平均资本存量水平作为给定值 $\bar{K}$。因此,任何单个企业都无法控制 $\bar{K}$。在这种情况下,一阶等价条件为:

$$\alpha K_j^{\alpha-1} L_j^{1-\alpha} \bar{K}^\gamma = (1+r)$$
$$(1-\alpha) K_j^{\alpha-1} L_j^{-\alpha} \bar{K}^\gamma = w$$

3. 均衡条件

在均衡状态下,由于每个人都是相同的,必须有:

$$S^i \equiv S^{CE}$$
$$K_j \equiv K^{CE}$$
$$\bar{K} \equiv K^{CE}$$
$$L_j \equiv L^{CE}$$

并且需求等于供给：

$$K^{CE} = S^{CE}$$
$$L^{CE} = 1$$

整理上述一系列条件后，得出：

$$S^{CE} = \frac{\beta(1+r)\bar{e} - w}{(1+\beta)(1+r)}$$

$$= \frac{\beta\alpha K_j^{\alpha-1} L_j^{1-\alpha} \bar{K}^\gamma \bar{e} - (1-\alpha) K_j^\alpha L_j^{-\alpha} \bar{K}^\gamma}{(1+\beta)\alpha K_j^{\alpha-1} L_j^{1-\alpha} \bar{K}^\gamma}$$

$$= \frac{\beta\alpha (K^{CE})^{\alpha+\gamma-1} \bar{e} - (1-\alpha)(K^{CE})^{\alpha+\gamma}}{(1+\beta)\alpha (K^{CE})^{\alpha+\gamma-1}}$$

$$= \frac{\beta}{1+\beta}\bar{e} - \frac{(1-\alpha)}{(1+\beta)\alpha} K^{CE}$$

于是，

$$S^{CE} = \frac{\alpha\beta}{1+\alpha\beta}\bar{e} < K^{P.O.}$$

如何解释这种情况？

$K^{CE}$ 小于 $K^{P.O.}$ 的原因是，如果没有社会规划者的完美协调，单个企业就会投资不足。该企业的投资通过提高平均资本规模水平，对其他企业产生了正外部性，但它并没有从其他企业那里得到直接补偿。

与污染相关的现象是负外部性。如果某些产品存在负外部性，那么这种产品就会被过度生产。这就是环境受到严重污染的原因。

当出现次优情况时，可以考虑政府干预。

计算竞争性均衡是一件很烦琐的事情。当 CE 为最优时，可以通过求解社会规划者的规划问题来计算均衡。当 CE 为次优时，是否有办法通过求解某种规划问题来计算均衡?

答案是肯定的。可以计算的规划问题作伪规划问题。

4. 伪规划问题

伪规划问题是一个资源分配问题。与社会规划者不同,伪规划者无法协调每个人的行为。因此,在伪规划问题中,伪规划者将$\bar{K}$作为给定值,在推导出一阶均衡条件后,如果在一阶均衡条件中出现$\bar{K}=K$,他就会代入$K$的附带条件,得到的资源分配与竞争均衡相同。

$$\max \ln c_1 + \beta \ln c_2$$

符合:

$$c_1 + S = \bar{e}$$

$K = S$

$$c_2 = K^\alpha \bar{K}^\gamma$$

因此,他尝试:

$$\max \ln(\bar{e} - K) + \beta[\alpha \ln K + \gamma \ln \bar{K}]$$

他认为$\bar{K}$是既定的,他选择$K$来最大化,代表个体的福利最大化。一阶最优条件为:

$$\frac{1}{\bar{e}-K} = \frac{\beta\alpha}{K}$$

解为:

$$K = \frac{\beta\alpha}{1+\beta\alpha}\bar{e}$$

这与竞争性均衡中的答案相同。

### 4.1.3 政府干预

假设政府可以对第二期生产进行补贴,并通过一次性税收为该项目提供资金,那么什么样的补贴率 $\theta$ 和一次性税收 $T$ 可以使 P.O.恢复到竞争均衡状态?

再次,可以求解一个伪规划问题,以求出竞争性均衡。

$$\max \ln c_1 + \beta \ln c_2$$

符合:

$$c_1 + S = \bar{e}$$

$K = S$

$$c_2 = (1+\theta) K^\alpha \bar{K}^\gamma - T$$

在推导一阶最优条件时,伪规划者将政府的补贴和税收作为给定值。他也将 $\bar{K}$ 视为给定。只有在推导出一阶最优条件后,他才能将与这些变量相关的附带条件代入其中。

重写上述问题:

$$\max \ln(\bar{e} - K) + \beta \ln[(1+\theta) K^\alpha \bar{K}^\gamma - T]$$

一阶最优条件为:

$$\frac{1}{\bar{e} - K} = \frac{\beta \alpha (1+\theta) K^{\alpha-1} \bar{K}^\gamma}{(1+\theta) K^\alpha \bar{K}^\gamma - T}$$

附加条件为:

$$\bar{K} = K, T = \theta K^\alpha \bar{K}^\gamma = \theta K^{\alpha+\gamma}$$

上述等式变为:

$$\frac{1}{\bar{e} - K} = \frac{\beta \alpha (1+\theta) K^{\alpha+\gamma-1}}{(1+\theta) K^{\alpha+\gamma} - \theta K^{\alpha+\gamma}}$$

$$= \frac{\beta \alpha (1+\theta) K^{\alpha+\gamma-1}}{K^{\alpha+\gamma}}$$

$$= \frac{\beta \alpha (1+\theta)}{K}$$

解为：

$$K = \frac{\beta\alpha(1+\theta)}{1+\beta\alpha(1+\theta)}\bar{e}$$

为实现 P.O.，政府需要选择一个 $\theta$ 使得：

$$\alpha(1+\theta) = \alpha + \gamma$$

即：

$$\theta = \frac{\gamma}{\alpha}$$

如果 $\gamma$ 小，则补贴率也应小。

恢复平衡的方法并不是唯一的，还有其他补贴和税收方案。例如，通过工资所得税来补贴储蓄（如果闲暇进入个人的效用函数，这种方法就行不通了）。

这个竞争性均衡值无法通过伪规划方法计算出来，必须从头开始计算。

1. 消费者问题

$$\max \ln c_1^i + \beta \ln c_2^i$$

符合：

$$c_1^i + S^i = \bar{e}$$
$$c_2^i = (1+r)S^i(1+\zeta) + w(1-\tau)$$

一阶最优条件为：

$$\frac{1}{\bar{e}-S^i} = \frac{\beta(1+r)(1+\zeta)}{(1+r)S^i(1+\zeta)+w(1-\tau)}$$

2. 公司问题

和上述问题一样，一阶最优条件也一致：

$$\alpha K_j^{\alpha-1} L_j^{1-\alpha} \bar{K}^{\gamma} = (1+r)$$
$$(1-\alpha) K_j^{\alpha} L_j^{-\alpha} \bar{K}^{\gamma} = w$$

3. 政府预算限制

政府必须保持收支平衡：

$$(1+r)K = w\tau$$

## 4. 均衡条件

在均衡状态下,由于每个人都是相同的,必须有:

$$S^i \equiv S^{CE}$$
$$K_j \equiv K^{CE}$$
$$\bar{K} \equiv K^{CE}$$
$$L_j \equiv L^{CE}$$

并且需求等于供给:

$$K^{CE} = S^{CE}$$
$$L^{CE} = 1$$

将所有这些等式代入得出:

$$\frac{1}{\mathrm{e}-K} = \frac{\beta\alpha K^{\alpha+\gamma-1}(1+\zeta)}{\alpha K^{\alpha+\gamma}+(1-\alpha)K^{\alpha+\gamma}}$$

因为,

$$(1+r)K = w\tau$$
$$= \frac{\beta\alpha(1+\zeta)}{K}$$

因此,为了获得 P.O.,需要:

$$\alpha(1+\zeta) = \alpha+\gamma$$

则,

$$\zeta = \frac{\gamma}{\alpha}$$

这与之前的补贴率相同。工资税率是:

$$\tau(1-\alpha)K^{\alpha+\gamma} = \zeta\alpha K^{\alpha+\gamma}$$

则,

$$\tau = \frac{\gamma}{1-\alpha}$$

## 4.2 外部性和增长模型

之前已经证明,在一个单部门经济中,当规模生产函数的收益不变时,经济将趋近于稳定状态,换句话说,长期增长率趋近于 0。长期增长率趋近于 0 的主要原因是,在该模型中,MPK 满足以下条件(即稻田条件):

$$\lim_{k \to 0} f'(k) = \infty$$
$$\lim_{k \to \infty} f'(k) = 0$$

这两个条件保证了稳态资本存量的存在,即以下方程有解。

$$f'(k^*) = \rho$$

Romer(1986)阐述了长期增长率严格大于零的可能性。他解释说,已经看到了在过去几个世纪中持续的知识积累,由于正向知识外溢(正外部性)而使得长期增长成为可能。

在他的模型中,生产函数很复杂,而长期增长是由于正外部性而发生的结论是通过相图传递的。他的相图效果很好,但被认为缺乏直观性。Xie(1991)提供了一个更加直观的解决方案,在这个解决方案中,可以清楚地看到在某些条件下长期增长是可能发生的。以下介绍基于 Xie(1991)的研究。

代表性企业的生产函数如下所示:

$$f(k) = A k^\alpha \bar{k}^{1-\alpha}$$

式中,$\bar{k}$ 是人均资本存量。

可以通过解一个伪规划问题来找到竞争均衡:

$$\max \int_0^\infty \left[\frac{c^{1-\sigma} - 1}{1-\sigma}\right] e^{-\rho t} dt$$

受制于:

$$\dot{k} = A k^\alpha \bar{k}^{1-\alpha} - c$$

$k_0$ 给定。

根据汉密尔顿方程:

$$H = \frac{c^{1-\sigma} - 1}{1-\sigma} + \mu [k^\alpha \bar{k}^{1-\alpha} - c]$$

一阶条件为：

$$c^{-\sigma} = \mu$$
$$\dot{\mu} = \rho\mu - \mu\alpha A\, k^{\alpha-1}\, \bar{k}^{1-\alpha}$$

横截条件为：

$$\lim_{t \to \infty} \mu k\, \mathrm{e}^{-\rho t} = 0$$

在推导出伪规划者的一阶条件后，可以代入边际条件 $k = \bar{k}$。因此，有：

$$c = \mu^{-1/\sigma}$$
$$\dot{\mu} = \rho\mu - \mu\alpha A$$
$$\dot{k} = Ak - \mu^{-1/\sigma}$$

认为满足横截条件的解具有以下形式：

$$c = \gamma k$$

为了找到 $\gamma$ 的合适值，发现：

$$\frac{\dot{c}}{c} = -\frac{1}{\sigma}\frac{\dot{\mu}}{\mu} = \frac{\alpha A - \rho}{\sigma}$$

但是，

$$\frac{\dot{k}}{k} = A - \frac{c}{k} = A - \gamma$$

因此，需要：

$$A - \gamma = \frac{\alpha A - \rho}{\sigma}$$

或

$$\gamma = \frac{(\sigma - \alpha)A + \rho}{\sigma}$$

可以验证这样的 $\gamma$ 满足横截条件。因此，只要 $\alpha A > \rho$，则长期增长率可以为正，因为：

$$\frac{\dot{k}}{k} = \frac{\dot{c}}{c} = \frac{\alpha A - \rho}{\sigma}$$

**备注 1**:在没有正外部性的模型中($f(k)=Ak^\alpha$),无论 $\alpha A$ 有多大,只要 $\sigma \in (0,1)$长期增长都是不可能的。

**备注 2**:社会规划者可以比竞争均衡(伪规划者)实现更好的结果,因为社会规划者可以协调每个人的行为(即内部化外部性)。在这种情况下,资本和消费的增长率可以显示为$(A-\rho)/\sigma$。

**备注 3**:政府可以通过补贴产出来恢复最优性。这种补贴可以通过征收一种总额税的方式进行资助。

**备注 4**:在 Xie(1991)的论文中,实际上是想解释随着时间推移增长率逐渐增加的趋势。这里呈现的简单情况具有恒定的增长率。为了适应增长率的增加,需要修改生产函数如下:

$$f(k) = Ak^\alpha \bar{k}^{1-\alpha} G(\bar{k})$$

式中,$G(\bar{k}) > 0$ 且随着$\bar{k}$ 的增加而增加,而且满足:

$$\lim_{\bar{k} \to \infty} G(\bar{k}) = 1$$

他认为,在这个框架下,只要初始资本存量足够大,增长率可以随着时间增长,并最终接近于$(\alpha A - \rho)/\sigma$。

## 4.3 边干边学增长模型

Lucas 在 1988 年撰写了一篇有关内生增长的论文,其由两个部分组成:学校教育学习和外部性。该模型可以表述如下:

$$\max \int_0^\infty \left[ \frac{c^{1-\sigma} - 1}{1-\sigma} \right] e^{-\rho t} dt$$

受制于:

$$\dot{k} = Ak^\beta [uh]^{1-\beta} h_a^\gamma - c$$
$$\dot{h} = B(1-u)h$$

$k_0$和$h_0$给定。

为了解决这个问题,需要利用汉密尔顿方程:

$$H = \left[\frac{c^{1-\sigma}-1}{1-\sigma}\right] + \theta_1 \left[A k^\beta [uh]^{1-\beta} h_\alpha^\gamma - c\right] + \theta_2 B(1-u)h$$

这个问题中的控制变量是 $c$ 和 $u$,其中 $u$ 表示用于商品生产的时间比例,其余部分 $(1-u)$ 用于学校教育,以获取人力资本。一阶条件为:

$$c^{-\sigma} = \theta_1$$

$$\theta_1(1-\beta) A k^\beta [h]^{1-\beta} h_\alpha^\gamma u^{-\beta} = \theta_2 B h$$

$$\dot{\theta}_1 = \rho \theta_1 - \theta_1 \beta A k^{\beta-1} [uh]^{(1-\beta)} h_\alpha^\gamma$$

$$\dot{\theta}_2 = \rho \theta_2 - \theta_1(1-\beta) A^\beta [u]^{1-\beta} h_\alpha^\gamma h^{-\beta} + \theta_2 B u$$

横截条件满足:

$$\lim_{t \to \infty} \theta_1 k \, e^{-\rho t} = 0$$

$$\lim_{t \to \infty} \theta_2 h \, e^{-\rho t} = 0$$

这是一个复杂的问题,但可以得出以下结论:

(1) 存在一个稳定状态 $u^*$,使得随着时间的推移,$u(t)$ 会趋向于 $u^*$。

(2) 长期来看,物质资本以固定的速率增长,增长速度等于 $\left[\dfrac{1-\beta+\gamma}{1-\beta}\right] B(1-u^*)$。

(3) 长期来看,人力资本以固定的速率增长,增长速度等于 $B(1-u^*)$。

(4) 长期来看,产出和消费以一定的速率增长,增长速度等于:

$$\frac{\dot{c}}{c} = \frac{\dot{y}}{y} = \beta \left[\frac{1-\beta+\gamma}{1-\beta}\right] B(1-u^*) + (1-\beta+\gamma) B(1-u^*)$$

$$= \left[\frac{1-\beta+\gamma}{1-\beta}\right] B(1-u^*) = \frac{\dot{k}}{k}$$

(5) 增长率和福利低于社会最优水平。政府补贴能够恢复社会最优结果。

(6) Lucas 模型中的商品生产外部性并不是实现正长期增长所必需的,但它确实解释了为什么一个移民到美国的墨西哥人的工资比在墨西哥时高:他的工资更高是因为他与具有更高人力资本的人合作,这提高了他的生产力。

(7) 当外部效应较大时,即当 $\gamma > \beta$ 时,Xie(1994)、Benhabib 与 Perli(1994)的研究表明,在这种情况下存在多个平衡点,这取决于初始条件 $u_0$ 是什么。这证明了 Lucas 假设的均衡路径是不正确的。

# 附1:最优化问题

## 1.1 静态最优化问题

### 1.1.1 标准模型

一个标准的静态最优化模型如下:

$$\text{Max } U(x_1, x_2, \cdots, x_n)$$
$$f_1(x_1, x_2, \cdots, x_n) \geqslant 0$$

服从若干约束条件:

$$f_2(x_1, x_2, \cdots, x_n) \geqslant 0$$
$$f_m(x_1, x_2, \cdots, x_n) \geqslant 0$$

写出拉格朗日方程:

$$\mathcal{L} = U(x_1, x_2, \cdots, x_n) + \lambda_1 f_1(x_1, x_2, \cdots, x_n)$$
$$+ \cdots$$
$$+ \lambda_m f_m(x_1, x_2, \cdots, x_n)$$

推导出一阶条件:

$$\frac{\partial \mathcal{L}}{\partial x_1} = 0$$

$$\frac{\partial \mathcal{L}}{\partial x_2} = 0$$

$$\cdots$$
$$\frac{\partial \mathcal{L}}{\partial x_n} = 0$$

列出松弛性条件：

$$\lambda_1 \geqslant 0, \quad \lambda_1 f_1(x_1, x_2, \cdots, x_n) = 0$$
$$\lambda_2 \geqslant 0, \quad \lambda_2 f_2(x_1, x_2, \cdots, x_n) = 0$$
$$\cdots$$
$$\lambda_m \geqslant 0, \quad \lambda_m f_m(x_1, x_2, \cdots, x_n) = 0$$

求解方程和不等式，得到 $x_1, x_2, \cdots, x_n$。其中可以先假设出哪些 $\lambda$ 是正数，哪些是零。

#### 1.1.2 静态最优化问题的具体案例

假设你在糖果（用 $c$ 表示）和哈密瓜（用 $h$ 表示）两种商品之间进行选择。从这两种商品中消费获得的幸福感用函数表达为：$U(c, h) = 2\ln c + \ln h$。

一颗糖果售价 1 元，一个哈密瓜售价 5 元。现在你的收入只有 30 元去买这两种商品，因此 $c + 5h \leqslant 30$。但是不允许吃超过 15 颗糖果，因此 $c \leqslant 15$。你会怎么花这笔钱？

(1) 最优化问题的标准模型：

$$\text{Max } 2\ln c + \ln h$$

服从：

$$30 - c - 5h \geqslant 0$$
$$15 - c \geqslant 0$$

(2) 写出拉格朗日方程：

$$\mathcal{L} = 2\ln c + \ln h + \lambda_1(30 - c - 5h) + \lambda_2(15 - c)$$

(3) 推导出一阶条件：

$$\frac{\partial \mathcal{L}}{\partial c} = 0: \quad 2/c - \lambda_1 - \lambda_2 = 0$$

$$\frac{\partial \mathcal{L}}{\partial h}=0: \quad 1/h-5\lambda_1=0$$

(4) 列出互补松弛条件：

$$\lambda_1 \geqslant 0, \quad \lambda_1(30-c-5h)=0$$
$$\lambda_2 \geqslant 0, \quad \lambda_2(15-c)=0$$

(5) 求解方程和不等式。

$$30-c-5h=0$$
$$15-c=0$$

得到最优的花钱方式是 $c=15$, 和 $h=3$

将目标函数从 $U(c,h)=2\ln c+\ln h$ 更改为 $U(c,h)=\ln c+2\ln h$, 求解新的最优化问题。

结果为: $c=10, h=4$。

## 1.2 动态最优化问题

动态最优化涉及比静态最优化更难解决的问题,静态框架中不存在动态最优化中的稳定性问题等,并且动态的时间变化可以分为离散时间模式和连续时间模式两种。

### 1.2.1 离散时间的动态优化问题

在离散时间和有限期限内的动态优化问题,其实是可以用不断迭代的静态优化问题解决的。在无限期限的情况下,必须施加横截性条件来确保最优化问题有解。

用一个经典的案例给予解释:假设有一块蛋糕,并且用一生的时间(从 0 到 $T$)来吃它。在时间 $t$ 内消耗掉 $c_t$ 单位的蛋糕,在初始时间会得到 $\beta^t \ln(c_t)$ 的效用,其中 $\beta$ 为正且小于 1。终生效用将是在不同时期的和:

$$\sum_{t=0}^{t=T} \beta^t \ln(c_t)$$

令 $k_t$ 为时间 $t$ 开始时剩余的蛋糕数量。根据定义, $k_0=1$。该问题的约束条件可以写成如下:

$$k_0 - c_0 - k_1 \geqslant 0$$
$$\cdots \geqslant 0$$
$$k_t - c_t - k_{t+1} \geqslant 0$$
$$\cdots \geqslant 0$$
$$k_T - c_T - k_{T+1} \geqslant 0$$

隐形的约束：

$$k_{T+1} \geqslant 0$$

总结为拉格朗日函数形式：

$$\mathcal{L} = \sum_{t=0}^{t=T} \beta^t \ln(c_t) + \beta^0 \lambda_0 (k_0 - c_0 - k_1)$$
$$+ \beta^{t-1} \lambda_{t-1}(k_{t-1} - c_{t-1} - k_t)$$
$$+ \beta^t \lambda_t (k_t - c_t - k_{t+1})$$
$$+ \cdots$$
$$+ \beta^T \lambda_T (k_T - c_T - k_{T+1})$$
$$+ \mu k_{T+1}$$

推导一阶条件：

$$\frac{\partial \mathcal{L}}{\partial c_t} = \beta^t \left[ (1/c_t) - \lambda_t \right] = 0, t = 0, 1, 2, \cdots, T$$

$$\frac{\partial \mathcal{L}}{\partial k_t} = \beta^{t-1} \left[ \beta \lambda_t - \lambda_{t-1} \right] = 0, t = 1, 2, \cdots, T$$

$$\frac{\partial \mathcal{L}}{\partial k_{T+1}} = \mu - \beta^T \lambda_T = 0 \Rightarrow \mu = \beta^T \lambda_T$$

列出互补松弛条件：

$$\lambda_0 \geqslant 0, \lambda_0 (k_0 - c_0 - k_1) = 0$$
$$\cdots$$
$$\lambda_t \geqslant 0, \lambda_t (k_t - c_t - k_{t+1}) = 0$$
$$\cdots$$
$$\lambda_T \geqslant 0, \lambda_T (k_T - c_T - k_{T+1}) = 0$$
$$\mu \geqslant 0, \mu k_{T+1} = 0$$

求解方程组和不等式组。首先,对于任何 $t$ 都有 $\lambda_t > 0$,因此,

$$k_t - c_t - k_{t+1} = 0, t = 0, 1, 2, \cdots, T \Rightarrow c_t = k_t - k_{t+1}$$

和最后一个方程相结合,得出:

$$\beta^T \lambda_T k_{T+1} = 0$$

在有限生命的情况下,$k_{T+1} = 0$,不会留下任何蛋糕。在无限时间水平的情况下(假设为永生情况,比如代际无限传承),有横截条件:

$$\lim_{t \to \infty} \beta^t \lambda_t k_{t+1} = 0$$

关键的一阶条件是:

$$c_t = \beta c_{t-1}, t = 1, 2, \cdots, T$$

由此,得出:

$$c_t = c_0 \beta^t$$

$$\Rightarrow c_0 + c_1 + \cdots + c_t = c_0(1 + \beta + \cdots + \beta^t) = c_0 \frac{1 - \beta^{T+1}}{1 - \beta}$$

最后,利用 $k_0 = 1$ 和 $k_{T+1} = 0$ 的事实得到:

$$c_0 + c_1 + \cdots + c_t = (k_0 - k_1) + (k_1 - k_2) + \cdots + (k_T - k_{T+1})$$
$$= k_0 - k_{T+1} = 1 - 0 = 1$$
$$\Rightarrow c_0 \frac{1 - \beta^{T+1}}{1 - \beta} = 1 \Rightarrow c_0 = \frac{1 - \beta}{1 - \beta^{T+1}}$$

最终求解得到:

$$c_t = \beta^t \left[ \frac{1 - \beta}{1 - \beta^{T+1}} \right], t = 0, 1, 2, \cdots, T$$

### 1.2.2 连续时间的动态优化问题

连续时间的动态优化问题可以用以下的标准形式:

$$\text{Max} \int_0^\infty U(x_1, x_2, \cdots, x_n) \, e^{-\rho t} dt$$

约束条件:

$$\dot{z}_1 = g_1(x_1, x_2, \cdots, x_n; z_1, z_2, \cdots, z_q)$$
$$\dot{z}_2 = g_2(x_1, x_2, \cdots, x_n; z_1, z_2, \cdots, z_q)$$
$$\cdots$$
$$\dot{z}_q = g_q(x_1, x_2, \cdots, x_n; z_1, z_2, \cdots, z_q)$$
$$f_1(x_1, x_2, \cdots, x_n; z_1, z_2, \cdots, z_q) \geqslant 0$$

和

$$f_2(x_1, x_2, \cdots, x_n; z_1, z_2, \cdots, z_q) \geqslant 0$$
$$f_m(x_1, x_2, \cdots, x_n; z_1, z_2, \cdots, z_q) \geqslant 0$$

其中$z_1(0), \cdots, z_q(0)$是给定,通常被认为是状态变量,它在模型中随控制变量的变化而变化。

哈密顿函数:

$$\begin{aligned}\mathcal{H} =& U(x_1, \cdots, x_n) + \lambda_1 f_1(x_1, x_2, \cdots, x_n; z_1, z_2, \cdots, z_q) \\ &+ \lambda_2 f_2(x_1, x_2, \cdots, x_n; z_1, z_2, \cdots, z_q) \\ &+ \cdots \\ &+ \mu_1 g_1(x_1, \cdots, x_n; z_1, \cdots, z_q) \\ &+ \mu_2 g_2(x_1, \cdots, x_n; z_1, \cdots, z_q) \\ &+ \cdots \\ &+ \mu_q g_q(x_1, \cdots, x_n; z_1, \cdots, z_q) \end{aligned}$$

推导一阶条件:

$$\frac{\partial \mathcal{H}}{\partial x_1} = 0$$
$$\frac{\partial \mathcal{H}}{\partial x_2} = 0$$
$$\cdots$$
$$\dot{\mu}_1 = \rho \mu_1 - \frac{\partial \mathcal{H}}{\partial z_1}$$
$$\dot{\mu}_2 = \rho \mu_2 - \frac{\partial \mathcal{H}}{\partial z_2}$$
$$\cdots$$

$$\dot{\mu}_q = \rho\mu_1 - \frac{\partial \mathcal{H}}{\partial z_q}$$

列出松弛条件：

$$\lambda_1 \geqslant 0, \quad \lambda_1 f_1(x_1, x_2, \cdots, x_n; z_1, z_2, \cdots, z_q) = 0$$
$$\lambda_2 \geqslant 0, \quad \lambda_2 f_m(x_1, x_2, \cdots, x_n; z_1, z_2, \cdots, z_q) = 0$$
$$\cdots$$
$$\lambda_m \geqslant 0, \quad \lambda_m f_m(x_1, x_2, \cdots, x_n; z_1, z_2, \cdots, z_q) = 0$$

添加横截面条件：

$$\lim \mu_1 z_1 \, e^{-\rho t} = 0$$
$$\lim \mu_2 z_2 \, e^{-\rho t} = 0$$
$$\cdots$$
$$\lim \mu_q z_q \, e^{-\rho t} = 0$$

利用初始边界条件和横截条件，求解上面的方程组以获得最优解。

在没有显式解的情况，一般计算稳态均衡条件，然后进行局部线性逼近的方式获得局部动态最优路径。当微分方程组为二维时，可以使用相图变化来描述稳态周围的动态轨迹。

可以将吃蛋糕的经典例子用连续时间的形式重新做一遍：

$$\text{Max} \int_0^\infty \ln c_t \, e^{-\rho t} dt$$

$$\text{subject to:} \dot{k} = -c, \text{with } k_0 = 1$$

哈密顿函数形式为：

$$\mathcal{H} = \ln c + \mu(-c)$$

推导出一阶条件（推导过程见附录）：

$$(1/c) - \mu = 0$$
$$\dot{\mu} = \rho\mu \Leftrightarrow e^{-\rho t}\dot{\mu} = \rho \, e^{-\rho t}\mu \Leftrightarrow (e^{-\rho t}\mu)' = 0$$

由此，假设 $e^{-\rho t}\mu = \dfrac{1}{A}$，则：

$$\mu = A \, e^{\rho t} \Rightarrow c_t = \mu^{-1} = B \, e^{\rho t}$$

列出互补松弛条件和横截条件：

$$\lim_{t\to\infty}\mu k\ \mathrm{e}^{-\rho t}=0$$

$$1=k_0-k_{+\infty}=\int_0^{+\infty}\mathrm{e}^{-\rho t}\mathrm{d}t=\frac{B}{\rho}\Rightarrow B=\rho$$

由此求解出消费在连续时间背景下的最优变化路径：

$$c_t=\rho\ \mathrm{e}^{-\rho t}$$

## 附2：连续时间动态优化的一阶条件推导

连续时间优化问题的标准形式如下：

$$\mathrm{Max}\int_0^\infty U(x_1,x_2,\cdots,x_n)\ \mathrm{e}^{-\rho t}\mathrm{d}t$$

服从：

$$\dot{z}_1=g_1(x_1,x_2,\cdots,x_n;z_1,z_2,\cdots,z_q)$$
$$\dot{z}_2=g_2(x_1,x_2,\cdots,x_n;z_1,z_2,\cdots,z_q)$$
$$\cdots$$
$$\dot{z}_q=g_q(x_1,x_2,\cdots,x_n;z_1,z_2,\cdots,z_q)$$
$$f_1(x_1,x_2,\cdots,x_n;z_1,z_2,\cdots,z_q)\geqslant 0$$

和

$$f_2(x_1,x_2,\cdots,x_n;z_1,z_2,\cdots,z_q)\geqslant 0$$
$$f_m(x_1,x_2,\cdots,x_n;z_1,z_2,\cdots,z_q)\geqslant 0$$

$$\begin{cases}\dot{z}_1=g_1(x_1,x_2,\cdots,x_n;z_1,z_2,\cdots,z_q)\\ \dot{z}_2=g_2(x_1,x_2,\cdots,x_n;z_1,z_2,\cdots,z_q)\\ \cdots\\ \dot{z}_q=g_q(x_1,x_2,\cdots,x_n;z_1,z_2,\cdots,z_q)\end{cases}\Rightarrow g_i-\left[\frac{z_i(t+\mathrm{d}t)-z_i(t)}{\mathrm{d}t}\right]=0$$

式中，$z_1(0),\cdots,z_q(0)$ 是给定的。

使用拉格朗日方法,推出哈密顿方法的最优一阶条件,将 $dt$ 视为一个小时间段,可以写出拉格朗日函数如下:

$$\mathcal{L} = \int_0^\infty U(x_1, x_2, \cdots, x_n) e^{-\rho t} dt$$

$$+ \sum_{i=1}^q \int_0^\infty \mu_i \left[ g_i(x_1, x_2, \cdots, x_n; z_1, z_2, \cdots, z_q) - \frac{z_i(t+dt) - z_i(t)}{dt} \right] e^{-\rho t} dt$$

$$+ \sum_{j=1}^m \lambda_j \int_0^\infty f_j(x_1, x_2, \cdots, x_n; z_1, z_2, \cdots, z_q) e^{-\rho t} dt$$

$$= \int_0^\infty \left[ \mathcal{H} - \sum_{i=1}^q \mu_i(t) \frac{z_i(t+dt) - z_i(t)}{dt} \right] e^{-\rho t} dt$$

设 $\mathcal{H} = u(x_1, \cdots, x_n) + \mu_i g_i(z_i) + \lambda_j f_i$

因此,使用之前的离散时间模型得到一阶条件如下:

$$\frac{\partial \mathcal{H}}{\partial x_1} = 0$$

$$\frac{\partial \mathcal{H}}{\partial x_2} = 0$$

$$\cdots$$

$$\frac{\partial \mathcal{H}}{\partial x_n} = 0$$

和

$$\frac{\partial \mathcal{L}}{\partial z_i(t+dt)} = \frac{\partial \mathcal{H}}{\partial z_i} e^{-\rho(t+dt)} dt - \mu_i(t) e^{-\rho t} + \mu_i(t+dt) e^{-\rho(t+dt)} = 0$$

$$\mu(t+dt) \frac{z_i(t+2dt) - z_i(t+dt)}{d(t+dt)} e^{-\rho(t+dt)} +$$

$$\mu(t+dt) \frac{z_i(t+2dt) - z_i(t+dt)}{d(t+dt)} e^{-\rho(t+dt)}$$

可以简化为:

$$-\mu_i(t) + \mu_i(t+dt) e^{-\rho dt} = -\frac{\partial \mathcal{H}}{\partial z_i} e^{-\rho dt} dt$$

利用 $e^{-\rho dt} \approx 1 - \rho dt$,即,

$$-\mu_i(t)+\mu_i(t+\mathrm{d}t)(1-\rho\mathrm{d}t)=-\frac{\partial\mathcal{H}}{\partial z_i}(1-\rho\mathrm{d}t)\mathrm{d}t$$

$$\frac{-\mu_i(t)+\mu_i(t+\mathrm{d}t)(1-\rho\mathrm{d}t)}{\mathrm{d}t}=-\frac{\partial\mathcal{H}}{\partial z_i}(1-\rho\mathrm{d}t)$$

改写为：

$$\frac{\mu_i(t+\mathrm{d}t)-\mu_i(t)-\mu_i(t+\mathrm{d}t)\rho\mathrm{d}t}{\mathrm{d}t}=-\frac{\partial\mathcal{H}}{\partial z_i}(1-\rho\mathrm{d}t)$$

现在，让 $\mathrm{d}t$ 收敛到零，则

$$\dot{\mu}=\frac{\mu(t+\mathrm{d}t)-\mu(t)}{\mathrm{d}t},\ -\mu(t+\mathrm{d}t)\rho \xrightarrow{\text{收敛到}} -\mu(t)\rho,\ \rho\mathrm{d}t\Rightarrow 0$$

最终得到：

$$\dot{\mu}_i-\rho\mu_i=-\frac{\partial\mathcal{H}}{\partial z_i}$$

结合前式：

$$\frac{\partial\mathcal{H}}{\partial x}=0$$

与离散时间模型的一阶条件相呼应。

综上所述，

$$\begin{cases}\dot{\mu}_i-\rho\mu_i=-\dfrac{\partial\mathcal{H}}{\partial z_i}\\[2mm]\dfrac{\partial\mathcal{H}}{\partial x_i}=0 \qquad \text{一阶条件}\\[2mm]\lim\mu_q z_q\,\mathrm{e}^{-\rho t}=0 \quad \text{横截条件}\end{cases}$$

## 附3：单部门增长模型的特例

在索洛模型中，他假设消费者的储蓄率是恒定的。考虑存在一个最大化以下目标函数的中央计划者，这一中央计划者没有个人私利，不存在信息不对称情况：

$$\max \int_0^\infty \left[\frac{c^{1-\sigma}-1}{1-\sigma}\right] e^{-\rho t} dt$$

服从：

$$\dot{K} = A K^\alpha N^{1-\alpha} - Nc$$

如果定义 $k = K/N$，那么上面的约束可以重写为：

$$\dot{k} = A k^\alpha - c$$

哈密尔顿函数：

$$H = \frac{c^{1-\sigma}-1}{1-\sigma} + \mu [A k^\alpha - c]$$

一阶条件是：

$$c^{-\sigma} = \mu$$
$$\dot{\mu} = \rho \mu - \mu \alpha A k^{\alpha-1}$$

横截面条件是：

$$\mu k\, e^{-\rho t} \to 0 \text{ as } t \to \infty$$

这个问题通常没有任何明确的解。但如果 $\alpha = \sigma$，则问题可以明确求解。定义 $x = \mu^{1/\sigma} k$。然后，

$$\frac{\dot{x}}{x} = \frac{1}{\sigma}\frac{\dot{\mu}}{\mu} + \frac{\dot{k}}{k}$$
$$= \frac{\rho}{\sigma} - A k^{\alpha-1} + A k^{\sigma-1} - \frac{c}{k}$$
$$= \frac{\rho}{\sigma} - \frac{1}{k \mu^{1/\sigma}}$$
$$= \frac{\rho}{\sigma} - \frac{1}{x}$$

上式满足横截面条件的解为：

$$x = \frac{\sigma}{\rho}$$

即，

$$\mu^{1/\sigma}k = \frac{\sigma}{\rho}$$

或

$$c = \frac{\rho}{\sigma}k$$

和

$$\dot{k} = A k^\sigma - \frac{\rho}{\sigma}k$$

这可以通过不想改变的公式来明确解决。从上式中可以看出解的性质。

令 $\dot{k}=0$，可以找到稳态，

$$k^* = \left[\frac{A\sigma}{\rho}\right]^{1/(1-\sigma)}$$

如果 $k(0)=k^*$，则 $k(t)\equiv k^*$。

如果 $k(0)<k^*$，则 $k(t)$ 将增加并接近 $k^*$。

如果 $k(0)>k^*$，则 $k(t)$ 将减小并接近 $k^*$。

如果 $k(0)\neq k^*$，储蓄率可以恒定吗？

不会。因为储蓄率可以计算如下：

$$\begin{aligned}s &= 1 - \frac{c}{y}\\ &= 1 - \frac{(\rho/\sigma)k}{A k^\sigma}\\ &= 1 - \left[\frac{\rho}{A\sigma}\right]k^{1-\sigma}\end{aligned}$$

因此，如果 $k(0)<k^*$，则 $s(t)$ 减小并接近零。

## 附4：有显示解的离散时间模型

具有显式解的离散时间模型如下：

$$\max \sum_{t=0}^{\infty} \beta^t \ln c_t$$

服从：

$$k_{t+1} = (1-\delta) k_t + A k_t^\alpha - c_t$$
$$k_0 \text{ given}$$

为了解决这个问题，写下拉格朗日函数：

$$L = \sum_{t=0}^{\infty} \beta^t \{\ln c_t + \lambda_t [(1-\delta) k_t + A k_t^\alpha - c_t - k_{t+1}]\}$$

FOC 是：

$$\frac{1}{c_t} = \lambda_t$$

和

$$\beta^t \lambda_t = \beta^{t+1} \lambda_{t+1} [(1-\delta) + \alpha A k_{t+1}^{\alpha-1}]$$

还需要一个假设才能得到明确的解，即 $\delta = 1$（100% 资本折旧）
在这种情况下：

$$\lambda_t = \beta \lambda_{t+1} \alpha A k_{t+1}^{\alpha-1}$$

推测最优消费是产出的固定比例：

$$c_t = \gamma A k_t^\alpha$$

和

$$k_{t+1} = (1-\gamma) A k_t^\alpha$$

然后尝试确定 $\gamma$ 的值。
从 FOC 中发现：

$$\frac{c_{t+1}}{c_t} = \beta \alpha A k_{t+1}^{\alpha-1}$$

i.e.

$$\frac{\gamma A k_{t+1}^\alpha}{\gamma A k_t^\alpha} = \beta \alpha A k_{t+1}^{\alpha-1}$$

这意味着：
$$k_{t+1} = \alpha\beta A\, k_t^\alpha$$

可以确定 $\gamma$：
$$\gamma = 1 - \alpha\beta$$

因此，
$$c_t = (1-\alpha\beta) A\, k_t^\alpha$$

和
$$k_{t+1} = \alpha\beta A\, k_t^\alpha$$

可以验证这就是解决方案(不要忘记验证 TVC $\lim \beta^t \lambda_t k_{t+1} = 0$)。

该解表明稳态为：
$$k^* = [\alpha\beta A\,]^{1/(1-\alpha)}$$

可以从这个明确的例子中看到一些经济上有意义的预测：

(1) $k_t$ 在时间上是单调的并且收敛于 $k^*$。

(2) 较高的 $\beta$ 意味着更多的耐心和更高的储蓄意愿，因此稳态 $k^*$ 更高。

(3) $A$ 越高意味着生产力越高，从而导致 $k^*$ 越高。

(4) 因此 $s = 1 - c_t/y_t = k_{t+1}/y_t = \alpha\beta$ 是常数。在更一般的框架中，储蓄率不必是恒定的。

(5) 由于 $k_t$ 收敛到稳定状态，增长率收敛到零。

# 第8讲 中国货币供给与货币政策

> 要颠覆现存社会的基础,再没有比搞坏这个社会的货币更微妙且更保险的方式了。这一过程引发了经济规律的破坏性一面中隐藏的全部力量,它是以一种无人能弄明白的方式做到这一点的。
>
> ——约翰·梅纳德·凯恩斯

## 1 货币起源、定义及中国货币简史

### 1.1 货币的起源

#### 1.1.1 一般等价物起源说

> 黄金是钱,其他一切都是信用。
>
> ——J.P.摩根,1912

斯密曾指出:随着社会分工的日益细化,商品的生产和交换活动日益频繁,直接的商品交换(即物物交换)已无法满足经济发展的需要。物物交换不仅效率低下,而且存在所谓的"双重巧合"问题,交换双方必须恰好需要对方的商品,这种偶然性极大地限制了交易的扩展。社会迫切需要一种普遍接受的媒介来简化交换过程,提高交易效率,于是货币应运而生。他进一步阐释,货币作为一种特殊商品,其价值来源于人们对其交换价值的普遍认可。它充当了"一般等价物",各种不同的商品可以便捷地通过货币来衡量价值,实现标准的统一,不同商品的不同使用价值都可以归于货币量的多少,从而方便比较和交换。

马克思在《资本论》中提出:货币作为一般等价物的特殊商品,它体现了商品生产者之间的社会关系,并在商品交换过程中起到了至关重要的桥梁作用。在历史的长河中,货币的形式多种多样,据考证,在实物货币时代,曾充当过货币的东西,既有贵金属(如黄金、白银、铜等),也有贵重物品(如家畜、贝壳、绢帛、象牙、盐等),甚至还有特殊场景下的特殊物品,比如偏僻岛屿上的大石磨、战犯集中营里的香烟等。由于金银等贵金属具有稳定的化学性质,便于携带和分割以及价值密度高等天然属性,它们逐渐取代其他商品,成为普遍认可的货币。金银的稀缺性也保证了其价值不易受到通货膨胀的影响,适合作为长期的储值工具和交换媒介。马克思在分析金银与货币的关系时,提出了著名的论断:"货币天然不是金银,金银天然是货币。"这一论断强调了金银作为货币的自然属性,即它们因其独特的物理特性而适宜作为货币,而非仅仅因为社会赋予它们货币的地位。这与斯密的观点相辅相成,都强调了货币的自然属性和社会属性之间的密切联系。

由于金属货币在称重和化验成色上的困难,逐步有了铸币制度。铸币的出现,既避免了交易中的欺诈行为,也便利了商品交易和工商业的发展。最初,铸币只是用来标识金属的成色和重量,但随着时间的推移,铸币的名称和重量逐渐稳定下来,成为现代货币的基础。斯密还注意到一个问题:在货币的使用过程中,君主往往会通过减少铸币中的金属含量来获取利益,这种行为虽然表面上是对债权人的一种剥夺,但实际上对所有债务人都有利,因为它实际上降低了货币的价值,从而使得债务人可以用更少的货币来偿还债务。这事实上可以视作实物与信用混合本位的开始,货币的币值不再完全依赖于其形式物品本身的价值。随着贸易规模的不断扩大,金银币携带不便的问题日益突出,特别是在大宗交易中,携带大量的金银币既不安全也不方便。于是,在金属货币的基础上,出现了代表一定金属货币价值的纸质凭证,即汇票或纸币。纸币最初是由金银匠或银行发行的,代表存放在那里的金属货币。

随着纸币的使用得到了快速发展,尤其是在信用货币体系建立后,纸币逐渐不再直接与金属货币挂钩,而是依靠发行机构的信用支持。在经历了长时期的实物商品本位,以及实物商品与信用混合本位之后,在20世纪70年代,人类社会的货币本位发生了根本性变革。以1971年美国尼克松政府宣布美元彻底与黄金脱钩为标志,人类社会自此进入了纯信用货币时代。

另一个重要的变革,是中央银行制度的确立和商业银行体系的发展。一方面,各国货币不再是由民间商家自由发行或官商合办发行,而是由法律规定,统一由央行基于政府信用来垄断发行。法定货币体系(Fiat Money System)是一种没有实物价值支撑(如黄金或白银)的货币,其价值完全基于政府的法令和信用。法定货币通常由政府发行,其价值没有任何实物资产直接支撑,与之相对的是商品货币,如金币或银币,它们的价值来源于其作为实物商品的内在价值。法定货币的价值来源于政府的声明和公众对其作为交换媒介的信任,法定货币体系的基础是政府的信用。政府通过立法规定其货币为法定货币,并要求所有税收、债务和其他官方交易必须使用该货币进行,这种法律规定确保了货币在经济中的普遍接受性和流通性。法定货币体系允许中央银行通过货币政策来调控经济,中央银行可以调整利率、控制货币供应量、影响通货膨胀和经济增长。这种政策的灵活性使得政府能够应对经济危机和促进经济稳定。法定货币体系适应了现代经济的复杂性和不断变化的需求。它支持了大规模的经济活动和国际贸易,使得现代经济体系能够更加灵活和高效地运作。法定货币体系是现代经济的基础,它通过政府的信用和法律地位来确保货币的流通和价值。这种体系为政府提供了管理经济的工具,同时也要求政府和中央银行在货币政策上保持审慎和负责任的态度。另一方面,中央银行—商业银行二级体系,构成了现代信用货币供应和回笼的基本架构。

### 1.1.2 债务信用起源说

"货币是从物物交换中自然演化出来的,是交易中必然产生的一般等价物。"对于这种观点,很少有人敢质疑或提出不同观点。但最近在一些人类学论文中,有人发现在人类社会早期的文明演进过程中,纯粹的物物交换也许从来没有存在过,而更有可能的是人类有剩余产品交易,就是票据(欠条)或者信用契约的诞生。

一般等价物理论通常都认为有很多类似的场景频繁出现:一个原始人用自己多抓的两条鱼去和另外一个人交换他多收的一袋玉米,而有多余玉米的人并不需要鱼。但人类学研究者发现真实的场景不是这样的,甲从乙处换玉米的时候,并没有带上鱼或者其他实物,他只是写了一张欠条,或者是在某个石块上给出一个记号,给出在未来给乙同等价值东西的承诺,其实这就是人类最早的债务契约合同。接下来的某天,乙到了丙哪里发现他的鱼叉很好,问能否用甲给他的欠条"买"(换)他的鱼叉,由于甲的信用足够好,他的承诺足够有保证,丙欣然接受了这张甲的欠条。以此类推,社群里的物物交换过程同时就是这类欠条或凭证的流通过程。当凭证流通的时间足够长,人们也就渐渐忘了它最开始的主人,欠条也就变成了"可流通、可转让"的票据,充当了货币的角色。

上面的第二个场景就是货币信用说所描述的货币来源:货币起源于人们交换过程中发生的债务关系。在物物交换过程中,债务关系以票据(货币)的形式被量化,这种量化的债务关系可以不是票据,某种容易计量的常见物品即可,比如贝壳等。而债务背后考量的是"信用",货币的价值代表着人们对欠条发行人的信任程度。和传统经济学家眼中货币是"充当一般等价物的商品"不同,信用货币理论中的货币是抽象的、衡量人们之间债务关系的单位,是交易发生和市场运行的必要前提。

现代货币和国家债务更是相互关联。17世纪,英格兰组织了一个银行财团,向国王贷款120万英镑,英国王室批准向社会发行盖有王室印章的120万英镑的债务欠条。任何向这个银行财团借钱,或把钱存入这个银行财团的人,这个欠条可以作为支付手段,然后这笔王室债务的欠条就在英国全境流通起来,王室债务被货币化了,这些欠条就是英国的法定货币——英镑,发行欠条的银行就是后来的英国央行:英格兰银行。令人惊奇的是,直到今天,这120万英镑的债务也没有还清,或许就不应该把它还清。英国的货币体系构建的基础就是国家欠款,而欠条就是大家都接受的法定货币。从全球范围来看,这种建立在债务基础上的央行和法定货币体制早已经成为普遍现象,打开各国央行的资产负债表,货币发行也被称为基础货币发行,属于该国央行的"负债"。法定货币代表国家信用,背后的支撑则是具体政府的信用。国家主权的力量将人们共同的"信仰"变成了法定货币,并使其成为国民间债务关系的度量和记账工具。国家是公民之间债务的信用担保人,一张纸或者一块黄金,或者是一个记账的数字,都可以成为货币。

明斯基曾提出:"每个人都可以创造货币,但问题在于其是否会被接纳。"任何个人均可用借据的形式写下"欠款 100 美元"的纸条来创造一种与 100 美元等值的新"货币",但却无法保证这张新"货币"能够被他人接受。金本位时,人们接受某纸币的原因是能够用其换取相应的黄金,当前均为法定货币(Fiat Money),并无挂钩任何实质商品或贵重金属。现代货币理论[①](Modern Monetary Theory,MMT)认为,一国政府拥有征税权,就可以发行货币,税收足以创造出货币的需求和供给,用政府发行的纸币交税,然后该纸币就将被普遍接受。任何有纳税义务的人都可以用本国纸币来消除这些义务,人们在购买或履行私人义务时也就可以用它来支付,形成"税收驱动货币"的逻辑。

**【课堂思考题】**
按照 MMT 的理论,回答以下三个问题:
1. 政府是否需要先获得税收收入,再进行支出?
2. 央行是否需要先获得存款准备金,再释放流动性?
3. 商业银行是否需要先获得活期存款,再提供贷款?

## 1.2 货币的定义和职能

### 1.2.1 货币的定义

货币是商品经济时代不可或缺的元素,贯穿于生活的方方面面。无论是个人消费还是企业运营,抑或国家经济的整体发展,都离不开货币的作用。人们通过货币衡量劳动价值,评估经济活动的成本与收益,表现财富所有,并预测经济前景。货币在商品经济中扮演了核心角色,推动经济向信用和金融体系发展。尽管货币无处不在,但对其精确定义却颇具挑战,这关系到对货币本质的理解。历史上对货币本质的探讨形成了多种观点。[②]

**1. 货币金属论**

该理论认为货币应是一种具有内在价值的商品,其价值由货币金属(如

---

① 这一理论起源于 20 世纪 90 年代,因为坚定支持财政政策货币化,而备受争议。[美]L.兰德尔·雷(L.Randall Wray):《现代货币理论:主权货币体系的宏观经济学》,张慧玉、王佳楠、马爽译,中信出版集团。

② [美]弗雷德里克·S.米什金:货币金融学,第十二版,王芳译,中国人民大学出版社 2021 年版。

金银)的价值决定。早期重商主义者和古典经济学家(如配第、斯密和李嘉图等)倡导此观点。他们认为货币是一种特殊的商品,具有劳动价值,作为交换媒介,金银因其普遍接受性、长期保存性而成为理想的货币。

2. 货币名目论

该理论认为货币是一个观念的计量单位,是计算商品价值的比例名称。比如说,乙商品价值是甲商品价值的 10 倍,丙商品价值是甲商品价值的 100 倍,如果货币单位是元,甲商品值 10 元,那么,乙商品值 100 元,丙商品值 1 000 元。可见,商品价格关键在于各种商品彼此间交换的比例。货币名目论的根本之处在于否定了重商主义者的货币财富观。17—18 世纪英国的巴本、贝克莱、斯图亚特等都是著名的货币名目论者,他们从不同的方面对名目论进行了论述。

3. 劳动价值论

该理论马克思认为,仅从货币职能解释货币无法揭示其本质和普遍接受性。他定义货币为商品的一般等价形式,体现了特定生产关系。货币具有内在劳动价值,是从商品中分离出的特殊商品。作为一般等价物,货币代表价值,体现社会劳动,并作为交换媒介。货币在商品价值表现和实现中起中介作用,其形式随商品经济发展而变化。货币是价值的一般代表,能够体现社会劳动并表现其他商品的价值,是商品经济中核算社会劳动的工具。作为一般交换媒介,货币具有与所有商品直接交换的能力。

4. 货币职能论

该理论通过货币的职能来定义和解释货币的本质。从不同角度给出了多种定义,如货币作为交易媒介、计量标准、价值储存和延期支付手段。斯蒂格利茨认为货币就是货币行使的职能,主张根据货币的职能来定义它。米什金将货币定义为在支付商品、服务或偿还债务时普遍接受的东西,而托马斯·梅耶则认为任何能执行交换中介、价值标准或完全流动的财富储存手段职能的物品都是货币。

### 1.2.2 货币的职能

1. 价值尺度

货币在表现和计算其他商品的价值时,就是在执行价值尺度(Measure

of Value)的职能。货币如何表现其他商品的价值呢?金银铸币是用自身的价值衡量其他商品的价值,但信用货币制度中无论纸币还是存款货币,其自身均无价值,无法用自身价值衡量其他商品的价值。德国哲学家西美尔说:"货币的量就是货币的质"①。执行价值尺度的货币,可以是自身有价值的金属货币,也可以是自身没有价值的信用货币,但最关键的是要有货币单位。价值尺度职能也叫价格标准,为充当价格标准,就要规定货币单位。比如,中华人民共和国的货币名称是"人民币",货币单位是"元",1元=10角=100分。中国大陆境内的每一件商品、每一笔债务都表示为人民币的一定数量,如1千克大米20元,一台彩电2 000元,一笔贷款1 000万元等。货币用其自身的数量表现出商品的价值,也使得具有不同使用价值的商品可以汇总相加,得出经济总量。

2. 流通手段

货币在商品交易过程中发挥媒介作用时,就是在发挥流通手段(Medium of Exchange)的职能。商品交易的本质是人们在进行物品或服务的交换,但是至少有两个原因使物物交换不可能成为主流的交易模式。第一,交易双方对商品的需求在时间和空间上不一致;第二,交易双方对违约风险的担忧。物物交换中交易双方的发货时间必然有先有后,先发货的一方担心后发货的一方违约,要求后发货一方提供信用保证。能够使交易顺利进行的最好保障,就是有一种能够被普遍接受的媒介:货币。人们先将商品出售后获得货币,然后持币待购,在需要时再用货币购买自己需要的商品,货币成为交易的媒介,执行流通手段职能。

3. 支付手段

在以延期付款形式进行经济交易的情况下,货币在清偿债务时,就是在执行支付手段(Standard of Deferred Payment)的职能。货币的支付手段职能使货币成为延期支付标准,在赊账的商品交换,或应付应收等债务行为中发挥作用。在现实中的经济往来,特别是大宗交易和国际贸易中,基本都不是一手钱一手货的现货交易,大量都是赊销或预付行为,如汽车代理商需要把汽车销售出去之后才能向供货商支付货款。也存在大量的应付未付的债

---

① 西美尔:《货币哲学》,华夏出版社,2002年版。

权债务行为,如企业的应付工资、应付税金、应付货款,以及债权债务人之间未清偿的债务等。在上述这些经济活动中,人们用货币的数量确定本金和利息,货币成为延期支付的标准,使得债权债务合同得以签订。货币的支付手段职能扩大了货币作为价格标准的范围,货币不但是商品交换的价格标准,也是跨时交易的债权债务支付标准。

4. 贮藏手段

当货币退出流通领域以后,被人们作为财富的一部分保存起来时,货币就在执行贮藏财富(Store of Value)的职能。在现实中,总会有各种各样的原因使人们将收入的一部分储存起来,在经济学理论中未被消费的收入被定义为储蓄。储蓄是流量概念,对应的存量概念则是财富余额。人们保有财富的方式有很多种,可以是实物形式,也可以是货币或金融资产的形式。但是粮食、能源等实物储蓄的保管成本过高,对个人或企业来讲都难以承受。债券、股票、珠宝钻石、艺术品、房产等也有可能作为财富储存的工具,还有可能给持有人带来股息、房租和资产价格上涨的收益,但缺点是这些金融资产和实物资产不能直接消费,也不能直接用于购买或支付,当持有人需要货币时,有可能因为资产价格波动过大或者二级市场不发达,而导致资产变现成本较高,即流动性不足。与上述资产相比,货币是流动性最好的资产,是被普遍接受的购买力,因此,货币不仅是交易媒介,还是人们保有收入或财富的首选资产。货币的贮藏手段职能扩大了货币的外延和用途,人们持有货币并不一定在当期全部用于商品的购买,货币可以是收入的余额,储藏货币本身就可以成为持有货币的目的。

5. 世界货币

货币的世界货币职能是指某些货币在国际市场上被广泛接受和使用,跨越一国国内交易而成为国际贸易和金融活动中多国认可的支付手段和价值尺度。世界货币通常具有以下特点:① 广泛接受性:作为世界货币的货币通常被多个国家和地区接受,用于国际交易中的支付和结算。② 稳定性:世界货币的价值相对稳定,不易受到单一国家经济政治状况的影响,因此在国际交易中能够提供可靠的价值储存和计价功能。③ 流动性:世界货币需要有较高的流动性,以便在国际市场上快速买卖,满足全球范围内的交易需求。④ 储备货币:许多国家将其作为外汇储备的一部分,用于干预外汇市场、支付国际债务或作为国际收支不平衡时的缓冲。⑤ 计价货币：重要的国际商品（如石油、黄金等）往往以世界货币计价，这使得持有该货币的国家在国际市场上具有更大的话语权。

历史上，像黄金、英镑等曾担任过世界货币的角色。在现代，美元是最主要的国际结算货币，其在全球外汇储备、国际贸易结算和国际金融市场中的主导地位十分显著，根据 SWIFT（Society for Worldwide Interbank Financial Telecommunication，全球银行金融电信协会）2024 年 2 月全球货币支付份额报告，美元占全球跨境支付份额的 46.56％，欧元占 23.25％；人民币和日元都大约在 4％。随着中国经济的持续增长和对外开放程度的提高，人民币的世界货币职能有望进一步扩展。

**【课堂思考题】**
1. 比特币具备以上五个职能的哪些职能？
2. 简述黄金、货币、信用三者之间的区别和联系。

## 1.3 中国的货币简史①

从战国到两汉时期，中国货币大多用黄金作为计价标准。到了宋代，人口和劳动生产率都有所增长，交通便捷，出现商业和城市化的繁荣景象，《清明上河图》中所绘场景表明社会的货币需求大幅增长。铜钱、铁钱、金和银币并行使用依然不够交易需求，出现了交子、钱引、关子、会子等纸币，成为中国货币史上少有的一段美好时光。元朝时，金银铜钱等金属货币被禁止使用，但白银是储备货币，元代是纯纸币流通，同时设定了无限法偿，也是全球各地区货币制度的开拓者和各国法币的先驱者。明朝时，白银成为财富的基本形态，开启了长达 500 年的"白银时代"，中国逐步成为地球上对白银需求最大的地区。清朝实施"银铜复本位制度"，白银和铜钱两种货币可以同时使用。1935 年，南京国民政府废除银本位，实行法币改革。在漫长的历史长河中，中国的货币有两段特别时光，让外部因素影响了中国国内货币量，第一次是大航海及贸易全球化给明朝带来的巨量白银，第二次是美国的白银法案让 1934 年的民国政府无法控制白银的大量外流。

---

① 徐瑾：《白银帝国》，中信出版集团，2017 年版。

### 1.3.1 大航海和明朝的"白银帝国"

西班牙人在今天玻利维亚的波托西和墨西哥的萨卡特卡斯等地发现银矿,大量白银通过太平洋和大西洋的贸易航线,经过马尼拉和墨西哥城,最终到达中国。日本的石见银山等矿山也产出了大量白银,通过贸易途径流入中国。当时中国明朝生产的瓷器、丝绸是流行于欧洲贵族、王室的昂贵奢侈品,葡萄牙公主嫁给英国国王,要用瓷器作嫁妆。波兰国王为了收藏瓷器,可以用4队近卫军和普鲁士王妃交换12个青花瓷瓶。墨西哥的旅行家佩德罗·德莱昂·波托卡雷罗记载:"中国运来的缎子种类甚多,尤其是南京产的闪光白缎、闪光黑绸、非常漂亮的天鹅绒。运往秘鲁的还有大宗南京白丝、各色披丝、妇女头巾和木制装饰品。有麝香、灵猫香、黑琥珀、大量精美的瓷器和其他成套衣物。这些衣物人人喜爱,销路很广,连穷人也买这些衣物来穿,因为这些丝织品的价格非常便宜。"西班牙人的一艘经过中国港口的贸易商船,全程利润可以达到十倍以上。

中国本身是一个白银稀缺的国家,而欧洲大陆采用金本位,同时由于大量银矿的开采,他们的金银比价远高于中国,在欧洲高达1∶12而明朝初期只有1∶6左右,随后慢慢升到1∶10(见表8-1)。东西方金银比价的存在,形成了巨大的贵金属套利空间。[①]

在贸易大额顺差和金银套利的双重推动下,中国成为16—17世纪白银输入巨大的地区。学者安德烈·贡德·弗兰克的研究测算:1493—1800年,美洲占世界白银产量的85%,其中超过80%的白银运抵欧洲,而欧洲又将其中的40%运往亚洲,留在美洲本土的仍有20%运抵亚洲。据他的估计,1600年起全球白银其中一半归于亚洲。中国学者估算(张翼、蒋晓宇,2020[②]),1550—1830年,通过贸易顺差净流入中国的海外白银约为5.6亿两(约合2.1万吨),海外流入白银约占中国同期新增白银的90%,大致占同期全球白银总产量的15%;海外流入的白银远高于国内同期存量,白银的充足供应催生了明朝经济的货币化,城市人口激增,工商业繁荣,房产和一些奢

---

[①] 亚当·斯密:《国富论》商务印书馆,2014年版。
[②] 张翼、蒋晓宇:《1550—1830年中国白银流入及其影响》,中国人民银行工作论文No.2020/11,2020年12月。

侈品开始价格飞涨。① 17世纪上半叶,由于欧洲大陆的战争和金银比差异缩小,白银流入大幅减少,通缩现象开始出现,赋税变得不可忍受,农民被迫卖地而破产流亡,富庶地区出现人口流失,财政收入大幅减少。

表8-1 16—18世纪中外金银比价表

| 年 份 | 中 国 | 日 本 | 印 度 | 英 国 | 西班牙 |
| --- | --- | --- | --- | --- | --- |
| 1534 | 1∶6.363 | — | — | 1∶11.50 | 1∶12.00 |
| 1568 | 1∶6.00 | — | — | 1∶11.50 | 1∶12.12 |
| 1571 | — | 1∶7.37 | — | 1∶11.50 | 1∶12.12 |
| 1572 | 1∶8.00 | — | — | 1∶11.50 | 1∶12.12 |
| 1575 | — | 1∶10.34 | — | 1∶11.50 | 1∶12.12 |
| 1580 | 1∶5.50 | — | — | 1∶11.70 | 1∶12.12 |
| 1588 | — | 1∶9.15 | — | 1∶11.70 | 1∶12.12 |
| 1589 | — | 1∶11.06 | — | 1∶11.70 | 1∶12.12 |
| 1592 | 1∶7.00—1∶5.50 | 1∶10.00 | 1∶9.00 | 1∶11.80 | 1∶12.12 |
| 1596 | 1∶7.50 | — | — | 1∶11.90 | 1∶12.12 |
| 1604 | 1∶7.00—1∶6.60 | 1∶10.99 | — | 1∶11.90 | 1∶12.12 |
| 1609 | — | 1∶12.19 | — | 1∶12.00 | 1∶13.13 |
| 1615 | — | 1∶11.38 | — | 1∶12.00 | 1∶13.13 |
| 1620 | 1∶8.00 | 1∶13.05 | — | 1∶12.50 | 1∶13.13 |
| 1622 | 1∶8.00 | 1∶14.00 | — | 1∶12.50 | 1∶13.13 |
| 1635 | 1∶10.00 | — | — | 1∶13.00 | 1∶13.13 |
| 1637—1640 | 1∶13.00 | — | — | 1∶13.50 | 1∶15.45—1∶13.13 |
| 1660—1669 | 1∶10.00以上 | — | 1∶16.16 | 1∶14.50 | — |
| 1671 | 1∶10.00以上 | — | 1∶16.025 | 1∶15.19 | — |

资料来源:钱江.十六—十八世纪国际间白银流动及其输入中国之考察[J].南洋问题研究,1988(2):81-91。

## 1.3.2 美国《白银法案》和民国的恶性通胀

中国的银本位制让民国政府躲过了1929年开始的席卷全球的经济大萧条,而且经历了难得的一段经济繁荣,当时全球经济衰退背景下银价连连下跌,从1928年每盎司58美分下跌到1932年年底的25美分。中国成为全

---
① 刘光临:《明代通货问题研究》,《中国经济史研究》,2011年第1期第72-83页。

球白银的避风港,大量白银流入中国,导致短暂的流动性繁荣。

美国议会在 1934 年通过了《白银收购法案》,该法案的主要内容是授权美国财政部在国内外市场收购白银,直到白银价格达到每盎司 1.29 美元,或者财政部储备的白银价值达到黄金储备的 1/3。这个过程中,财政部被赋予了广泛的自由斟酌权,美国政府可以通过印刷更多的纸币来支付购买白银的费用,法案还规定了白银的出口限制,以确保国内的白银供应。白银价格的上涨使得白银矿业受益,尤其是在美国西部的白银生产州。这种政府行为创造了一个几乎无限需求的白银购买者。由于财政部持续购买白银,市场上的白银供应量减少,导致白银的市场价格上升。白银价格在 1935 年一路走高,甚至上涨到每盎司超过 80 美分,当年 4 月 27 日哄抬到每盎司 0.81 美元。

白银价格上涨导致中国白银大量外流,1935 年中国的银元对美元的汇率从 1934 年的每盎司 0.35 美元下降到了 0.25 美元,贬值了约 28.6%。国内出现通货紧缩,经济活动受到严重打击。随着白银存底继续减少,通货紧缩、利率上升、公债跌价、银行倒闭、物价下跌、企业破产、失业增加,而且涉及货币经济的主要环节,中国陷于全面经济衰退,南京国民政府在 1935 年废除了银本位制,实行了法币制度,国家垄断了货币发行权。蒋介石治理下的民国政府连年内战,贪污腐化,法币发行一再失控,终于结出了恶果。1947 年,法币对美元的汇率下跌到 3 000:1,到了 1948 年 8 月,法币对美元的汇率更是跌至 100 万:1。1949 年的通货膨胀已经失控,物价飞涨,法币几乎失去所有购买力。这种恶性通货膨胀对经济和社会造成了极大的破坏,严重削弱了法币的信誉,也加剧了国民政府的政治危机。为了应对这一危机,1948 年国民政府推出了新的货币——金圆券,以取代法币。但不久之后,金圆券也面临类似的通货膨胀问题,最终未能挽救国民政府的财政和经济困境。

## 2 中国的货币供给

目前中国用 M0、M1 和 M2 分别代表三种统计口径的货币供应量。M0 是流通中的现金,等于商业银行的库存现金和社会公众现金,其流动性最强,自2022年12月起,M0增加了流通中数字人民币。M1是在M0的基础上,加上单位在商业银行的活期存款,单位在中国包括企业、事业机关、部队及其他团体。M2则是在M1的基础上,进一步加上所有单位在商业银行的定期存款以及个人在商业银行的储蓄存款。2001年,人民银行将证券公司的客户保证金计入M2,2002年将外资银行、合资银行等相关人民币存款计入M2,2011年将住房公积金存款和保险、证券公司等非存款类金融机构的存款计入M2,2018年用非存款机构部门持有的货币市场基金取代货币市场基金存款。中国部分年份M0、M1、M2总量及增速如表8-2所示。

在中国人民银行的统计中,有几种存款是不计入货币供应量的,包括银行同业存款(包括银行同业存单)和待上交国库的财政性存款。

表8-2 中国部分年份M0、M1、M2总量及增速　　　单位:亿元

| 年份 | M0 | 以1980年为1 | M1 | 以1980年为1 | M2 | 以2000年为1 |
|---|---|---|---|---|---|---|
| 1980 | 346.2 | 346.2 | 1 315.74 | 1 315.74 | | |
| 1990 | 2 644.4 | 2 644.4 | 6 950.68 | 6 950.68 | | |
| 2000 | 14 652.65 | 14 652.65 | 53 147.15 | 53 147.15 | 132 487.52 | 1.00 |
| 2008 | 34 218.96 | 34 218.96 | 166 217.13 | 166 217.13 | 475 166.6 | 3.59 |
| 2009 | 38 246.97 | 38 246.97 | 221 445.81 | 221 445.81 | 610 224.52 | 4.61 |
| 2015 | 63 216.58 | 63 216.58 | 400 953.44 | 400 953.44 | 1 392 278.11 | 10.51 |
| 2020 | 84 314.53 | 84 314.53 | 625 580.99 | 625 580.99 | 2 186 795.89 | 16.51 |
| 2023 | 113 444.64 | 113 444.64 | 680 542.52 | 680 542.52 | 2 922 713.33 | 22.06 |

资料来源:中国人民银行、中经网。

## 2.1 中央银行与基础货币MB

### 2.1.1 中央银行—商业银行体系与货币创造

在中国,货币的定义仅限于流通中的现金和银行存款,其他资产(如银行贷款、股票、债券、余额宝、黄金、白银、珠宝、银行卡、支付宝、比特币、以太币等)都不被视为货币。而美国的货币发行和统计方式与中国有所不同,如美国的纸币由美联储发行,硬币由财政部的铸币局发行,而且美国对M1和

M2的定义也与中国存在差异。美国货币类型及其发行者、持有者和发行规模如表8-3所示。

表8-3 美国货币类型及其发行者、持有者和发行规模　　　单位：美元

| 美国的货币类型 | 由谁发行 | 谁可以持有 | 规　　模 |
| --- | --- | --- | --- |
| 法定通货 | 美国政府 | 任何人 | 2万亿 |
| 银行存款 | 商业银行 | 任何人 | 15.5万亿（美国国内） |
| 中央银行准备金 | 美国政府 | 商业银行 | 3万亿 |
| 美国国债 | 美国政府 | 任何人 | 20万亿 |

资料来源：Federal Reserve H8，美国财政部2020年6月。王造.极简央行课[M].李卓楚，译.王永钦，校.上海：格致出版社，2023：5.

央行通常被称为银行的银行，央行先向存款性商业银行投放基础货币，形成银行在央行账户里的存款（准备金），商业银行再把这些基础货币投放给居民或企业，商业银行完成一笔贷款并形成相应的M2后（以100元为例），借款人把这笔钱存到另外一家商业银行B。商业银行B拿到100元存款，交了20%的法定存款准备金（相当于有20元按央行要求被冻结起来），然后把其余的80元继续放贷款去。第二个借款人拿到80元，又存到另一家银行……如此无穷尽，央行最初投放的一笔100元的基础货币，经过无数次投放贷款，最后在全社会形成500元的M2。货币乘数是5，也就是货币派生倍数。在中央银行—商业银行的二级银行体系中，央行释放了基础货币，而广义货币是商业银行通过信贷投放来派生的。央行又规定了存款准备金率，限定商业银行派生M2的极限。中央银行在二级银行体制发行货币的过程可以概括为以下过程：

(1) 基础货币投放：中央银行首先向商业银行投放基础货币，即准备金。这些基础货币是商业银行在中央银行账户中的存款。

(2) M2货币投放：商业银行将基础货币贷款放给居民或企业，形成货币M2的一部分。

(3) 贷款和存款准备金：居民贷款形成存款后，银行会缴纳一定比例的存款准备金，剩余的存款可以继续放贷，形成新的M2。

(4) 货币派生：通过这样的循环，中央银行最初投放的基础货币，最终在全社会形成数倍于基础货币的M2。

【课堂思考题】

央行的职能是什么？

伯南克在《金融的本质》一书的开篇提到，他认为现代国家的央行应该具备两个职能。第一个职能是维持宏观经济稳定，避免大幅波动，维持稳定的低通胀；第二个是金融稳定职能，尽可能保证金融系统的正常运转，尽可能防止金融恐慌，避免发生金融危机。为履行这两大职能，有一系列工具：基本工具是货币政策，包括公开市场业务、调整隔夜拆解利率等；应对金融恐慌或者金融危机的主要工具是流动性供给，向金融机构提供充足流动性，充当坚定的最后贷款人角色；第三个工具是对整个金融体系的日常监管，评估各金融机构的风险状况。

### 2.1.2 中国人民银行资产负债表的变化

#### 1. 中央银行资产负债表和 MB 的关系

基础货币又叫高能货币，是指在部分准备金制度下能够通过银行体系创造出多倍存款货币的源头货币，它等于流通中的现金 C 加上银行体系的准备金总额 R。**基础货币**是中央银行投放货币过程的源头，以 MB 表示基础货币，则有：

$$MB = C + R$$

根据中国人民银行的数据，2001 年年初，中国基础货币为 3.5 万亿元左右，到 2023 年年末，增加到 38 万亿余元。通过了解简化的中央银行资产负债表，可以更好地了解基础货币。中国人民银行资产负债表的资产方主要有国外资产、对政府债权和对金融机构债权。其中，国外资产又包括外汇占款和黄金；对政府债权则包括中央财政借入而未偿还的款项、持有的政府债券；对金融机构债权又包括对存款性金融机构的债权和对其他金融机构的债权。负债方主要包括流通中现金、金融机构存款（即准备金）、中央银行债券、政府存款、国外存款和其他项。中央银行资产负债表如表 8-4 所示。

表 8-4 中央银行资产负债表

| 资　产 | 负　债 |
|---|---|
| $A_1$:国外资产 | $C$:流通中现金 |
| $A_2$:对政府债权 | $R$:金融机构存款(准备金) |
| $A_3$:对金融机构再贷款 | $L_1$:中央银行债券 |
|  | $L_2$:政府存款 |

根据资产负债表平衡关系,有:

$$A_1+A_2+A_3=C+R+L_1+L_2$$

从而得:

$$C+R=A_1+A_2+A_3-(L_1+L_2)$$

等式两边各项都会影响基础货币的供给。以中国人民银行截至2023年12月的资产负债表为例,在45.69万亿元的总资产项中国外资产23.35万亿元,其中基本都是外汇形式持有,高达22.05万亿元,占总资产比例的高达48.25%;剩下的主要就是对存款性公司的债权,有18.56万亿元,占比是41%。在负债端,也大多来自其他存款性公司(主要是商业银行),24.57万亿元,占54%;货币发行11.87万亿元,占比26%(见表8-5)。

表 8-5 中国人民银行资产负债表(2023年12月)　　　　单位:万亿元

| 国外资产 | 23.35 | 储备货币 | 38.90 |
|---|---|---|---|
| 　外汇 | 22.05 | 　货币发行 | 11.87 |
| 　货币黄金 | 0.41 | 　金融性公司存款 | 24.57 |
| 　其他国外资产 | 0.90 | 　　其他存款性公司存款 | 24.57 |
| 对政府债权 | 1.52 | 　　其他金融性公司存款 | 0.00 |
| 　其中:中央政府 | 1.52 | 　非金融机构存款 | 2.47 |
| 对其他存款性公司债权 | 18.56 | 不计入储备货币的金融性公司存款 | 0.60 |
| 对其他金融性公司债权 | 0.13 | 发行债券 | 0.13 |
| 对非金融性部门债权 |  | 国外负债 | 0.31 |
| 其他资产 | 2.13 | 政府存款 | 4.63 |
|  |  | 自有资金 | 0.02 |
|  |  | 其他负债 | 1.10 |
| **总资产** | **45.69** | **总负债** | **45.69** |

数据来源:中国人民银行网站。http://www.pbc.gov.cn/

## 2. 中国人民银行资产负债表近十年变化情况

如表8-6所示，2013年与2023年的中国人民银行资产负债表各项目发生了结构性变化，相应地反映了基础货币供给的结构性转变。

表8-6 2013年与2023年中国人民银行资产负债表（摘要） 单位：亿元

| 项 目 | 2013.12 | 占 比 | 2023.12 | 占 比 |
| --- | --- | --- | --- | --- |
| 国外资产 | 272 233.53 | 85.80% | 233 548.51 | 51.11% |
| 外汇 | 264 270.04 | 83.29% | 220 453.85 | 48.25% |
| 对政府债权 | 15 312.73 | 4.83% | 15 240.68 | 3.34% |
| 对金融机构再贷款 | 22 055.26 | 6.95% | 186 871.91 | 40.90% |
| 对存款性金融机构债权 | 13 147.90 | 4.14% | 185 561.01 | 40.61% |
| 对其他金融机构债权 | 8 907.36 | 2.81% | 1 310.90 | 0.29% |
| **总资产** | **317 278.55** | **100.00%** | **456 944.14** | **100.00%** |
| 基础货币 | 271 023.09 | 85.42% | 389 036.93 | 85.14% |
| 货币发行 | 64 980.93 | 20.48% | 118 660.94 | 25.97% |
| 金融性公司存款 | 206 042.17 | 64.94% | 245 687.45 | 53.77% |
| 发行债券 | 7 762.00 | 2.45% | 1 250.00 | 0.27% |
| 政府存款 | 28 610.60 | 9.02% | 46 291.74 | 10.13% |
| **总负债** | **317 278.55** | **100.00%** | **456 944.14** | **100.00%** |

来源：中国人民银行

（1）资产端主要是外汇和对存款性金融机构债权的变化。

在2013年，中国人民银行资产负债表中的国外资产主要是外汇占款，高达83%，也成为长期以来中央银行需要进行对冲，防止基础货币被动扩张。1994年改革实行的强制结售汇制，2001年我国加入WTO后不断增长的贸易顺差，长期较高的利率带来资本流入等因素共同使得中国外汇占款持续不断增大。根据中国人民银行的数据，国外资产占中国人民银行总资产的比重由1994年前后的12%左右上升到了2012年的80%左右。但2014年后，受中国资本外流的影响，中国人民银行所持国外资产开始大幅下降。2013年，国外资产一度逾28万亿元，但到2023年年末，就已经下降至23.35万亿元，占比更是降低到48%，降幅高达35%。

为了应对这种局面,中国人民银行不得不通过增加对金融机构的再贷款,以补充基础货币的供给。对金融机构再贷款占总资产的比例由2013年6.95%,提高到40.90%,增幅约34%。

(2) 负债端变化较小,主要来自存款准备金的变化。

除了货币发行之外,中国人民银行的负债主要是各商业银行在央行的存款准备金,中国的大型存款类金融机构的法定存款准备金率在2012年5月18日调整后为20%,到2023年9月15日调整到10.5%。

【课堂思考题】
中国人民银行资产负债表中黄金储备的增加有何含义?

### 2.1.3 中国基础货币的变化

货币创造有两个环节:基础货币的创造和广义货币的派生。央行是基础货币的释放者,对基础货币的数量有直接的控制能力,基础货币的数量也是央行货币政策的重要工具之一。以中国人民银行的资产负债表为工具,可以很方便地讨论基础货币供应量的变化渠道。

具体而言,中央银行资产负债表的资产方:对金融机构债权(再贷款)、对政府债权、国外资产增加,都会引起基础货币的等额扩张;反之,这些资产项目的减少又会相应地减少基础货币的供给。加入WTO之后,中国的国际收支中长期保持经常项目和资本项目的双顺差,累积了大量的外汇占款,也成为央行资产端基础货币的主要供应渠道。由于大多数时候,这一资产都在不断增加,使得国内经济过热需要紧缩货币时,央行需要想办法回笼基础货币,为此需要用央行票据和正回购等手段进行回收。近十年来,外汇占款带来的基础货币被动扩张问题已经逐步缓解,央行现在可以主动通过再贷款、再贴现、逆回购等方式向商业银行提供资金。近年来,央行创新了短期借贷便利(SLF)、中期借贷便利(MLF)、抵押补充贷款(PSL)等工具来增加基础货币供应。央行的主动调节工具增多,对基础货币的调控能力大大增强。2023年,中国央行对MLF进行了连续续作,操作量逐月增加,特别在12月操作量较到期量多出8 000亿元,创历史新高,年末余额达到70 750亿元,比年初增加了25 250亿元。MLF的中标利率在6月和8月分别下行10个和15个基点,年末利率为2.50%。央行在2023年累计开展SLF操作共456亿元,操作量按季度分别为77亿元、43亿元、69亿元、267亿元,年末余额为157亿元。2023年12月,央行向三大政策性银行净投放PSL共3 500亿元,这是自2023年2月以来PSL再次净新增,期末抵押补充贷款余额为32 522亿元。PSL的投放主要用于支持"三大工程",即保障性住房、"平急两用"公共基础设施、城中村改造等项目。

央行的资产负债表中,负债方的"储备货币"项即为基础货币,而"其他存款性公司存款"则代表商业银行存放于中央银行的存款准备金,包括法定存款准备金和超额存款准备金。

法定存款准备金率是指金融机构按照中央银行的规定,必须在中央银行存放或保留的、占其存款总额的一定比例的资金。这部分资金主要用于保证金融机构对客户的正常支付需求,同时也是中央银行调控货币供应量和信贷规模的重要工具。当中央银行提高法定存款准备金率时,金融机构能够用于贷款的资金减少,这有助于抑制信贷扩张和降低货币供应量的增长速度;相反,当中央银行降低法定存款准备金率时,金融机构可用于贷款的资金增加,从而有助于促进信贷扩张和增加货币供应量。存款准备金率的调整对市场供应量的影响较大,一般不频繁采用。截至2023年年末,中国商业银行吸收的存款规模约为289.91万亿元人民币,因此存款准备金率每变化1个百分点,可能导致超额存款准备金数量变化约2.9万亿元。而直接的负债端的货币发行增加量,约等于市场的M0现金量,基本和GDP的名义增长等同,大体维持市场交易量的现金需求。

## 2.2 狭义货币供应量 M1 及领先性

### 2.2.1 M1 的统计口径

货币供应量M1,通常指的是狭义货币供应量,它包括流通中的现金(M0)加上企业活期存款。它是衡量一个国家或地区经济活动中流动性较高的货币的指标,通常被用来作为观察经济流动性和经济活动的一个重要指标。M1反映了居民和企业的购买力,是经济周期波动的先行指标。如果M1增长,通常意味着企业和居民的资金流动性增强,可能会促进消费和投资,反之则可能表明经济活动减缓。由于M1的组成部分具有较高的流动性,它能够迅速用于交易和投资,因此M1的变化往往能够较快地反映经济活动中的短期变化,尤其是在企业和居民部门的交易活动上。2023 年 M1 存量规模仅 68 万亿元,不到 M2 规模的四分之一,较低的存量规模会使得其增速指标可以更加清晰地显示出近期的边际变化。

### 2.2.2 M1 的指标先行情况

通常认为 M1 是很多经济活动的先行指标,货币流动性增强后,一方面可能体现为实体经济如工业和能源、项目投资的增加;另一方面也可能体现为房地产、股票等资产价格的飙升。

可以用克强指数来反映实体经济的短期活跃情况。"克强指数"(Keqiang Index)由英国《经济学人》杂志在 2010 年提出,这个指数由三个部分组成:工业用电量新增、铁路货运量新增和银行中长期贷款新增。克强指数的三个构成指标从不同角度显示经济运行状态,并且不同程度具有先行指标属性,有助于观察工业生产、能源消耗以及经济运行状态。克强指数与 GDP 走势在趋势上总体一致,波动幅度更大,更显示短期的经济波动。从图 8-1 中可以看到,M1 和克强指数变化基本趋势保持一致,在某些时候,M1 的变动还领先克强指数。

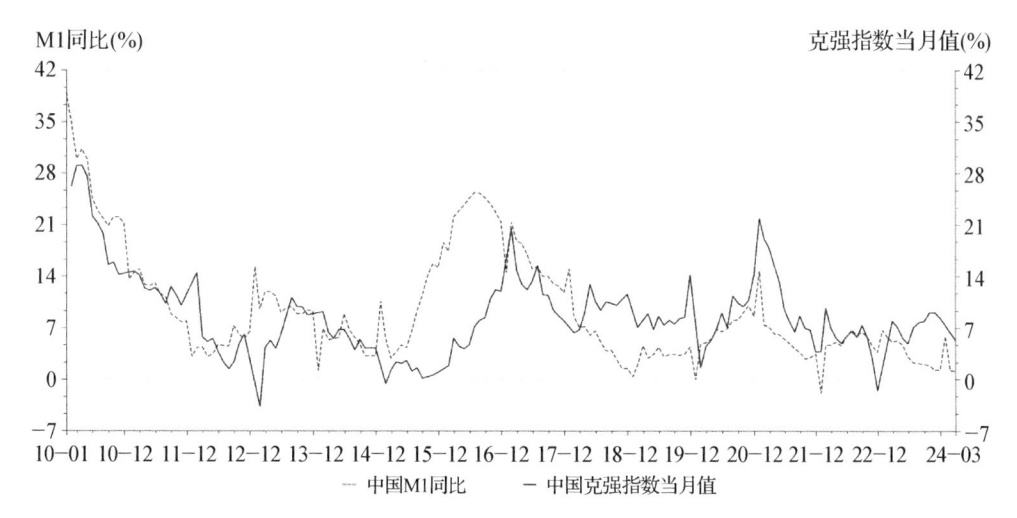

**图 8-1 中国"克强指数"与 M1**

更值得关注的是,M1 代表较强的资金流动性,还有可能对股票和房地产两项资产有一定的领先性。观察近 20 年来的数据可以发现,无论是沪深 300 指数还是上证综指,都和 M1 有一定的变化相关性(见图 8-2)。近几年,沪深 300 指数的有效性更好一些。观察 70 个大中城市的房屋销售价格指数,也可以发现两者的相关性(见图 8-3)。两个指标在大多数时间都是正相关的状态,但是有一段时间的异常,在 2018 年 5 月到 2020 年 5 月这个时间,两者的变化方向是反向的(见图 8-4),其具体原因值得更多深入的讨论,也可以给读者提供一些值得思考的问题。

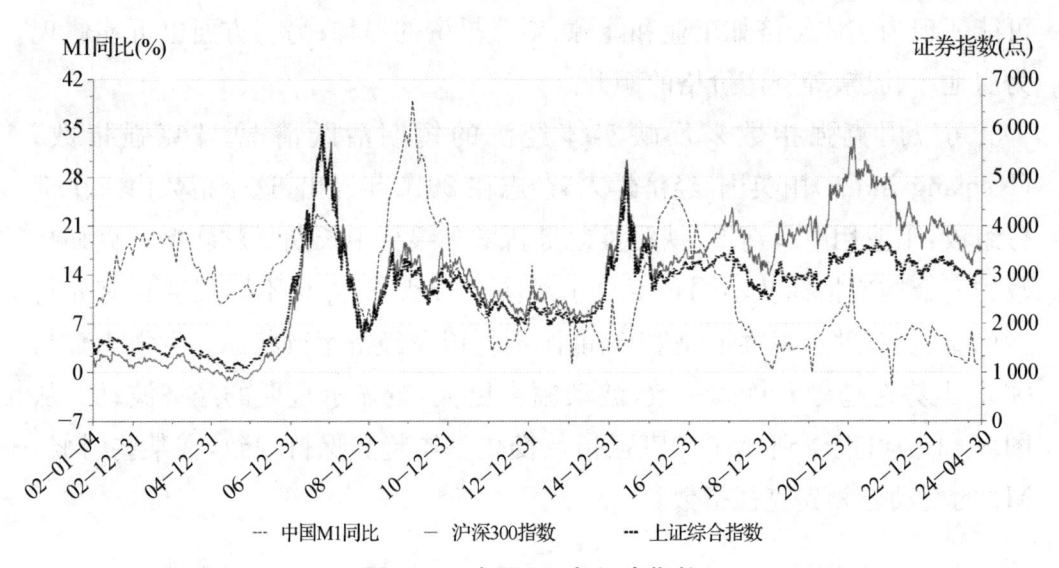

图 8-2 中国 M1 与证券指数

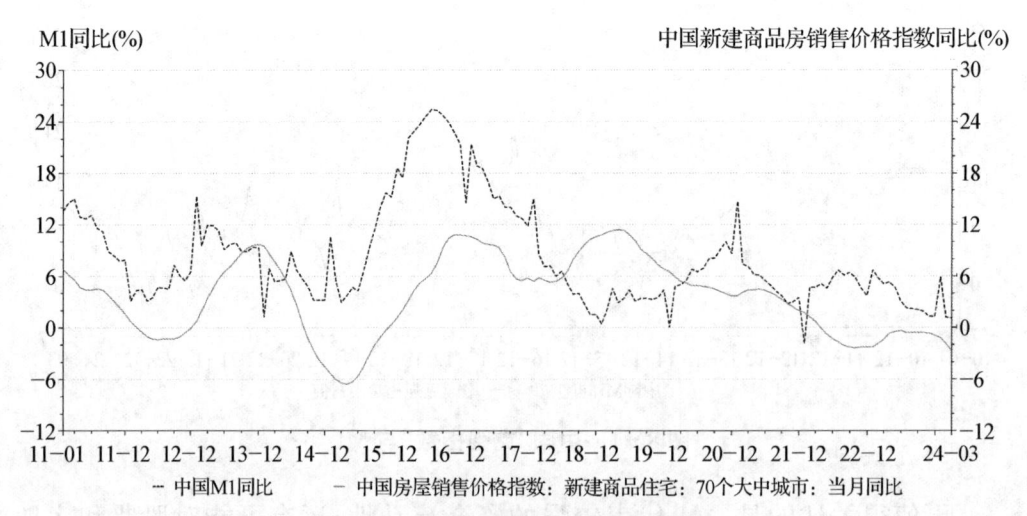

图 8-3 中国 M1 与住宅商品房

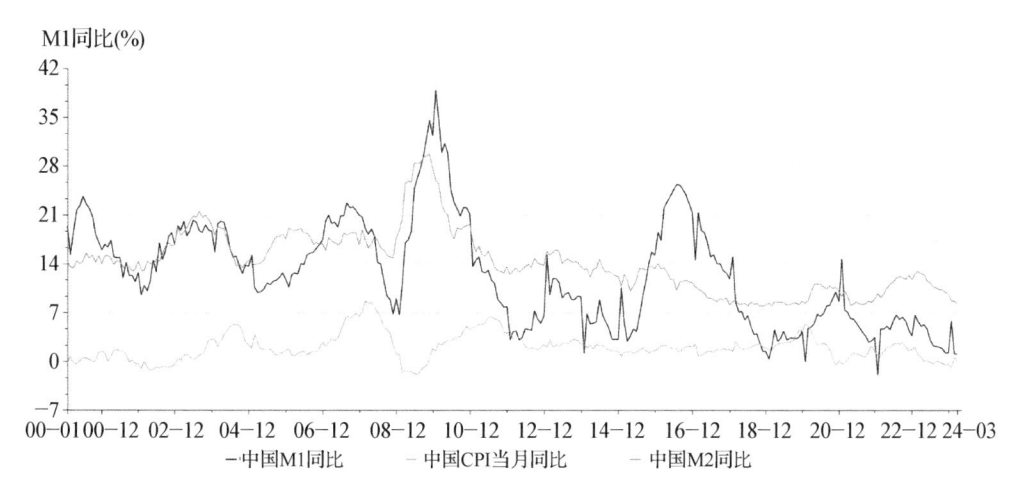

[图表：中国 M1、M2 与 CPI 同比走势，横轴 00-01 至 24-03，纵轴 M1同比(%) 从 -7 到 42]

图 8-4 中国 M1，M2 与 CPI

### 2.2.3 剪刀差的预测性

【课堂思考题】

用 M1 与 M2 增速的剪刀差这个指标值，也具有一定的预测宏观经济的能力。尝试用中国的数据，对 M1 与 M2 增速剪刀差这个指标与 GDP 增速、物价(CPI)涨幅、工业增加值增速、房价和资产价格(如股票价格)等经济指标做相关分析，并分析不同阶段相关系数变化的可能原因。

提示：当 M2 增加时，M1 也会相应地增加，这反映了经济的稳定增长和货币政策的有效传导。在这个时期，货币政策的调整，如利率的变动，能够有效地影响银行的贷款行为和企业、个人的存款选择。如果两者差额变大，可能说明有部分资金在商业银行内部"空转"。

## 2.3 广义货币供应量 M2 及"货币迷失"之谜

### 2.3.1 货币迷失之谜

货币数量论的交易方程中，$M$ 表示货币存量指标，$V$ 表示货币流通速度指标，$Y$ 和 $P$ 则分别表示产出和整体价格水平。在货币数量论看来，交易方程式应该为恒等式，等号两边分别表示一国经济体中的货币层面和实体层面。当货币的流通速度相对稳定时，货币供给增长超过实际产出部分应当完全反映为物价水平的上涨。

$$M \cdot V = P \cdot Y$$

将等式两边取对数后,可以得到 $\ln M + \ln V = \ln P + \ln Y$,对等式两边求导得到一个描述货币供应增长率($m$)、货币流通速度($v$)、物价上涨率($p$)和国民收入增长率($y$)之间关系的等式:$mv = py$。可假定货币流通速度在短期内保持不变,上式就可以简化成货币供应增长率等于国民经济增长率和物价上涨率之和。根据货币经济学的经典解释,在长期中,货币供应增长率应当基本等于国民经济增长率和物价上涨率之和,即 $m = y + p$。

从图8-5中不难看出,从2000年开始,我国的M2/GDP比值从1.35迅速增加到2023年的2.32,该比值呈现持续上升趋势。这表明我国货币供应量相对于国民收入的增加仍旧保持了较高的额外增加,我国的通货膨胀水平却在3%的水平上波动,额外增加的货币供给却并没有引发严重的通货膨胀,取而代之的是货币超额供给与低物价水平长期并存的现象。对此,麦金农在《经济发展中的货币与资本》[①]一书中将**中国M2/GDP持续升高的现象**归结为"**中国货币迷失之谜**"。根据动态化之后的交易方程式,将货币供给增长率与GDP增长率和CPI增长率之间的差额表示为货币迷失率。如表8-7所示,中国的货币迷失率在近20年中依然存在,甚至在部分年份接近20%。

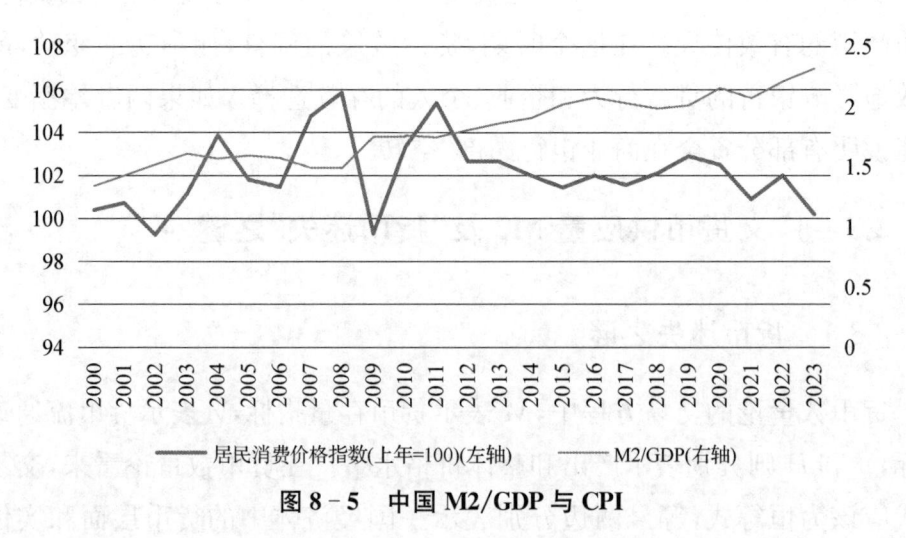

图8-5 中国M2/GDP与CPI

---

① [美]麦金农:《经济发展中的货币与资本》,上海人民出版社,1997年版。

表 8-7 中国货币迷失率

| 年 份 | 货币迷失率 | 年 份 | 货币迷失率 |
| --- | --- | --- | --- |
| 2000 | 3.78% | 2012 | 5.98% |
| 2001 | 6.08% | 2013 | 5.82% |
| 2002 | 7.65% | 2014 | 4.73% |
| 2003 | 9.54% | 2015 | 6.30% |
| 2004 | 4.56% | 2016 | 4.48% |
| 2005 | 6.18% | 2017 | 1.15% |
| 2006 | 4.23% | 2018 | 1.35% |
| 2007 | 2.51% | 2019 | 2.79% |
| 2008 | 8.17% | 2020 | 7.84% |
| 2009 | 19.10% | 2021 | 0.55% |
| 2010 | 9.09% | 2022 | 8.81% |
| 2011 | 4.06% | 2023 | 4.50% |

来源：根据中经网整理。

#### 2.3.2 货币迷失的原因

关于中国货币迷失之谜的解释并无定论，主流的原因分析有以下几类：

（1）我国经济货币化程度在不断提高，资产价格的上升未体现在 CPI 上。谢平（1994）、易纲（1996）认为这主要是由我国的货币化进程所致。赵留彦和王一鸣（2005）认为，改革开放以来由于非农产业的边际货币需求倾向远大于农业部门且农业在国民经济中的比重下降，导致货币需求的增长速度高于收入的增长速度，超出经济增长的货币供应量不会全部体现为通货膨胀。除商品市场的货币化之外，土地、房地产等要素市场货币化也是吸纳超额货币供应的重要渠道。李昂（2015）认为中国货币"迷失"之谜的合理解释应该建立在我国经济货币化进程的基础上，结合中国要素市场货币化这一经济特征，从土地、房产的货币化对货币的新增需求角度进行分析解释。从货币需求角度来说，土地货币化为代表的要素市场货币化进程加速了虚拟经济的资产价格膨胀，创造了大量的额外货币需求，不断吸收着经济中的超额货币供给供应。

（2）我国金融市场不完善，金融效率不高，大量资金流向特定领域，未能有效提高经济增速。由于中国金融市场不够完善，以贷款为主的间接融资成为企业融资的主要形式，因此引发货币供应量上升。大量的货币和信贷投放被国有企业部门、存量房地产市场和金融市场内部沉淀并滞留，这些领域占用了较多的金融资源，导致资金的使用效率降低。大量的货币和信贷并未有效促进经济增长或缓解融资难题。货币和信贷投放的效果减弱：尽管货币和信贷投放保持高速，但经济增速却放缓，物价水平持续回落，融资问题更为突出。李炳（2015）认为货币结构与"货币迷失"具有很强的负相关关系，结合货币信贷结构对实际产出和通货膨胀率的机理性影响，发现货币结构与信贷期限结构对"中国货币迷失之谜"均具有很强的解释力。

（3）居民资产性货币需求上升，社会储蓄率居高不下。伴随着居民储蓄率的不断上升和金融抑制，居民对资产性货币的需求增加，导致 M2/GDP 比率上升，这种高货币化现象可能对房价、股价等资产价格产生压力，可能导致资产泡沫化。关于 2008 年后中国"货币迷失"现象，陈彦斌、郭豫媚和陈伟泽（2015）认为，膨胀的房地产泡沫和扩张的地方政府债务使得家庭和政府的货币持有意愿增加，从而降低货币流通速度，致使货币数量论在我国失效。由于市场主体信心的下降，持有货币的动机增强，而投资和消费动机减弱，导致同量货币对经济、物价、融资产生的作用递减。

通俗而言，"中国货币迷失之谜"的主要原因是货币流通速度下降，而金融市场规模扩大导致资金沉淀在金融市场领域，房地产繁荣沉淀了居民和企业的大量资金，很多资金没有作为贷款流出银行体系。

# 3　中国的货币政策

## 3.1　中国的货币政策工具

按照中国人民银行网站的公告，目前中国央行有以下具体政策工具：公开市场业务、存款准备金、中央银行贷款、综合利率政策（常备借贷便利、中期借贷便利、抵押补充贷款、定向中期借贷便利）和结构性货币政策工具。

### 3.1.1 公开市场业务

在多数发达国家,公开市场操作是中央银行吞吐基础货币,调节市场流动性的主要货币政策工具,通过中央银行与市场交易对手进行有价证券和外汇交易,实现货币政策调控目标。中国公开市场操作包括人民币操作和外汇操作两部分,公开市场操作已成为中国人民银行货币政策日常操作的主要工具之一,帮助调节银行体系流动性水平、引导货币市场利率走势、促进货币供应量合理增长发挥积极的作用。

公开市场业务一级交易商逐步从商业银行扩展至证券公司等其他金融机构。债券交易主要包括回购交易、现券交易和发行中央银行票据。其中回购交易分为正回购和逆回购两种,正回购为中国人民银行向一级交易商卖出有价证券,并约定在未来特定日期买回有价证券的交易行为,正回购为央行从市场收回流动性的操作,正回购到期则为央行向市场投放流动性的操作;逆回购为中国人民银行向一级交易商购买有价证券,并约定在未来特定日期将有价证券卖给一级交易商的交易行为,逆回购为央行向市场上投放流动性的操作,逆回购到期则为央行从市场收回流动性的操作。现券交易分为现券买断和现券卖断两种,前者为央行直接从二级市场买入债券,一次性地投放基础货币;后者为央行直接卖出持有债券,一次性地回笼基础货币。中央银行票据即中国人民银行发行的短期债券,央行通过发行央行票据可以回笼基础货币,央行票据到期则体现为投放基础货币。

2013年1月,中国人民银行创设了"短期流动性调节工具"(Short-term Liquidity Operations,SLO),作为公开市场常规操作的必要补充,在银行体系流动性出现临时性波动时相机使用。帮助央行更有效调节市场短期资金供给,熨平突发性、临时性因素导致的市场资金供求大幅波动,促进金融市场平稳运行,也有助于稳定市场预期和有效防范金融风险。

表8-8 中国常备借贷便利隔夜利率

| 序 号 | 日 期 | 中国:常备借贷便利(SLF)利率:隔夜 |
|---|---|---|
| 1 | 2023-08-15 | 2.65 |
| 2 | 2023-06-13 | 2.75 |
| 3 | 2022-08-15 | 2.85 |

续 表

| 序 号 | 日 期 | 中国:常备借贷便利(SLF)利率:隔夜 |
|---|---|---|
| 4 | 2022-01-17 | 2.95 |
| 5 | 2020-04-10 | 3.05 |
| 6 | 2019-12-31 | 3.35 |
| 7 | 2018-03-22 | 3.40 |
| 8 | 2017-12-14 | 3.35 |
| 9 | 2017-03-16 | 3.30 |
| 10 | 2017-02-03 | 3.10 |
| 11 | 2015-11-20 | 2.75 |
| 12 | 2015-03-04 | 4.50 |
| 13 | 2014-01-20 | 5.00 |

### 3.1.2 存款准备金政策与制度

存款准备金是指金融机构为保证客户提取存款和资金清算需要而准备的资金,金融机构按规定向中央银行缴纳的存款准备金占其存款总额的比例就是存款准备金率。存款准备金制度是在中央银行体制下建立起来的,美国最早以法律形式规定商业银行向中央银行缴存存款准备金。中央银行通过调整存款准备金率,影响金融机构的信贷资金供应能力,从而间接调控货币供应量。

中国人民银行目前将金融机构分为三档制定存款准备金率,分别是大型存款类金融机构包括工商银行、农业银行、中国银行、建设银行、交通银行、邮政储蓄银行等;中型银行包括股份制商业银行等;小型银行包括4 000多家农村商业银行、农村合作银行、农村信用社和村镇银行等。2018年以来,人民银行17次下调存款准备金率,共释放长期资金约13.4万亿元。2018年以来金融机构平均法定存款准备金率变动情总如图8-6所示。截至2024年2月5日,金融机构平均法定存款准备金率约为7.0%,较2018年年初降低7.9个百分点。降准操作并不改变央行资产负债表规模,只影响负债方的结构,短期内商业银行可能根据经营需要减少对中央银行的负债,因此基础货币可能有所下降。但从长期来看,降准不但不会使货币供应量收紧,反而具有较强的扩张效应。降低法定存款准备金率,意味着商业银行被央行依法锁定的钱减少了,可以自由使用的钱相应增加了,从而提高了货币创造能力。

**2018 年以来金融机构平均法定存款准备金率变动情况**

资料来源:中国人民银行网站,http://www.pbc.gov.cn/rmyh/4027845/index.html

图 8-6　2018 年以来金融机构平均法定存款准备金率变动情况

### 3.1.3　中央银行贷款和再贴现政策

中央银行贷款指中央银行对金融机构的贷款,简称再贷款,是中央银行调控基础货币的渠道之一。中央银行通过适时调整再贷款的总量及利率,吞吐基础货币,促进实现货币信贷总量调控目标,合理引导资金流向和信贷投向。近年来,适应金融宏观调控方式,由直接调控转向间接调控,再贷款所占基础货币的比重逐步下降,结构和投向发生重要变化。新增再贷款主要用于促进信贷结构调整,引导扩大县域和"三农"信贷投放。

再贴现是中央银行对金融机构持有的未到期已贴现商业汇票予以贴现的行为。我国中央银行通过适时调整再贴现总量及利率,明确再贴现票据选择,达到吞吐基础货币和实施金融宏观调控的目的,同时发挥调整信贷结构的功能。人民银行会根据金融宏观调控和结构调整的需要,不定期公布再贴现优先支持的行业、企业和产品目录;再贴现利率逐步成为中央银行独立的基准利率,为再贴现率发挥传导货币政策的信号作用创造了条件。自 2024 年 1 月 25 日起执行的中国人民银行再贷款、再贴现利率如表 8-9 所示。

表8-9  中国人民银行再贷款、再贴现利率表

（自2024年1月25日起执行）

|  | 利 率 |
|---|---|
| 一、再贷款 |  |
| 　1. 支农、支小再贷款 |  |
| 其中:3个月 | 1.45% |
| 　　　6个月 | 1.65% |
| 　　　1年 | 1.75% |
| 　2. 金融稳定再贷款 | 1.75% |
| 其中:延期期间 | 3.77% |
| 二、再贴现 | 1.75% |

资料来源：中国人民银行，http://www.pbc.gov.cn/zhengcehuobisi/125207/125213/125440/125838/125885/125896/5217456/index.html.

### 3.1.4　不断市场化改革的利率体系

中国经济处在新旧产业和发展动能转换接续关键期，为了更充分地发挥市场优化资源配置的决定性作用，推动经济增长方式转变，需要加快推进利率市场化改革。同时，近年来科技进步、互联网发展及其与金融的不断融合，一些创新型的金融理财产品迅速发展，对存款的分流作用日益明显，存款利率管制的效果趋于弱化，对加快推进利率市场化改革提出了迫切要求。此外，国际国内实践都表明，存款利率市场化改革最好在物价下行、降息周期中进行，这样存贷款定价不易因放松管制而显著上升。最近一段时间，我国物价涨幅持续处于低位，市场利率呈下行趋势，也为放开存款利率上限提供了较好的外部环境和时间窗口。

目前，人民银行仅对活期存款和一年以内（含一年）定期存款利率保留基准利率1.5倍的上限管理，距离放开利率管制只有一步之遥。我国金融机构的自主定价能力显著提升，大额存单和同业存单发行交易有序推进，市场利率定价自律机制不断健全，存款保险制度顺利推出，也为放开存款利率上限奠定了坚实基础。取消对利率浮动的行政限制后，并不意味着央行不再对利率进行管理，只是利率调控会更加倚重市场化的货币政策工具和传导机制。借鉴国际经验，人民银行加强运用短期回购利率和常备借贷便利

(SLF)利率,培育和引导短期市场利率的形成;发挥再贷款、中期借贷便利(MLF)、抵押补充贷款(PSL)等工具对中长期流动性的调节作用以及中期政策利率的功能,引导和稳定中长期市场利率。货币市场、债券市场等市场利率可以依上海银行间同业拆借利率(Shibor)、短期回购利率、国债收益率等形成市场收益率曲线。信贷市场可以参考的定价基准包括贷款基础利率(LPR)、Shibor、国债收益率曲线等,在过渡期内央行公布的贷款基准利率仍可发挥一定的基准作用。中国目前已经基本形成差异化、市场化的利率体系。

从国际经验看,中央银行通常综合运用常备借贷便利和公开市场操作两大类货币政策工具管理流动性。全球大多数中央银行具备借贷便利类的货币政策工具,但名称各异,如美联储的贴现窗口(Discount Window)、欧央行的边际贷款便利(Marginal Lending Facility)、英格兰银行的操作性常备便利(Operational Standing Facility)、日本银行的补充贷款便利(Complementary Lending Facility)。借鉴国际经验,中国人民银行于2013年年初创设了常备借贷便利(Standing Lending Facility,SLF)。常备借贷便利是中国人民银行正常的流动性供给渠道,主要功能是满足金融机构期限较长的大额流动性需求。对象主要为政策性银行和全国性商业银行。期限为1—3个月。利率水平根据货币政策调控、引导市场利率的需要等综合确定。常备借贷便利以抵押方式发放,合格抵押品包括高信用评级的债券类资产及优质信贷资产等。自2023年8月15日起执行的常备借贷便利利率表如表8-10所示。

表8-10 常备借贷便利利率表

(自2023年8月15日起执行)

| 期　限 | 利　率 |
| --- | --- |
| 隔夜 | 2.65% |
| 7天 | 2.80% |
| 1个月 | 3.15% |

资料来源:中国人民银行。
http://www.pbc.gov.cn/zhengcehuobisi/125207/125213/125440/125838/125885/125896/5025400/index.html

2014年9月,中国人民银行创设了中期借贷便利(Medium-term

Lending Facility，MLF），如图 8-7 所示。它是为中央银行提供中期基础货币的货币政策工具，对象为符合宏观审慎管理要求的商业银行、政策性银行，可通过招标方式开展。中期借贷便利采取质押方式发放，金融机构提供国债、央行票据、政策性金融债、高等级信用债等优质债券作为合格质押品。中期借贷便利利率发挥中期政策利率的作用，通过调节向金融机构中期融资的成本来对金融机构的资产负债表和市场预期产生影响，引导其向符合国家政策导向的实体经济部门提供低成本资金，促进降低社会融资成本。例如，在 2024 年 3 月人民银行对金融机构开展中期借贷便利操作共 3 870 亿元，期限 1 年，利率为 2.50%，较上月持平。期末中期借贷便利余额为 71 980 亿元。

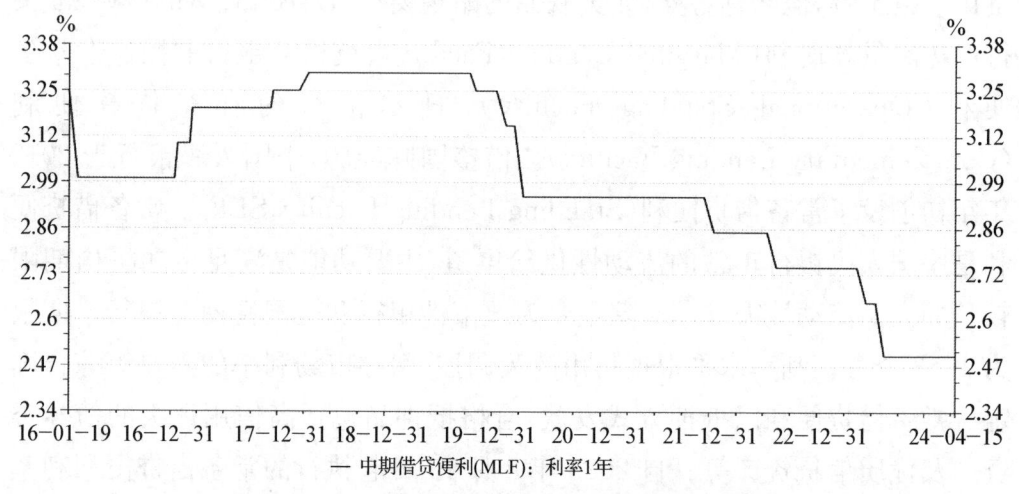

图 8-7　中国中期借贷便利（MLF）利率（1 年）

2014 年 4 月，中国人民银行创设抵押补充贷款（Pledged Supplemental Lending，PSL）为开发性金融支持棚改提供长期稳定、成本适当的资金来源。抵押补充贷款的主要功能是支持国民经济重点领域、薄弱环节和社会事业发展而对金融机构提供的期限较长的大额融资。抵押补充贷款采取质押方式发放，合格抵押品包括高等级债券资产和优质信贷资产。

近年来，中国人民银行为发挥好货币政策工具的总量和结构双重功能，围绕支持普惠金融、绿色发展、科技创新等国民经济重点领域和薄弱环节，逐步构建了适合我国国情的结构性货币政策工具体系。结构性货币政策工具兼具总量和结构双重功能，一方面，结构性货币政策工具建立激励相容机制，将央行资金与金融机构对特定领域和行业的信贷投放挂钩，发挥精准滴灌实体经济的独特优势；另一方面，结构性货币政策工具具有基础货币投放功能，有助于保持银行体系流动性合理充裕，支持信贷平稳增长。具体包括长期性工具包括支农支小再贷款和再贴现，阶段性工具包括普惠小微贷款支持工具、抵押补充贷款、碳减排支持工具、支持煤炭清洁高效利用专项再贷款、科技创新再贷款、普惠养老专项再贷款、交通物流专项再贷款、设备更新改造专项再贷款、普惠小微贷款减息支持工具、收费公路贷款支持工具、民营企业债券融资支持工具（第二期）、保交楼贷款支持计划、房企纾困专项再贷款、租赁住房贷款支持计划等。

## 3.2 中国货币政策的传导机制

### 3.2.1 利率渠道

货币政策正常运行的情况下，央行增加货币供应，会导致政策利率或目标利率下降，或者央行先宣布下调目标利率，然后根据市场需求适当增加货币供应。简单来说，就是目标利率下调，投资成本降低，从而推动投资需求和总需求的增长，最终促进总产出的增加。在特殊时期，尽管名义目标利率已经降至零，继续增加货币供应，预期通货膨胀率上升，实际利率可以为负，央行希望通过这样的操作在短期注入更多的流动性需求。2008年美国金融危机爆发后，美联储在2011年至2012年推出了扭曲操作，卖出短期债券购入长期债券，试图直接改变市场上的债券期限结构，希望在不增加央行总负债的情况下提高短期债券利率，同时压低长期债券利率，目的是希望长期债券利率走低后能刺激投资、房产和汽车等对长期利率敏感的投资需求。

中国的利率渠道传递效应相对复杂，中国人民银行以往采取直接宣布存贷款基准利率的方式，赋予商业银行在特定范围内自我调节的权限。近年来，中国人民银行开始积极探索构建政策利率走廊，推出常备借贷便利（Standing Lending Facility）和中期借贷便利（Medium-term Lending Facility）等创新工具。这些便利允许商业银行通过质押有价证券从央行获得贷款，以解决流动性问题。中国人民银行的最终目标是通过充分发挥政策利率的"锚"作用，确保政策利率能够顺畅地传导至其他市场，如信贷市场、货币市场和债券市场。

2018年中国人民银行行长易纲明确指出，中国货币政策正逐步从以数量调控为主转向以价格调控为主。易纲认为,中国的政策利率走廊已基本构建完成,其中,常备借贷机制的利率作为走廊的上限,而超额存款准备金的利率则作为下限。这一转变体现了货币政策调控方式的深化和精细化,有助于提升货币政策的透明度和有效性,以更好地应对复杂的经济形势和市场需求。

### 3.2.2 资产价格渠道

资产通常包括外汇、股票和房地产等形式,货币政策的变化通过影响这些资产的价格,进而对实体经济产生作用。

在外汇渠道方面,中央银行通过增加货币供应量,往往会导致国内利率水平下降。会对本币的名义汇率产生向下压力,引发本币相对贬值。本币贬值某种程度上有助于提升本国产品的国际竞争力,从而刺激出口增长并抑制进口,促进国内总产出的增加和净出口的上升。自2005年7月起,中国放弃了长期实行的人民币盯住美元的汇率制度,转而采用有管理的浮动汇率制度,并且逐步扩大了汇率的浮动范围。尽管如此,汇率渠道在中国货币政策传导机制中的作用尚未完全发挥,但显然正在逐步优化和加强。

从股票价格渠道看,扩张性货币政策注入了市场的流动性,在股票市场上可能转化为股票的购买,推动股票价格上涨。从托宾 q 理论的角度来看,托宾 q 定义为企业的市场价值与其资产重置成本之比,扩张性货币政策推高股票价格,当 q 值大于 1 时,企业可以通过发行股票以较低的成本融资来进行扩张,因为此时市场估值高于资产重置成本。企业的扩张活动自然带动了投资的增长,从而增加了总需求和总产出。从财富效应的角度来看,股票价格的上涨增加了人们的财富感知,从而提升了消费意愿,促使均衡总需求和总产出上升。

从房地产市场渠道看,扩张性货币政策,特别是低利率政策,会对房地产市场产生显著的刺激效果,房价上涨会激励房地产开发商更多地产开发,增加相关产业链的投资。房价上涨在中国会带来更大的财富效应,可能促使消费支出的增加,进而增加总需求和总产出。

### 3.2.3 信贷渠道

信贷渠道主要通过商业银行的负债行为进行分析,基于信息不对称的存在,商业银行对借款人的财务状况和项目前景等信息的了解一定是少于贷款人的,为了确保贷款的安全性,通常需要抵押物,而房地产或者股票都是流动性非常好的债权抵押物。在经济上行周期,房价、股票价格不断上涨时,银行基于这些抵押物资产的市场估值进行相应比例的贷款额度审批,再叠加信心乐观会放大可质押的比例,多重激励下,贷款金额会被放大,从而进一步推升需求,可能是消费、投资需求,也可能是进一步购买资产的需求,经济会更快过热。一旦周期转向,房价或者股价下跌,银行减少放贷的幅度会大幅下降,超过实体经济下行的速度,进一步加剧收缩,成为经济萧条的加速器。这种商业银行抵押贷款的顺周期特性,加剧了实体经济的波动。

这一思想在 1983 年由伯南克在论文中首次提出,伯南克(Ben Bernanke)、格特勒(Mark Gertler)和吉尔克里斯特(Simon Gilchrist)在 1996 年正式提出了"金融加速器"这一名词,1999 年将其应用到动态随机一般均衡模型中,创立了 BGG 模型,进一步阐释了经济周期的动态演变过程。金融加速器理论的实证研究表明,企业的资产负债表状况是企业投资支出的重要决定因素,且在经济低迷时期,这种影响更为显著。此外,对于小企业而言,金融加速器效应更为明显。金融摩擦普遍存在于有缺陷的、信息不对称的金融市场,外部冲击经过"银行信贷渠道"和"资产负债表渠道"传导至经济主体,而且现有商业银行的运行机制会将冲击的影响放大,传导速度加快,这就是"金融加速器"效应。金融监管机构需要对商业银行提出更多的逆周期调控政策以应对"金融加速器"效应。

### 3.2.4 货币供给的内生性挑战

有理论认为,中央银行能够外生控制货币供应量,通过各种渠道来影响经济各微观主体的观念已不再准确,货币的供给是由真实需求内生决定的,商业银行通过向工商企业发放信贷而创造货币。在银行信心充足时,它们通过贷款和增加借款人存款来创造新货币,商业银行的信贷规模和国家货币供应量主要受银行信心和动力的影响。这种理论框架里,货币政策在治理经济衰退时能力严重不足,货币供应取决于借款人对银行贷款的需求,当经济疲弱,贷款需求很低时,商业银行在中央银行的存款准备金与商业银行贷款之间的关系可能处于割裂状态。一般认为,央行通过存款准备金率的调整来外生控制商业银行可创造的货币乘数,但是商业银行可以选择保留超额准备金,可以在银行同业间进行拆借,或者从央行进行票据贴现来实现应对。央行对基准利率的调控,商业银行也可以在不同货币市场之间进行利率套利,在进行货币创造的同时商业银行自身也存在成本收益分析。"不是英格兰银行决定英国的银行能发行多少信贷,而是银行决定了英格兰银行必须借给他们多少中央银行的准备金和现金。"①

有关中国货币供给内生性的探讨,也一直存在,内生性的货币供给包括强制结售汇制度带来的外汇占款、国民经济的真实需求、政府的财政配合等。这些因素共同作用,使得中国的货币供给内生性具有其独特性,同时也值得深入分析。

### 1. 国民经济的真实需求

自20世纪80年代,中国人民银行开始履行中央银行的职能,我国的银行体系从过去的大一统银行体系转变为二级银行体系。在调控方法上,开始引进西方发达国家通常采用的法定存款准备金制度,这就使得人民银行必须解决二级银行制度下的基础货币供给问题。与西方国家中央银行主要通过购买国债的公开市场操作方式注入基础货币的方法不同,在中国国债市场刚刚起步、外汇占款规模太小的现实约束情况下,再贷款是当时信贷管理体制下人民银行向整个银行体系注入基础货币的主要途径。

公众的货币需求直接影响整体货币供给。中央银行通过调整基础货币的供给量来影响流通中的货币总量,但货币总量还受到中央银行制度变量(如法定存款准备金比率)、银行部门变量(如贷款和向中央银行融资的意愿)以及公众部门变量(如持有现金和存贷款意愿)的影响。企业和居民的货币需求调整会对中央银行的货币政策效果产生不确定性。我国改革开放后,经济总量不断增长的过程,也是货币化进程不断深入的过程,中国的货币供给总量不断增加之外,还有贷款等借贷债务需求在经济生活中的比例在不断上升。

### 2. 开放进程中的汇率制度影响

我国实行的是以市场供求为基础,参考一篮子货币进行调节,有管理的浮动汇率制度。在此制度下,外汇管理局对汇率进行必要的干预,以避免人

---

① [英]乔希·瑞安-柯林斯、理查德·沃纳、安德鲁·杰克逊、托尼·格里纳姆:《货币从哪里来?》,中信出版集团,2022年版。

民币波动幅度过大。更重要的是1994年至2008年,中国长期实施强制结售汇制度。根据这一制度,外贸盈余企业需将外汇资产出售给商业银行,以换取本币存款。商业银行再将外汇资产卖给中央银行。这一过程导致商业银行的本币存款和准备金增加,同时中央银行的外汇资产和储备货币也相应增加。

在这样的制度背景下,外汇资产对我国基础货币的影响机制为:外汇供给增加—中央银行进入外汇市场购入外汇—基础货币投放增加,这一影响途径被称为"汇率安排机制",揭示了外汇资产与基础货币同方向变化的规律。

夏春莲(2015)分析了外汇储备对中国货币内生性的影响,这种影响主要体现在三个方面:一是外汇储备对基础货币的内生性影响,通过新增外汇占款的基础货币投放效应产生;二是外汇储备对信贷规模的内生性影响,通过商业银行流动性和固定资产投资效应产生;三是金融危机时期外汇储备规模对稳定市场信心和扩张性货币政策传导效果的影响。1998年亚洲金融危机和2008年美国次贷危机期间,我国外汇储备规模的大小对市场信心和货币政策效果产生了显著差异。外汇储备规模较小时,扩张性货币政策效果受阻;而外汇储备规模较大时,则有助于稳定市场信心,货币政策效果更显著,甚至可能导致货币供应的超预期增长。

3. 财政政策的配合效应

发展中国家的财政和金融体系往往交织在一起,在1985年至1997年,中国人民银行的宏观金融调控方式主要表现为对信贷规模和相应再贷款数量的直接、计划性和行政性调控。由于信贷规模的决策过程受到地方政府干预,国有企业的投资饥渴症被传递到了信贷规模的制订决策过程中,形成了"地方政府—人民银行分支机构—人民银行总行"的信贷扩张倒逼机制。这种信贷倒逼在经济总量上表现为持续的通货膨胀压力,在货币上则表现为信贷投放过多。这种机制加剧了金融风险,对经济稳定和金融调控的有效性构成了挑战。

2008年以后,土地财政的配合成为中国货币内生性的一大来源。2008年后,结汇生成的货币占比迅速下降,以国内资本(主要是房地产)为"锚"生成的货币占比迅速增加。中国土地财政创造了巨量的信用,贷款生成货币机制使中国第一次结束了资本不足的历史,摆脱了货币生成对储蓄和外贸的依赖。土地财政具有显著的金融杠杆,土地使用权的出让是一种长期行为,其定价方式是将未来收益贴现成价格,这是金融资产独有的定价方式。土地使用权出让收入属于政府性基金收入,具有专项用途和现金流量特点。地方政府的相关债务伴随土地出让收入的增加不断成倍数扩大,进一步说明了政府的财政行为内生化了一部分中国货币供给。

# 第9讲　中国的信用与银行、债券市场

尤瓦尔·赫拉利在《人类简史》中指出：货币是有史以来人类虚构的最普遍，也最有效的互信系统。人们之所以愿意努力工作换取钞票，是人们相信货币的(交换)价值。信任是所有货币的基础，有了信任，相距甚远的人可以进行贸易，陌生人可以开展协作。而信用，则让这个世界上不同种族、语言、文化、信仰的人可以相互平等自由地交换，并且信用是把信任进行了定量和定价。如果说货币代表的是实际存在于当下的物品，人们相信当下的黄金、白银、纸币能够购买到房屋、粮食、牲畜。而资本是人类对货币时间价值的延续，资本的目的是获取未来的利润。资本相信：明天会更好。没有什么比相信未来更有力量，对未来的信任构建出一种令人惊异的合作秩序。

原始人会将刚刚捕获的猎物借给邻居，因为他相信不久的将来，邻居会还给他一头相似的猎物，或者提供其他的帮助。信贷就这样产生了。在历史上，信贷可能不但要早于铸币，也要早于文字。这些原始的交易如果没有偿还要求，叫作馈赠；如果有偿还要求，就叫借贷；如果偿还要求超过当时借贷额，就叫含息借贷。一旦产生了借贷，就一定需要时间的度量和表达。还款的期限、形式以及数额构成了借贷的核心内容。利息一词，在苏美尔语中是mash，有牛犊的意思；在古希腊语中是tokos，有牛繁殖的意思；拉丁文中的pecus，代表畜群。利息来自谷物、牲畜的自然增殖，都和时间、未来有关。也不难理解，利息的计算应采用复利方式。

在文明不断演进的过程中，银行这一重要的金融机构在世界各地以各种模式此起彼伏地出现了，它们在今天的经济生活中继续扮演着核心的作用，它们不仅仅承担着信用中介和创造货币的功能，更为重要的是它们涉及经济中的信用风险、市场风险和流动性风险管理，银行的稳定性直接影响宏观经济的稳定性，银行的破产倒闭又极具传染性，会带来火烧连营的连锁反应，处理不及时，会对经济造成非常严重的负面冲击。某些大型银行由于其规模和市场影响力，被认定为具有系统重要性，甚至被认为"太大而不能倒"。

# 1 存款银行的演化：从圣殿骑士团到中国票号

## 1.1 圣殿骑士团：武力保护的汇兑银行

1099年十字军夺取了耶路撒冷后，西欧各地大量平民开始前往圣地朝圣，然而长途奔袭的路上经常遭到抢劫和杀害。为了保卫朝圣者安全，一批骑士自发成立了保护团并自称为基督和所罗门圣殿的清贫战士，耶路撒冷国王鲍得温二世给予官方支持和认可，并命名：圣殿骑士团；他们又得到了教皇英诺森二世授予的团特权地位：只听命于教皇，不接受国王和地方主教指挥，具有免税特权。圣殿骑士团迅速膨胀，成员最多时超过了2万人，他们成为武装的宗教部队。

在随后的两个世纪里，圣殿骑士团还变成了欧洲最大的跨国金融机构。在发展早期，他们本身就获得了大量封地，同时又利用地处东西方商路交汇之地的便利，从事各类贸易，向朝圣者发行汇票，或者利用手中的资金在西欧放贷款。又经过一百多年的经营，他们积累了大量财富，鼎盛时期在欧洲不仅拥有上千座城堡，大量的土地和巨额的财富，还是法国王室和英国王室的最大债主。圣殿骑士创建了一个系统，朝圣者可以在欧洲的任何一个地方存钱，然后在圣地取出。历史学家推测，朝圣者持有一个加密的文档，只有圣殿驻点才知道密码，就像今天的ATM机。人们可以持圣殿骑士团分支机构开具的书面凭证到另一个分支机构取款。这种书面凭证实际上就是现代银行所使用的汇票。这表明圣殿骑士团的金融职能已相当专业化了。

圣殿骑士的业务非常广泛，包括但不限于吸收存款、发放贷款，还充当欧洲王室间的支付中介、结算中心，担任信托顾问等。除了为贵族服务，他们的客户包括商人和普通平民。圣殿宣称，圣殿骑士的使命不是盈利，而是保护朝圣者收复圣地。碍于教会的高利贷禁令，圣殿提供的金融服务并不会明确取息。但通过管理费、税收减免、特许经营、关税减让等方式，他们依然获取大量利润。

1307年10月，法王腓力四世下令全国统一行动，清洗圣殿骑士团，抓捕了几乎所有高层领导人，并基本被处死，封存和没收了圣殿骑士团的全部财产。1312年，按照法王腓力四世提出的要求，教皇克莱孟五世正式宣布解散了圣殿骑士团。有学者认为这个神秘组织其实逐渐奠定了现代欧美金融体系，他们发明了汇票、支票，意大利的汇兑银行，荷兰的各种证券创新，法国的土地抵押银行，英国的储蓄银行和中央银行或多或少都从中继承了某些金融遗产。

### 1.2　英格兰银行：国王借出来的中央银行

1694年，在长达多年的战争后，英国国王威廉三世发现自己快要破产了。绞尽脑汁地从"所有愿意借贷的人"那里借款，基本上在无计可施的情况下，他们建立了英格兰银行。

英格兰银行先公开募集120万英镑资本金，成立股份公司，然后将这笔钱全部借给英国政府。相应地，英国政府承诺每年向该银行支付8%的利息和4 000英镑的管理费，利息将由"轮船吨数税、酒类税收和关税"担保。议会赋予该银行12年内发行不超过资本金的记名支票的特权。这种支票可背书转让，起到了银行券的作用。为了守住这个特权，英格兰银行此后一直响应政府低息续借的要求。而这些支票，后来发展成为无息银行券，也就是钞票，即后来的英镑纸币。英格兰银行可能是第一个以政府为主要客户的股份制银行，直接把英格兰的国王、政府和私人资本紧密联系在了一起。英国越强大，英格兰银行的信用等级就越高，资本获利的机会也就越多；而英格兰银行能够放大的杠杆越大，借贷成本越低，就可以为英国政府的海外扩张提供更多的资金支持。

1742年，英格兰银行通过本票（Promissory Notes）来发行货币，本票是一种承诺在将来某个时间点支付一定金额给持票人的金融工具。英格兰银行发行的本票不支付利息，作为银行券使用，意味着它们可以作为支付手段在市场上流通，同时也可以用来在银行之间进行结算。英格兰银行的本票是完全基于银行信用发行的，银行承诺将在未来的某个时间点支付票面上的金额，这种承诺使得本票在公众中被广泛接受。通过发行本票，英格兰银行能够增加货币供应。这种增加的货币供应有助于促进经济活动，尤其是在需要流动性的情况下可以提供金融救助。本票不支付利息，它们不会对市场利率产生直接影响。作为一种短期债务工具，它有助于银行管理流动性风险。银行可以根据市场需求和自身的流动性状况调整本票的发行量。

英格兰银行通过本票的发行和赎回,实施货币政策。通过控制本票的发行量,银行可以影响市场上的货币供应和信贷条件。英格兰银行的这种做法为后来的中央银行制度和货币政策工具的发展奠定了基础。随着时间的推移,这种无利息的本票发行方式逐渐演变为现代中央银行发行的银行券和电子货币。

同时,英格兰银行逐渐衍生出公共救助职能,在1720年的英国南海泡沫事件中,筹集300万英镑贷给南海公司,并将自己377万英镑的政府债按固定价格转化为南海股票,竭力缓解南海公司的流动性危机;在1763年七年战争结束后通过降低贴现率、为储户提供现金、增加发行银行券等手段,缓解货币短缺,恢复公众信心。18世纪,英格兰银行已经成为英国最终借款人的角色。越来越多的人相信:英格兰银行是可以信任的,要"像英格兰银行一样可靠"(As safe as the Bank of England)。18世纪的英国,任何个人、企业都不会把钱藏在家里,而是把钱存在银行。银行为其存户立账,并在信用账上支付其各项支出。英国的货币已经不再是16世纪西班牙人、葡萄牙人所理解的黄金或者白银了,货币是银行负债(存款和准备金)的总和。货币是一种信用,以票据、支票或数字的方式,在市场上流通周转。以英格兰银行为核心的英国金融体系,也接纳了源源不断的美洲贵金属,并把它们变成了现代金融体系的黄金本位。

1844年,英国通过英格兰银行法,让英格兰银行垄断了英国法定货币的发行,有经理国库和管理国家公债的职责,其资产负债表必须定期向政府和公众公布。1873年,《经济学人》主编白芝浩(Walter Bagehot)提出著名的白芝浩准则:英格兰银行有责任在金融危机发生时,对商业银行进行救助,承担最后贷款人的职责(The Lender of Last Resort)。1946年,英格兰银行被收归国有,其全部资本股转让给英国财政部。

## 1.3 中国票号:值得思考的一次夭折

明清时期至民国初期,一些在全国设分支机构,负责资金汇兑和存放款业务的"票号"开始兴起,这与当时的商业发展和货币流通需求密切相关,也和当时的三大商帮有关联,广东以外贸为主的十三行,浙江以丝绸、手工业为主,山西大多和官府库银押运有关。山西的日升昌票号、协同庆票号、大德通票号等,广东的广泰源票号,浙江的四明公所票号,以及大家熟知的胡雪岩在江浙的阜康票号。

票号源于山西,与晋商在清末的兴盛具有密切联系。晋商号称"中国十大商帮"之一,足迹遍布天下,由于晋商贸易网络覆盖面庞大,在交通极不发达的时代,资金往往一年才能周转一次,严重制约了生意的扩大。同时,远程运送现银时间过长,路途也不安全,因此客观上需要一种便捷的远程资金调动方式,这就是票号起家的核心业务:远程汇兑。最初的汇兑业务只是为了方便。例如,山西平遥的"西玉成颜料庄",在四川、北京、山西等处设立了分庄,北京的亲友要将一笔银子汇到四川,只需将银子交予北京分庄,然后北京分庄写信通知四川分庄,在四川的亲友即可到当地分号取到银子。这一汇兑模式一出现立刻引来了大量业务,人们愿意为这样的服务缴纳1‰的手续费。颜料庄掌柜雷履泰敏锐地发现了这一潜在能量巨大的商业模式,于1823年前后成立了中国第一家票号"日升昌"。

鸦片战争前,中国贸易总额就已高达每年3亿两白银,如果其中1亿两白银需要远程汇兑,其利润将高达100万两白银。经过几年的经营,日升昌票号在专营汇兑、存放款业务中获得了巨额利润。据说从道光到同治五十余年的时间内,财东李氏从日升昌票号获得的分红竟超过200万两白银。受日升昌票号成功的鼓舞,山西商人纷纷设立或改营票号,极大地促进了当时商业贸易的发展。太平天国运动后,税收押运系统瘫痪,南方税收难以通过常规渠道由官方押送到北京,出于财政压力,清政府开始允许各省通过票号输送税银。随着清政府开展洋务运动,沿海地区开办的大量工商业实体需要资金,这些资金都是靠全国各地税收支持,而依然要通过票号汇兑。这使得票号每年都有巨额的流动资金,对票号的快速发展起了不可估量的作用。在此后的半个多世纪里,山西票号基本垄断了当时清朝的汇兑业务,获得了"汇通天下"的美誉。到20世纪初,全国22家主要票号汇兑总金额大约为8.2亿两白银,利润总额约820万两白银,大约相当于清政府一年财政总收入的1/10。

中国的票号业务曾在清末达到了极盛,随着辛亥革命的兴起,时局愈发动荡,[①]大量分号被迫收撤或迁址,金融运转中断,工商业的凋敝也造成大量

---

① 黄鉴晖:《山西票号史》,山西经济出版社,2002年版。

坏账、呆账,更无力防止挤兑的压力。① 伴随洋务运动的兴起,官商合办的通商银行、户部银行等不断成立,它们不但收回了以前给票号承办的跨域汇兑和官款存兑业务,还获得了发行银圆、银两两种钞票的特权。一度辉煌的山西诸多票号,自身也没有快速向现代股份制商业银行转型,在几次挤兑风波后,逐步凋敝,直至消失。

回顾中国票号从兴起到全盛再到衰微的短短不到百年的历程,其原本有希望发展成为类似于犹太金融家在西方所奠定的"金融高速公路体系",从而垄断信用与资本流通的大动脉。但由于没能够创造出类似欧洲的战争债券和国家债券的融资系统,仅仅将业务局限在汇兑领域,故步自封,最终被外国银行和官办银行逐步侵蚀了作为生存根本的汇兑业务。②

**【课堂思考题】**

从七年战争(1756—1763 年)期间,英法两国债务成本的比较,讨论国家能力的差异。

"War made the state, and the state made war. —Charles Tilly"

(战争造就了国家,国家制造了战争。——查尔斯·蒂利)

1500 年到 1850 年,法国的武装士兵从 18 000 人提高到 43 万人;英国从 25 000 人提高到 20 万人;俄罗斯则高达 85 万人。如此庞大的军队,需要国家雄厚的财力支持。国家能力首先体现在稳定的财政体系,尤其是强大的金融信贷体系之上。

1713 年,英国议会废除了包税制,成立专门的国家机构负责征税。光荣革命之前,英国一年的税收能达到 200 万英镑已经算是很大的成绩了,光荣革命之后,政府税收直接翻了三倍,达到 600 万英镑。

在七年战争期间,法国的公债利率高达 10%,英国的利率大致在 3%至 4%。法国政府开支的一半要用来偿还债务本息,通过"包税制"带来的社会矛盾必然引发严重的社会和政治动荡,为 1789 年法国大革命的爆发埋下了伏笔。

---

① 李永福:《山西票号研究》,华东师范大学,2004 年版。
② 宋鸿兵:《货币战争 3:金融高边疆》,长江文艺出版社,2014 年版。

## 2 中国的商业银行及运营

根据中国人民银行的最新数据统计,中国的金融业机构总资产高达461.09万亿元,负债达420.78万亿元,其中银行业占据绝对多数地位,资产规模417.29万亿元,占90.5%,负债规模383.12万亿元,占91.05%(见表9-1)。

表9-1 2023年年末金融业机构资产负债统计表

|  | 余额/万亿元 | 同比增速/% |
| --- | --- | --- |
| 金融业机构总资产 | 461.09 | 9.9 |
| 其中:银行业 | 417.29 | 10 |
| 证券业 | 13.84 | 5.6 |
| 保险业 | 29.96 | 10.4 |
| 金融业机构负债 | 420.78 | 10.1 |
| 其中:银行业 | 383.12 | 10.1 |
| 证券业 | 10.43 | 5.5 |
| 保险业 | 27.22 | 11.4 |
| 金融业机构所有者权益 | 40.31 | 8.1 |
| 其中:银行业 | 34.16 | 8.8 |
| 证券业 | 3.42 | 6.1 |
| 保险业 | 2.73 | 1.2 |

注1:金融业机构总资产、负债和所有者权益是银行业、证券业和保险业机构相应指标的汇总数。其中,银行业机构指法人金融机构(含境外分行),不包括中央银行;证券业机构包括证券公司、期货公司和基金公司,证券公司和期货公司总资产均包括自身及客户资产;保险业机构包括财产保险公司、人身保险公司、再保险公司、保险集团公司和保险资产管理公司。

注2:数据来源于中国人民银行、国家金融监督管理总局、中国证券监督管理委员会,http://www.pbc.gov.cn/diaochatongjisi/116219/116225/5281362/index.html

截至2024年年末,四大国有商业银行的资产总计高达155.33万亿元,其中工商银行约45万亿元,农业银行约40万亿元,建设银行约38万亿元,中国银行约32万亿元,如表9-2所示。商业银行是中国最重要的信用创造主体,也是最大的融资渠道,人民币贷款规模大多数时间都占社会融资总规模的60%以上,商业银行在信用扩张、利率传导中发挥着重要的作用。同时,商业银行也是我国债券市场的最大投资机构。据Wind数据统计,截至

2022年,中国商业银行在利率债市场持仓比重达70%,在信用债市场持仓比重也超过17%。中国人民银行、国家金融监督管理总局公布了2023年度我国系统重要性银行的评估结果,认定20家国内系统重要性银行,其中国有商业银行6家,股份制商业银行9家,城市商业银行5家。按系统重要性得分从低到高分为五组:第一组10家,包括中国光大银行、中国民生银行、平安银行、华夏银行、宁波银行、江苏银行、广发银行、上海银行、南京银行、北京银行;第二组3家,包括中信银行、浦发银行、中国邮政储蓄银行;第三组3家,包括交通银行、招商银行、兴业银行;第四组4家,包括中国工商银行、中国银行、中国建设银行、中国农业银行;第五组暂无银行进入。

表9-2 中国四大国有银行的基本财务信息

| 银行名称 | 总资产/亿元 | 营业总收入/亿元 | 净利润/亿元 |
| --- | --- | --- | --- |
| 工商银行 | 446 970.79 | 8 430.70 | 3 651.16 |
| 农业银行 | 398 729.89 | 6 948.28 | 2 698.20 |
| 建设银行 | 383 248.26 | 7 697.36 | 3 324.60 |
| 中国银行 | 324 321.66 | 6 228.89 | 2 463.71 |

资料来源:各银行2023年年报。

## 2.1 中国商业银行的业务模式

### 2.1.1 负债业务

商业银行最主要的资金来源是通过负债,这也是商业银行经营活动的基础。与一般工商企业不同的是,商业银行的自有资金在其全部资金来源中只占很小的比例。根据《商业银行资本管理办法》,目前中国商业银行的资本充足率不得低于8%。负债的规模大体决定了商业银行开展资产业务、获得利润的能力,是商业银行最基本、最主要的业务。商业银行的负债包括存款和其他负债。[1]

考察一家银行的负债业务最重要的指标就是负债成本。负债成本包含两部分:一个是直接成本,一个是间接成本。直接成本是指银行全部计息负

---

[1] 胡庆康:《现代货币银行学教程》,复旦大学出版社,2010年版。

债的综合利率,用综合利率乘以计息负债就可以得到一家银行的利息支出。间接成本是指银行为了获取足够多的负债需要投入多少营运费用,包括网点租金、人工薪酬、设备采购费等。①

### 2.1.2 资产业务

商业银行的资产业务是指商业银行如何运用资金的业务,也是商业银行主要的利润来源。银行通过网点服务客户获得的各种负债,最终必须通过配置到不同类别的资产中,进而获得利息差的收入。在处理资产业务时,商业银行重点关注两方面的内容:

一是收益与风险的平衡。并不是资产收益率越高越好,资产的收益率和风险通常是正比例关系,高收益意味着高风险,收益率越高的资产往往最终违约的风险也越大。一旦违约,银行不仅拿不到利息,还可能亏损本金。由于银行本身是高杠杆经营的企业,银行配置在资产上的资金绝大部分不是银行自有的,而是银行从社会上吸取的。一旦资产违约,损失本金,只要不破产,银行就只能自己通过利润消化这部分损失。银行的资产收益率并不是越高越好,而是要在风险和收益之间寻找利益最大化的平衡点。

二是久期问题。通常来讲,久期越长的资产收益率越高。但是,如果银行把资产全部配置了长久期资产,那么就要面临流动性风险和期限错配风险。第一,流动性缺口引发的挤兑风险。由于银行配置的资产通常是无法提前赎回的,而银行的负债,特别是存款之类的负债,储户是可以提前赎回的,如果资产端久期过长,那么负债产生的资金缺口就有可能无法弥补。银行最大的风险就是流动性缺口引发的挤兑风险,各国金融史上都有大量因为挤兑而破产的银行。第二,期限错配引发的利率风险。银行配置的资产久期过长,如果在资产到期前市场利率出现大幅度飙升,而银行又没有长久期的负债和资产匹配,这时就会形成期限错配。银行不得不在利率极高时借入高息负债去匹配未到期资产,从而使利差大幅收缩。

### 2.1.3 中间业务

根据《商业银行中间业务暂行规定》,中间业务广义上是指"不构成商业

---

① 价投谷子地:《看透银行》,中国经济出版社,2021年版。

银行表内资产、表内负债,形成银行非利息收入的业务"。中间业务可以分成两大类:金融服务业务和表外业务。金融服务业务不形成或有资产、或有负债,而表外业务会形成或有资产、或有负债。所谓或有资产和或有负债,是指因过去的交易或事项,今后可望获得的资产和负债,也就是说或有资产和或有负债的产生具有不确定性。在结果未发生前不能将其计入银行的资产负债表,只能记录在表外。比如信用卡的未使用额度就属于或有资产,为其他公司提供的债务担保就属于或有负债。

中间业务对于商业银行来说是非常重要的一项业务,特别是在《巴塞尔协议》大幅提升了对银行资本金的要求后,中间业务的重要性得到了极大的提升。中间业务最大的特征是没有风险资产(金融服务类业务)或者风险资产很少(表外业务的或有资产有一定的折算比例)。所以,虽然中间业务的费率不高(通常是在 0.5%~1%),办理时消耗的人力资源也很大,但是由于完全不消耗或者消耗极少的资本金,其依然是商业银行未来发展的重要方向。

除了资本金消耗较低外,发展中间业务的另外一个好处就是可以增加客户的黏性,不论是对公还是零售。客户在某家商业银行做的中间业务越多,那么客户就越可能将自己的资金主账户放在这家银行,而且越不可能更换银行。对于银行来说,开发一个新客户的费用比维护一个同等水平客户的费用高几倍。所以,做好中间业务相当于不断拓宽银行的"护城河"。中间业务的金融服务类业务还可以降低银行的宏观周期性风险。

## 2.2 商业银行的运营效率:以招商银行为例

根据招商银行 2022 年年报,2022 年招商银行资产总额为 10.14 万亿元,而净资产总额仅 1.04 万亿元,杠杆倍数约 10 倍。通常在谈企业的营运能力时有两个常用指标:总资产收益率(Return on Asset,ROA)和净资产收益率(Return on Equity,ROE)。在普通企业,这两个指标相差不大。但是,在银行业这两个数据就会差距巨大。以招商银行 2022 年年报数据为例,ROA 是 1.42%,ROE 是 17.06%,而造成这一现象的原因就是高杠杆。按照 ROE 和 ROA 的指标定义,可以看到:ROE=净利润/净资产;ROA=净利润/总资产。所以,实际上 ROE/ROA=总资产/净资产=杠杆倍数。2022 年招商银行财报分析如图 9-1 所示。

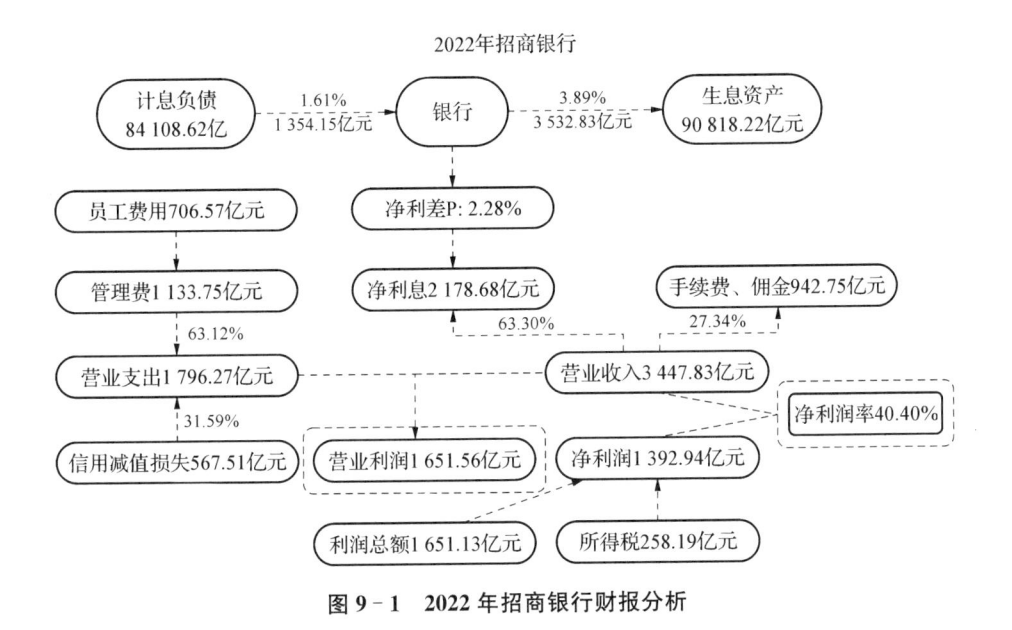

2022年招商银行

```
计息负债              银行           生息资产
84 108.62亿  1.61%        3.89%   90 818.22亿元
            1 354.15亿元  3 532.83亿元

员工费用706.57亿元       净利差P: 2.28%

管理费1 133.75亿元       净利息2 178.68亿元      手续费、佣金942.75亿元
            63.12%            63.30%           27.34%
营业支出1 796.27亿元                营业收入3 447.83亿元
            31.59%                                    净利润率40.40%
信用减值损失567.51亿元    营业利润1 651.56亿元    净利润1 392.94亿元

                         利润总额1 651.13亿元     所得税258.19亿元
```

**图9-1　2022年招商银行财报分析**

参考2022年招商银行的财务报表，招商银行年末的计息负债总额为84 108.62亿元，计息负债的利息率为1.61%，年末的生息资产总额为90 818.22亿元，生息资产利息率为3.89%。由此产生净利差为2.28%，净利息收入为2 178.68亿元，占营业收入3 447.83亿元的63.30%，手续费、佣金收入为942.75亿元，占营业收入比例为27.34%。从营业收入角度看，2022年招商银行的营业支出为1 796.27亿元，其中管理费1 133.75亿元，占比63.12%，信用减值损失567.51亿元，占比为31.59%，而管理费中的员工费用为706.57亿元。2022年招商银行的营业利润为1 651.56亿元，利润总额为1 651.13亿元，扣除258.19亿元后净利润为1 392.94亿元，净利润率为40.40%。

风险性是银行业的第二大特质。银行业本身就是一种经营风险的行业。银行在识别资产风险的基础上给资产进行风险定价（贷款利率），然后将刚性负债配置到风险资产上来赚取承担风险的风险对价。所以，对于银行来说，对风险的管控是其最根本的任务。风险控制不力不仅会影响银行的盈利能力，更严重的情况下还可能导致银行的破产清算。2022年招商银行营业利润为1 651.56亿元，扣除所得税及营业外收支后净利润为1 392.94亿元，净利润率为40.40%。与567.51亿元的信用减值损失（见表9-3）对比，更显著地说明银行信用管理对盈利的重要意义。2022年年末，招商银行不良贷款余额580.04亿元,不良贷款率0.96%,在当前净利润条件下,若不良贷款率上升至3%以上则可能发生净亏损。

表9-3 招商银行信用减值情况(2022年)　　　　　　单位:百万元

|  | 2022年 | 2021年 |
| --- | --- | --- |
| 贷款和垫款 | 45 157 | 37 020 |
| 金融投资 | 3 879 | 15 848 |
| 应收同业和其他金融机构款项 | (3 284) | 6 110 |
| 表外预期信用减值损失 | 7 112 | 5 639 |
| 其他 | 3 887 | 1 345 |
| 信用减值损失合计 | 56 751 | 65 962 |

银行的第三大特点是周期性。银行业本身是一个顺周期的行业,中国的银行业目前处在一个以中国经济腾飞为大背景的超长景气周期内,在此背景下,银行的周期性被政府宏观调控的手段削弱。但是,长时间处于景气周期也会给国内银行体系埋下隐藏的风险。

利息收入是招商银行的主要营业收入来源,也是国内大多数银行的主营收入,加息、降息对于银行来说是非常重要的外界因素变化,净利差的波动会显著影响银行的营业收入情况。见表9-4,2022年年末招商银行计息负债总额为84 108.62亿元,计息负债成本率为1.61%,计息负债成本为1 354.15亿元;生息资产总额为90 818.22亿元,生息资产收益率为3.89%,生息资产收益为3 532.83亿元。净利差为2.28%,产生利息收入为2 178.68亿元,占营业收入比为63.3%。

表9-4 招商银行生息资产与计息负债(2022年)　　　　　　单位:百万元

|  | 2022年 ||  |
| --- | --- | --- | --- |
|  | 平均余额 | 利息收入 | 平均收益率% |
| 生息资产 |  |  |  |
| 贷款和垫款 | 5 850 275 | 265 601 | 4.54 |
| 投资 | 2 029 578 | 65 808 | 3.24 |
| 存放中央银行款项 | 557 031 | 8 482 | 1.52 |
| 存拆放同业和其他金融机构款项 | 644 938 | 13 489 | 2.09 |
| 合计 | 9 081 822 | 353 380 | 3.89 |

续表

|  | 2022年 | | |
|---|---|---|---|
|  | 平均余额 | 利息收入 | 平均收益率% |
| 计息负债 | | | |
| 客户存款 | 6 955 657 | 105 836 | 152 |
| 同业和其他金融机构存拆放款项 | 996 819 | 16 309 | 1.64 |
| 应付债券 | 322 784 | 9 662 | 2.99 |
| 向中央银行借款 | 122 194 | 2 828 | 2.31 |
| 租赁负债 | 13 408 | 510 | 3.80 |
| 合计 | 8 410 862 | 135 145 | 1.61 |
| 净利息收入 | / | 218 235 | / |
| 净利差 | / | / | 2.28 |
| 净利息收益率 | / | / | 2.40 |

为了减少银行对于净利差的依赖，银行致力于提升非利息收入的比例。非利息收入占比（或称中收占比）可以反映银行的收入结构是否健康。非利息收入占比越高的银行，通常认为零售业务占比较高，相对受到周期波动的影响可能较小。2022年招商银行的手续费、佣金收入为942.75亿元，达到营业收入的27.34%（见表9-5）。

表9-5 招商银行收入结构比例（2020—2022年） 单位：%

|  | 2022年 | 2021年 | 2020年 |
|---|---|---|---|
| 净利息收入占比 | 63.30 | 61.56 | 63.70 |
| 净手续费及佣金收入占比 | 27.34 | 28.51 | 27.36 |
| 其他净收入占比 | 9.36 | 9.93 | 8.94 |
| 合计 | 100.00 | 100.00 | 100.00 |

信用减值损失是银行用以应对未来风险的一种方法，同时也是银行调节利润波动的一种有效手段。银行的生意特点是利润前置而风险后置，贷款者最终是否能全额偿还本息，需要等到贷款周期结束才能有结论。那么，在贷款发放到全额收回本息之间的任何时间，借款人或者机构都有可能发生无法偿付的风险。银行的信用减值损失是银行调节利润的重要手段。通常银行费用支出中，业务及管理费的变数不大，相对而言信用减值损失变动的空间

就要大得多。通常,银行在营收增长比较多的时候会倾向于多计提减值损失,而在营收不佳的时候少计提减值损失,从而达到平滑利润的目的。

2022年招商银行营业支出为1 796.27亿元。其中管理费用为1 133.75亿元(见表9-6),占营业成本比例为63.12%,而管理费用中员工费用706.57亿元,为其中主要支出;信用减值损失为567.51亿元,占营业支出的31.59%。员工费用占管理费比例较高,说明银行业人力成本较高、工资待遇较好;信用减值损失作为重要支出项,更说明银行信用管理是银行盈利能力的重要保障。

表9-6 招商银行业务及管理费情况(2021—2022年)  单位:百万元

|  | 2022年 | 2021年 |
| --- | --- | --- |
| 员工费用 | 70 657 | 66 028 |
| 折旧、摊销和租赁费用 | 9 676 | 9 804 |
| 其他一般及行政费用 | 33 042 | 33 895 |
| **业务及管理费合计** | 113 375 | 109 727 |

中国的银行业以其庞大的资产规模而闻名,其中四大国有银行在全球银行业中总资产规模位居前四。然而,尽管资产规模宏大,它们的市值却并不相称,只有中国工商银行的总市值在全球排名中跻身前四。在总资产回报率方面,中国的四大国有银行均未能达到1%,而摩根大通、富国银行以及瑞银集团的总资产回报率均超过了1%(见表9-7)。观察净资产回报率,中国四大国有银行的表现集中在9%~11%,与美国银行和富国银行大致持平,但与摩根大通和瑞银集团相比,则存在明显差距。值得注意的是,尽管摩根大通、美国银行和富国银行的总资产远低于中国四大国有银行,但它们创造的总收入却超过了中国的四大行。这一现象表明,我国四大银行的资产经营效率与国际顶级银行相比,尚有较大的提升空间。总体而言,较低的总资产回报率是导致我国四大银行市值相对较低的一个重要因素。

表9-7 全球十大商业银行综合比较  单位:亿元人民币

| 排名 | 名称 | 总收入 | 净利润 | ROE(%) | 总资产 | ROA(%) | 总市值 |
| --- | --- | --- | --- | --- | --- | --- | --- |
| 1 | 摩根大通 | 10 053.75 | 3 509.62 | 15.98 | 274 482.46 | 1.31 | 40 648.97 |
| 2 | 美国银行 | 6 670.98 | 1 877.98 | 9.39 | 225 240.55 | 0.85 | 20 953.82 |

续 表

| 排名 | 名 称 | 总收入 | 净利润 | ROE(%) | 总资产 | ROA(%) | 总市值 |
|---|---|---|---|---|---|---|---|
| 3 | 工商银行 | 6 630.36 | 3 639.93 | 10.04 | 446 970.79 | 0.86 | 17 363.63 |
| 4 | 富国银行 | 5 467.70 | 1 355.77 | 10.47 | 136 870.91 | 1.00 | 14 620.07 |
| 5 | 农业银行 | 5 565.85 | 2 693.56 | 9.69 | 398 729.89 | 0.73 | 14 423.92 |
| 6 | 中国银行 | 5 180.24 | 2 319.04 | 9.17 | 324 321.66 | 0.76 | 11 849.54 |
| 7 | 建设银行 | 7 454.70 | 3 326.53 | 11.08 | 383 248.26 | 0.91 | 10 953.58 |
| 8 | 汇丰控股 | 4 434.55 | 1 666.77 | 12.62 | 215 220.38 | 0.78 | 10 516.05 |
| 9 | 加拿大皇家银行 | 2 810.97 | 775.21 | 13.17 | 107 613.94 | 0.76 | 10 156.18 |
| 10 | 招商银行 | 2 899.67 | 1 466.02 | 14.50 | 110 284.83 | 1.39 | 8 021.82 |
| 11 | 瑞银集团 | 2 071.76 | 1 972.53 | 38.96 | 121 627.38 | 1.97 | 7 485.69 |

数据来源：Wind 数据库。

## 3 中国社会的融资总规模状况

社会融资规模是指一定时期内（每月、每季或每年）实体经济即企业和个人从金融体系获得的资金总额，是全面反映金融对实体经济的资金支持以及金融与经济关系的总量指标。社会融资规模存量是指一定时期末（月末、季末或年末）实体经济从金融体系获得的资金余额。数据主要来源于中国人民银行、国家金融监督管理总局、中国证券监督管理委员会、中央国债登记结算有限责任公司、银行间市场交易商协会等部门。中国人民银行2011年开始，每个月中旬都会公布上个月的相关数据，主要是三张统计表：社会融资规模存量统计数据报告、社会融资规模增量统计数据报告和各地区社会融资规模增量统计表。

### 3.1 中国社会融资规模的构成

它主要由三个部分构成：一是金融机构通过资金运用对实体经济提供的全部资金支持，主要包括人民币贷款、外币贷款、信托贷款、委托贷款、金融机构持有的企业债券及非金融企业股票、保险公司的赔偿和投资性房地产等，通常被看成是商业银行从事的间接融资业务，目前这个部分应该是中国社会融资的主渠道。二是实体经济利用规范的金融工具、在正规金融市场、通过金融机构信用或服务所获得的直接融资，主要包括未贴现的银行承兑汇票、非金融企业境内股票筹资及企业债券的净发行等。三是其他融资，主要包括小额贷款公司贷款、贷款公司贷款等。从机构看，包括银行、证券、保险等金融机构；从市场看，包括信贷市场、债券市场、股票市场、保险市场以及中间业务市场等。社会融资规模组成如表9-8所示。

表9-8 社会融资规模组成

| 业务 | 细项 |
| --- | --- |
| 表内业务 | 人民币贷款、外币贷款 |
| 表外业务 | 委托贷款、信托贷款、未贴现的银行承兑汇票 |
| 直接融资 | 非金融企业境内股票融资、企业债券融资 |
| 其他业务 | 保险公司赔偿、金融机构投资性房地产、小额贷款公司及贷款公司贷款、存款类金融机构资产支持证券、贷款核销 |
| 地方政府专项债券 | — |

## 3.2 中国社融的增量、结构与存量变化情况

### 3.2.1 社融规模增量变化及影响

自2002年以来，中国新增社会融资规模持续扩大，2023年达35.59万亿元（见表9-9），是2002年的近18倍。从每年的同比增速来看，新增社融同比增长并不稳定，大致在2010年之前较快，而从2010年后趋于缓慢，但在2017年、2020年等个别年份又有较大提升。

表9-9 中国社会融资规模相关数据（2002—2023年） 单位：万亿元

| 年份 | 新增社会融资规模 | 新增社融同比增长/% | 新增人民币贷款规模 | 新增人民币贷款占比/% | 社会融资规模存量 |
| --- | --- | --- | --- | --- | --- |
| 2002 | 2.01 | | 1.85 | 91.9 | 14.85 |
| 2003 | 3.41 | 69.5 | 2.77 | 81.1 | 18.17 |
| 2004 | 2.86 | −16.1 | 2.27 | 79.2 | 20.41 |
| 2005 | 3 | 4.8 | 2.36 | 78.5 | 22.43 |
| 2006 | 4.27 | 42.3 | 3.15 | 73.8 | 26.45 |
| 2007 | 5.97 | 39.7 | 3.63 | 60.9 | 32.13 |

续 表

| 年 份 | 新增社会融资规模 | 新增社融同比增长/% | 新增人民币贷款规模 | 新增人民币贷款占比/% | 社会融资规模存量 |
|---|---|---|---|---|---|
| 2008 | 6.98 | 17 | 4.91 | 70.3 | 37.98 |
| 2009 | 13.91 | 99.3 | 9.6 | 69 | 51.18 |
| 2010 | 14.02 | 0.8 | 7.95 | 56.7 | 64.99 |
| 2011 | 12.83 | −8.5 | 7.47 | 58.2 | 76.75 |
| 2012 | 15.76 | 22.9 | 8.21 | 52.1 | 91.42 |
| 2013 | 17.32 | 9.9 | 8.89 | 51.35 | 107.46 |
| 2014 | 16.46 | −5 | 9.78 | 59.44 | 122.86 |
| 2015 | 15.41 | −6.4 | 11.27 | 73.14 | 138.14 |
| 2016 | 17.8 | 15.5 | 12.44 | 69.86 | 155.99 |
| 2017 | 26.15 | 46.9 | 13.84 | 52.93 | 205.91 |
| 2018 | 22.49 | −14 | 15.67 | 69.67 | 227.04 |
| 2019 | 25.58 | 13.7 | 16.88 | 66.01 | 251.31 |
| 2020 | 34.86 | 36.3 | 20.03 | 57.46 | 284.83 |
| 2021 | 31.35 | −10.1 | 19.94 | 63.6 | 314.13 |
| 2022 | 32.01 | 2.1 | 20.91 | 65.34 | 344.21 |
| 2023 | 35.59 | 11.2 | 22.75 | 63.9 | 378.09 |

数据来源：Wind 数据库。

2009 年新增融资规模的大幅提升，源于应对 2008 年美国金融危机的负面冲击推出的经济扩张政策。2008 年 11 月 5 日，国务院常务会议根据国际金融危机日益严峻的形势，要求实行适度宽松的货币政策，并确定了进一步扩大内需、促进经济增长的十项措施。2009 年 7 月 23 日的中央政治局会议指出，要继续把促进经济平稳较快发展作为经济工作的首要任务，继续实施适度宽松的货币政策。此后，2009 年的中央经济工作会议以及 2010 年的一系列会议均要求保持货币政策的适度宽松，社会融资规模也由 2008 年年末的 37.98 万亿元增至 2010 年年末的 64.99 万亿元，年均增长 30.81%，较 2002—2008 年提高了 13.87 个百分点；年均新增 13.51 万亿元，是 2002—2008 年均新增的 3.41 倍。

2016 至 2017 年的新增融资规模的大幅提升，是与当时房地产交易的复苏相互作用的结果。2015 年 12 月，中央经济工作会议明确将"去库存"列为 2016 年经济工作的五大任务之一。全国房地产市场在 2016 年全面反弹，各大指标创历史新高,各地土地拍卖价格也频繁创造新记录,其中个人住房贷款余额增加到183亿元,同比增长37.4%(见表9-10)。这一时期,社会融资规模从2015年的15.41万亿元迅速提升至2017年的26.15万亿元,2017年的同比增速更是达到了46.9%。

表9-10 中国个人住房贷款余额及同比增长  单位:万亿元

| 指标名称 | 个人住房贷款余额 | 年度同比/% |
| --- | --- | --- |
| 2005 | 1.84 | 15.00 |
| 2006 | 2.27 | 23.37 |
| 2007 | 3.00 | 32.16 |
| 2008 | 2.98 | −0.67 |
| 2009 | 4.76 | 59.73 |
| 2010 | 6.20 | 30.25 |
| 2011 | 7.14 | 15.16 |
| 2012 | 7.50 | 5.04 |
| 2013 | 9.00 | 20.00 |
| 2014 | 10.60 | 17.78 |
| 2015 | 13.10 | 23.58 |
| 2016 | 18.00 | 37.40 |
| 2017 | 21.90 | 21.67 |
| 2018 | 25.80 | 17.81 |
| 2019 | 30.20 | 17.05 |
| 2020 | 34.50 | 14.24 |
| 2021 | 38.30 | 11.01 |
| 2022 | 38.80 | 1.31 |
| 2023 | 38.17 | −1.62 |

数据来源:Wind数据库。

房地产增速与新增社融同比增常具有相同趋势(见图9-2),在新增社融同比增大幅上涨的当期或者下一期,房价通常同样有一定上涨,如图所示,中国社会融资规模存量和房价指数于2004年、2007年、2009年前后均出现了类似的同步上升态势。房地产行业是典型的资金密集型行业,宽松的融资环境为房企补充了流动性,充足的资金刺激了房企开发投资需求,推动了房地产的回暖。另一方面,中国房地产企业本身的经营模式中,大多采用高负债、强扩张模式,对资金需求强烈,进一步再带动上下游产业对资金的倍数需求,不断助推社会融资规模的扩大。

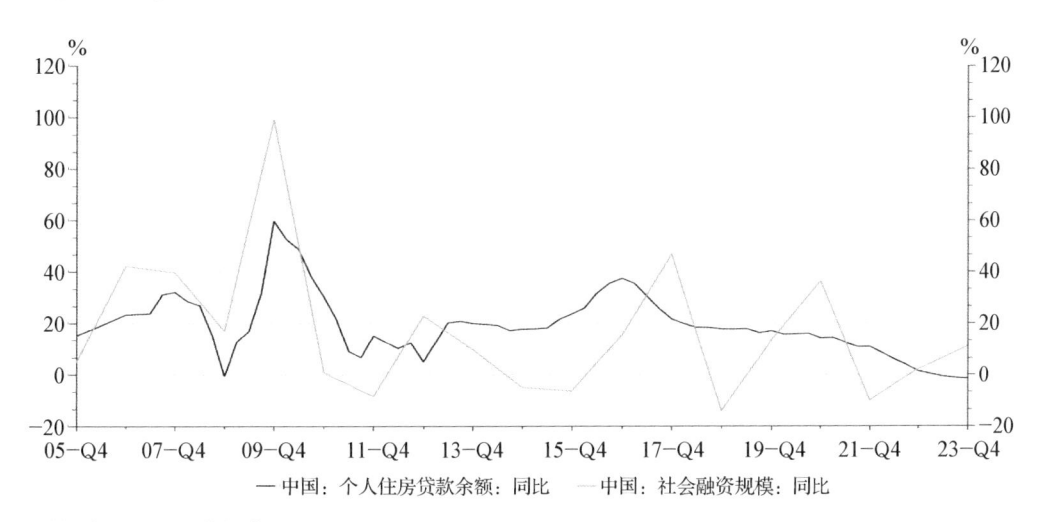

数据来源:Wind 数据库。

**图 9-2 中国社会融资规模与个人住房贷款余额同比增速**

2020 年,新增社会融资规模达 34.86 万亿元,创有统计以来的新高。2020 年疫情暴发后,出于疫情防控需要,企业延迟复工复产,面临较大的资金链断裂压力,小微企业尤其如此,流动性紧张问题突出。此时,人民银行为推动疫情防控、稳定社会情绪,在政策上允许宏观杠杆率阶段性走高,及时投放流动性,如银行业金融机构加大信贷投放等。同时,在财政政策上增加地方政府专项债券提前下达限额,加大创业担保贷款贴息支持力度,引导政府性融资担保机构支农支小、降低担保费率。财政部更是直接发行 1 万亿元抗疫特别国债,增加 1.6 万亿元地方政府专项债券,政府债券融资规模明显扩大。从直接融资和间接融资两个方面共同推进了社会融资规模的新纪录出现。

### 3.2.2 社融中结构变化及影响

以 2023 年为例,中国全年社会融资规模增量累计为 35.59 万亿元,其中,对实体经济发放的人民币贷款增加 22.22 万亿元,占同期社会融资规模的 62.4%,同比低 3 个百分点;第二名的是政府债券净融资 9.6 万亿元,占比 27%,同比高 4.9 个百分点。然后分别是企业债券净融资 1.63 万亿元,占比

4.6%,同比低1.8个百分点。这三项占比已经高达94%,留给其他融资渠道的空间已经很小了,其中非金融企业境内股票(股权类)融资额7 931亿元,占比2.2%,同比低1.5个百分点。

从结构看,商业银行的表内业务人民币贷款一直是社会融资规模的重要支撑,主要是中国各商业银行每期的新增人民币贷款业务,从表9-9可以看出,新增人民币贷款规模呈逐年上升态势,且长期占社会融资增量的50%以上,这也意味着,我国政府主要通过调控银行信贷总量,就可控制社会融资总量。商业银行体系的重要意义不言而喻。2002年中国一年社融规模增量2.01万亿元,其中商业银行的人民币贷款增量1.85万亿元,占比约达92%,这一数据一直到2009年都基本维持在70%以上的比重。2010年到2014年,人民币贷款占比下降明显,最低2013年只占到当年所有新增社融的51.35%,从最高点下降达40%。新增人民币贷款占比下降,可能和"影子银行"的兴起和快速扩张有关。

广义影子银行包括同业理财及其他银行理财、银行同业特定目的载体投资、委托贷款、资金信托、信托贷款、非股票公募基金、证券业资管、保险资管、资产证券化、非股权私募基金、网络借贷P2P机构、融资租赁公司、小额贷款公司提供的贷款,商业保理公司保理、融资担保公司在保业务、非持牌机构发放的消费贷款、地方交易所提供的债权融资计划和结构化融资产品。其中,同业特定目的载体投资和同业理财、理财投非标债权等部分银行理财、委托贷款、信托贷款、网络借贷P2P贷款和非股权私募基金等业务,影子银行特征明显,风险相对较高,属于狭义影子银行。据估计,截至2016年,中国广义影子银行规模达到96万亿元,占银行业总资产的44%左右。从2010到2016年,影子银行规模的复合增长率达到了每年36%左右。[①] 根据《中国影子银行报告》,到2016年年底,商业银行表内各项投资共计23万亿元,理财产品29万亿元,委托贷款13万亿元,资金信托和证券化资管发行产品51万亿元。影子银行体量与同期银行信贷基本相当,且增速远超贷款增速。

影子银行增速快,风险不断积累和暴露,非常容易滋生违法违规问题,

---

① Zhuo Chen, Zhiguo He, Chun Liu, Jinyu Liu, The Financing of Local Government in China: Stimulus Loans Wane and Shadow Banking Waxes, 2017.

抬高我国宏观杠杆水平,吹大资产泡沫,助长脱实向虚,扭曲了市场资源的正常有效配置,对我国经济金融向高质量转型发展构成重大威胁。2016年年底,中央经济工作会议提出,要把防范化解金融风险放到更加重要的位置。2017年年初,中央财经领导小组第十五次会议强调,要及时弥补监管短板,坚决治理市场乱象。金融管理部门坚持稳中求进工作总基调,开始对影子银行进行精准拆弹,经过三年专项治理,影子银行野蛮生长的态势得到有效遏制。截至2019年年末,广义影子银行规模降至84.80万亿元,较2017年年初100.4万亿元的历史峰值缩减近16万亿元。风险较高的狭义影子银行规模降至39.14万亿元,较历史峰值缩减了12万亿元。其中,复杂结构的交叉金融业务大幅压缩,同业理财从6.8万亿元降至2019年年末的0.84万亿元,同业特定目的载体投资从23.05万亿元降至15.98万亿元。影子银行规模大幅压缩,经营开始变得规范,系统性风险隐患大为减弱。[1]

### 3.2.3 社融存量额的变化

2002年至今,我国社会融资规模存量不断扩大,到2023年12月达378.09万亿元,接近2002年的25倍。同时,社融存量与当期GDP比值也在不断加大,2023年年末社会融资规模存量额与同期名义GDP的比重为300%,约为2002年的2.7倍,如表9-11所示。

表9-11 中国社融资规模M2与GDP情况(2002—2023年)

单位:万亿人民币

| 年份 | 社会融资规模存量 | GDP:现价 | M2 | 社融存量/GDP |
| --- | --- | --- | --- | --- |
| 2002 | 14.85 | 12.17 | 18.50 | 1.22 |
| 2003 | 18.17 | 13.74 | 22.12 | 1.32 |
| 2004 | 20.41 | 16.18 | 25.32 | 1.26 |
| 2005 | 22.43 | 18.73 | 29.88 | 1.20 |
| 2006 | 26.45 | 21.94 | 34.56 | 1.21 |
| 2007 | 32.13 | 27.01 | 40.34 | 1.19 |
| 2008 | 37.98 | 31.92 | 47.52 | 1.19 |
| 2009 | 51.18 | 34.85 | 61.02 | 1.47 |

---

[1] 《中国影子银行报告2020》。

续　表

| 年份 | 社会融资规模存量 | GDP:现价 | M2 | 社融存量/GDP |
|---|---|---|---|---|
| 2010 | 64.99 | 41.21 | 72.59 | 1.58 |
| 2011 | 76.75 | 48.79 | 85.16 | 1.57 |
| 2012 | 91.42 | 53.86 | 97.41 | 1.70 |
| 2013 | 107.46 | 59.30 | 110.65 | 1.81 |
| 2014 | 122.86 | 64.36 | 122.84 | 1.91 |
| 2015 | 138.14 | 68.89 | 139.23 | 2.01 |
| 2016 | 155.99 | 74.64 | 155.01 | 2.09 |
| 2017 | 205.91 | 83.20 | 169.02 | 2.47 |
| 2018 | 227.04 | 91.93 | 182.67 | 2.47 |
| 2019 | 251.31 | 98.65 | 198.65 | 2.55 |
| 2020 | 284.83 | 101.36 | 218.68 | 2.81 |
| 2021 | 314.13 | 114.92 | 238.29 | 2.73 |
| 2022 | 344.21 | 120.47 | 266.43 | 2.86 |
| 2023 | 378.09 | 126.06 | 292.27 | 3.00 |

数据来源：Wind 数据库。

从历史上看，社会融资规模（存量）与 M2 增速走势基本一致，两者相关系数达到0.88。个别月份两者的增速甚至完全一致。例如，2016 年一季度末，社会融资规模存量增速和 M2 增速都是 13.4%。社会融资规模与 M2 之所以在绝对值和增速上相当接近，是因为两者分别反映了金融机构资产负债表的资产方和负债方，两者相互补充、相互印证，是一个硬币的两个面。社会融资规模是从金融机构资产方和金融市场发行方统计的，是从全社会资金供给的角度反映金融对实体经济的支持。也就是说，社会融资规模是金融体系的资产，是实体经济的负债，其内容涵盖了金融性公司资产负债表中资产方的多数项目。货币供应量 M2 正好相反，是从金融机构负债方统计的，是金融机构的负债，是金融体系可以为实体经济提供的流动性和购买力资金供给量。因此，从资产负债角度看，社会融资规模和 M2 能够相互补充、相互印证。

作为一个硬币的两个面，尽管社会融资规模与 M2 走势接近，但仍存在差异，这主要是由于两者统计的角度、范围和来源的渠道不一致造成的。如图 9-3 所示。一是两者统计的角度不同。社会融资规模统计和反映的是整个金融体系的资产方(对应的是实体经济的负债方),M2统计的是金融机构的负债方(对应的是实体经济的资产方);社会融资规模衡量的是货币如何被创造出来,M2衡量的是经济总共创造了多少货币。二是两者统计的范围不同。社会融资规模统计涉及存款类和非存款类金融机构在内的整个金融体系向实体经济提供的资金支持,M2则仅针对中央银行发行的现金和存款类金融机构提供的存款;社会融资规模统计的是实体经济部门获得的融资,金融体系内部的资金融通不包含在内,M2则既包括实体经济部门在银行的存款,也涵盖非银金融机构在银行的存款。

社融
1.企业债券融资
  (非银行持有部分)
2.非金融企业境内股票融资
3.未贴现银行承兑汇票
4.信托贷款
5.存款类金融机构资产支持证券
6.贷款核销

1.银行发放人民币贷款
2.企业债券融资(银行持有部分)
3.银行投放非银(投向实体经济部分)

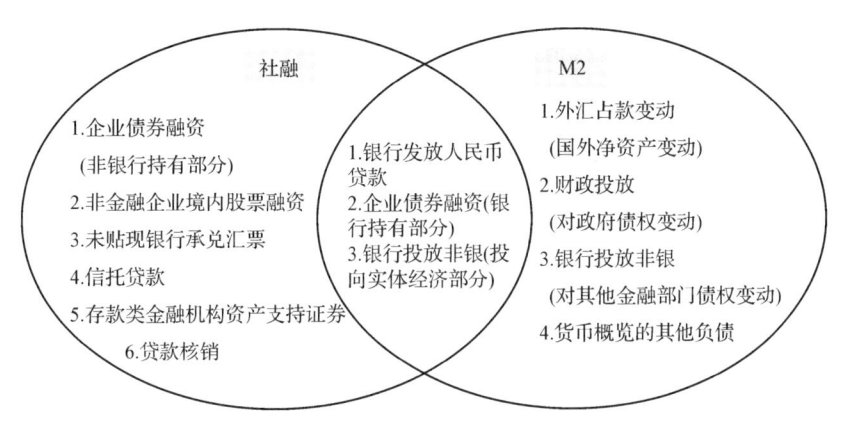

M2
1.外汇占款变动
  (国外净资产变动)
2.财政投放
  (对政府债权变动)
3.银行投放非银
  (对其他金融部门债权变动)
4.货币概览的其他负债

**图9-3 中国社融与M2的统计口径**

理论上,社会融资规模与M2仅部分内容有对应关系,互有不对应项目,因而二者并不存在数量上的对等关系。M2来源结构中对非金融部门债权体现在社会融资规模中就是其中的各贷款项目和企业债券中由银行持有的部分。但两者并不完全相等,主要是货币概览的机构范围不包括信托公司等非银行金融机构,因而M2来源结构中对非金融部门债权不包括信托贷款,即社会融资规模和M2统计口径在信贷和银行持有企业债券上存在重叠,但信贷部分不完全对等。

三是两者创造的渠道有差异。外汇占款、财政投放、银行投放非银(未投向实体经济部分,分别反映在货币概览中资产方的国外净资产、对政府债权、对其他金融部门债权等项目的变化上)能够派生M2,但不能增加社会融资规模;股票、债券等直接融资,以及发放未贴现的银行承兑汇票和信托贷款等,都能增加社会融资规模,但不能派生M2;银行发放人民币贷款、购买企业债等,以及银行投放非银(投向实体经济部分),既能派生M2,又能增加社会融资规模。

【课堂思考题】

为何中国的社会融资规模存量和 M2 之间在 2017 年之后出现 80 多万亿元的差额?

## 4 中国债券市场现状

### 4.1 中国债券市场规模

#### 4.1.1 规模巨大,增长稳定,集中于利率债

2023 年中国债券市场总规模超过 150 万亿元,约是 A 股市场(约 80 万亿元)的两倍,约是 2023 年我国 GDP(126 万亿元)的 1.25 倍。债市存量规模仅次于美国,位居全球第二(见图 9-4)。中国债券市场近 10 年发展迅猛,从不到 40 万亿元的存量规模,攀升至今天的超 150 万亿元。

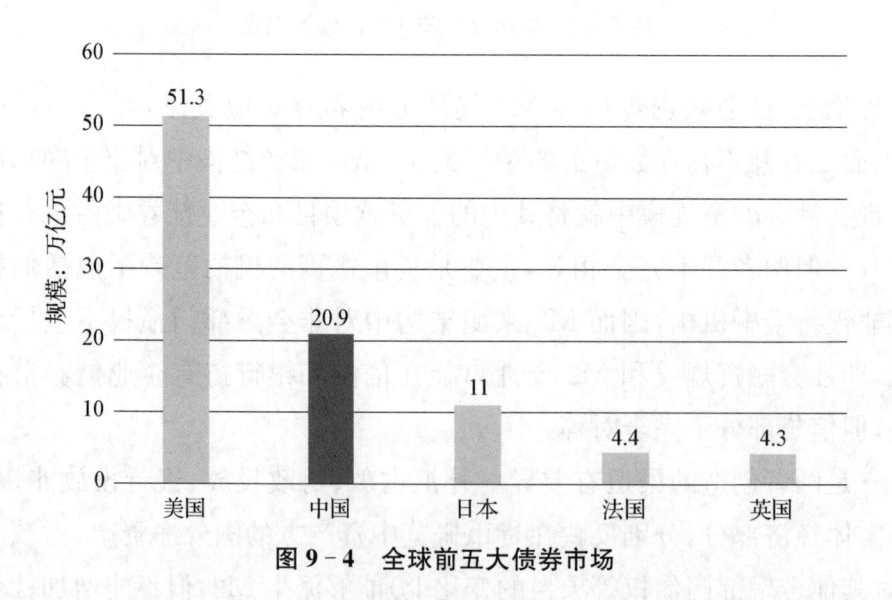

图 9-4 全球前五大债券市场

（美国 51.3，中国 20.9，日本 11，法国 4.4，英国 4.3；规模：万亿元）

从增长结构看,近二十年主要增长的债种为国债和地方政府债这两种利率债。国债规模从 2000 年的 4 619.50 亿元增长至 2023 年的 11.1 万亿元,地方政府债从 2009 年的 2 000 亿元增长至 2023 年的 9.3 万亿元,而企业

债、中期票据等信用债规模始终在 40 000 亿元以下,增长幅度有限。以 2023 年为例,国债、地方政府债、政策性银行债、商业银行债券是 2023 年发行量最大的四类券种,占比分别为 41%、35%、19% 和 3%,合计达 97%,其他券种发行占比较小,发行增速也均有不同程度下降,企业债券仅发行 0.20 万亿元。① 由于我国民营企业普遍面临缺少抵押担保和贷款融资困难的问题,企业债券融资规模的进一步收缩使得民营企业融资渠道更为紧张。

### 4.1.2 总体规模相对间接融资较小

从年末全部债券余额占全年 GDP 的比重来看,我国从 2000 年的 26.4% 升至 2020 年的 112.8%,呈现快速上升的特征,但是在全社会的融资总规模中比重仍然偏低,商业银行贷款的间接融资依然占据较高比例。中国人民银行数据显示,2022 年年末社会融资规模存量为 344.21 万亿元,对实体经济发放的人民币贷款余额为 191.54 万亿元,占比为 61%;公司信用类债券余额为 29.93 万亿元,占比为 9.5%;政府债券余额为 53.06 万亿元,占比为 16.9%。初步统计,2024 年 3 月末对实体经济发放的人民币贷款余额占同期社会融资规模存量的 62.7%,企业债券余额占比 8.2%,政府债券余额占比 18.2%,非金融企业境内股票余额占比 2.9%。企业债加政府债累计依然不到贷款的一半比例。

自"二战"结束至 20 世纪 80 年代末,在美国非金融企业债务融资中,债券融资和信贷融资规模几乎相当。自 1990 年起,债券融资开始超过信贷融资,成为美国非金融企业最重要的债务融资渠道。截至 2021 年 4 月,美国非金融企业债务融资中,债券融资规模占比已高达 65.2%。不过在全球其他主要经济体,如欧盟、日本等,其非金融企业债务融资同样以信贷融资为主,债券融资占比不及 30%。

## 4.2 从中国债券市场结构变化看地方政府债务问题

按照 Wind 数据库中的数据统计,截至 2024 年 7 月 28 日,中国债市总存量规模在 165.18 万亿元,其中利率债存量 99.57 万亿元;信用债存量 47.97 万亿元;利率债目前占比 60.28%,它包括国债、地方政府债、央行票

---

① 引自 2023 年债券业务统计分析报告。

据、政策银行债等四类,这四类中地方政府债和国债存量余额相对较多,分别为42.5万亿元和31.8万亿元,占比25.73%和19.28%(见表9-12)。

表9-12 中国利率债基本情况(截至2024年7月28日) 单位:亿元

| 类 别 | | 只数 | 余额 | 余额比重(%) |
| --- | --- | --- | --- | --- |
| 利率债 | 国债 | 273 | 318 409.75 | 19.28 |
| | 地方政府债 | 11 014 | 425 021.25 | 25.73 |
| | 央行票据 | 3 | 150.00 | 0.01 |
| | 政策银行债 | 317 | 252 072.30 | 15.26 |
| | 利率债合计 | 11 607 | 995 653.30 | 60.28 |

数据来源:Wind数据库。

地方政府债务从2015年的4.8万亿元增加到42.5万亿元,城投债余额从2015年的3.24万亿元增加到11.4万亿元。

中国政府一直非常关注地方政府的债务风险问题,一直强调要加快建立同高质量发展相适应的政府债务管理机制,在高质量发展中逐步化解地方债务风险。经过近几年的努力,地方隐性债务规模逐步下降,债务风险基本得到整体缓解。总体来看,地方债务风险可控。同时,从全国看,地方债务分布不均匀,有的地方隐性债务规模仍然偏高,面临较大还本付息压力,风险依然不容忽视。中央经济工作会议强调,"要统筹化解房地产、地方债务、中小金融机构等风险""统筹好地方债务风险化解和稳定发展"。中央金融工作会议也要求,"建立防范化解地方债务风险长效机制,建立同高质量发展相适应的政府债务管理机制"。一系列重要部署,凸显防范化解地方债务风险工作的紧迫性和重要性。

化解地方债务风险一个主要的任务就是将以往的隐性债务显性化。一方面通过发行置换债券将非地方政府债券形式的债务进行置换,另一方面通过发行新增债券尤其是新增专项债满足地方政府的建设资金需求。截至2022年年末,地方政府显性债务余额约35.1万亿元。这一数额相比2014年年末增长了127%,增长相对较快。其中一般债务余额为14.4万亿元,占显性债务的四成;专项债务余额20.7万亿元,占显性债务的六成。隐性债务指地方政府在法定政府债务限额之外直接或者承诺以财政资金偿还以及违法提供担保等方式举借的债务,主要包括以下两类:一是地方国有企事业单位等替政府举借，由政府提供担保或财政资金支持偿还的债务。二是地方政府在设立政府投资基金、PPP、政府购买服务等过程中，通过约定回购投资本金、承诺保底收益等形成的政府中长期支出事项债务。人民银行发布的《金融稳定报告2018》披露，截至2017年年末某省隐性债务余额较显性债务高出80%。一些研究机构测算，2018年年末隐性债务规模可能在30万亿～50万亿元。如果隐性债务的规模为40万亿元之间，那么当时隐性债务规模为显性债务的120%。财政部数据显示，2014—2019年显性债务增长5.9万亿元，年均增速6.9%，但2020年以来，积极的财政政策更加积极，三年获批的新增地方债额度高达14万亿元，是此前5年的1.6倍，是同期国债额度的1.7倍。在14万亿元新增额度中，专项债额度达到11.55万亿元，占比高达82.5%。这其中有应对疫情冲击的必要举措。三年疫情冲击之下，企业部门新增投资意愿不足，居民部门资产负债表衰退，在此背景下，只有政府部门加杠杆才能稳定总需求、稳定宏观经济大盘，进而为稳定就业、稳定社会预期等创造条件。

中国地方债务风险，除了结合地方财政实力之外，还要结合项目建成后的资产和收入情况进行分析。与一些国家的政府债务主要用于消费性支出、缺乏自偿性的特点不同，中国地方债主要用于项目建设，对应着资产和收入。用于土地收储债务形成大量土地储备资产；用于城市轨道交通、水热电气等市政建设和高速公路、铁路、机场等交通运输设施建设的债务，不仅形成了相应资产，而且大多有较好的经营性收入；用于公租房、廉租房、经济适用房等保障性住房的债务，也有相应的资产、租金和售房收入。

在深入实施地方政府债务风险化解过程中，要确保债务高风险省份和市县既真正压降债务，又能稳定发展。地方政府需要限制债务新增，同时稳妥化解债务，而经济发展是降低债务风险的最好方式。化债并不是使用当地的财政及金融资源清还所有的地方债务，而是一边发展，一边把债务降低到中低风险。各级地方政府的城投平台，可以通过展期、借新还旧、置换等方式，将还本付息压力切实降下来，同时推动城投平台转型。地方仍可以在新基建领域新增一些项目，因地制宜发展新质生产力。

## 4.3 从国债收益率曲线预判宏观经济未来

国债收益率曲线通常被视为宏观经济的"晴雨表"，它反映了市场对未来经济状况的预期和当前货币政策立场。首先,国债收益率曲线综合了众多市场参与者对未来经济增长、通胀和货币政策的预期。在经济扩张期,短期利率可能保持稳定,而长期利率随着市场对经济增长的乐观预期而上升,导致曲线变陡。相反,在经济衰退期,中央银行可能会降低短期利率以刺激经济,导致曲线变平。较为陡峭的收益率曲线,也就是长期收益率和短期收益率的利差加大,通常表明市场预期未来经济增长将加快,而平坦或倒挂的曲线可能预示着经济增长放缓或衰退的风险,长期国债通常被视为风险较低的投资,其收益率反映了投资者对持有长期债券所要求的风险溢价。当市场认为未来经济不确定性增加时,长期国债的需求可能上升,从而推高其价格和降低其收益率。其次,国债收益率曲线可以作为中央银行货币政策立场的指示器。中央银行通常通过调整短期利率来影响总需求,这些调整会传导到短期国债收益率上,进而影响整个收益率曲线的形状。美联储还尝试直接进行长期国债的扭曲操作(Operation Twist),出售其持有的短期美国国债,导致短期利率上升,同时购买长期美国国债,推高长期债券的价格,目的是通过降低长期利率,减少长期借贷成本,鼓励企业和个人进行中长期的投资和消费,从而刺激经济增长。与传统的量化宽松(QE)相比,扭曲操作不会增加美联储的资产负债表规模,因此对通胀的影响较小。美联储在1961年首次采用扭曲操作,并在2011年再次实施了类似的政策。

国债收益率曲线通过综合市场对经济前景、通胀预期、货币政策预期以及风险偏好的信息,为宏观经济分析和预测提供了一个重要的视角。在正常的市场条件下,利率的期限结构呈正向倾斜,即长期利率高于短期利率。这种期限结构反映了市场对未来利率的预期,以及投资者对不同期限债券的不同需求。在利率期限结构曲线图中,通常都是长期国债利率高于短期国债利率,主要来自以下几个因素:

(1) 预期通胀:投资者通常预期未来通胀会上升,因此要求长期债券提供更高的回报来补偿购买力的损失。

(2) 风险溢价:长期债券的持有期更长,因此面临的不确定性更大,包括利率变动风险、经济周期风险等。投资者要求更高的利率作为承担这些额外风险的补偿。

(3) 机会成本:长期债券的利息支付间隔较长,投资者需要将这些利息再投资,而再投资的利率是不确定的。如果未来利率下降,再投资的收益可能会降低。

（4）流动性溢价：长期债券的流动性通常低于短期债券，因为它们需要更长时间才能到期，因此在市场上的交易频率较低。投资者要求更高的利率以补偿较低的流动性。

（5）市场供求关系：市场对长期和短期国债的需求不同，这会影响它们的利率。如果市场对长期债券的需求增加，其价格会上升，利率会下降；反之亦然。这些因素共同作用，形成了长期国债利率通常高于短期国债利率的现象，这在金融市场中被称为正常的收益率曲线。然而，在某些特殊情况下，如经济衰退或市场预期中央银行将降低短期利率时，收益率曲线可能会出现倒挂，即短期利率高于长期利率。

研究收益率曲线的形态，为预测经济周期的波动提供了参考。根据洪崇理等（2006）统计，从1964年至2002年，美国有7个时间段出现收益率曲线倒挂，其中有6次随后出现了经济衰退。进一步分析可知：收益率曲线的斜率（最长年期债券年利率与短期债券年利率的差）与下一期GDP的增长率为正相关关系。如果收益率曲线出现倒挂，也就是斜率为负，则下一期GDP增长率可能会下滑。就中国而言，郭涛和宋德勇（2008）研究发现，中国的利率期限结构可作为央行预测市场短期利率的工具，未来短期利率的变化信息对央行进行公开市场操作、监测货币市场运行情况具有一定的参考价值；同时，利率期限结构曲线的变化反映了央行的货币政策状态和市场参与者的预期，央行可以根据利率曲线结构的变化特征和长、短期利率差来观察货币政策措施的实施效果，判断人们的预期。

收益率曲线倒挂往往发生在加息过程中，短期利率提升较快将增加经济下行压力。长期国债收益率相对较低意味着对未来经济增长的预期相对较弱。此外，国债收益率曲线倒挂会对金融稳定和银行放贷产生一定影响。银行利润的重要来源之一是长期资产和短期负债之间的息差，即银行以支付较低利息吸收短期存款，同时以收取较高的利息发放长期贷款。国债收益率曲线走平和倒挂会影响中小银行利润水平，抑制银行放贷和经济活动，增加经济衰退概率。

以美国10年期国债收益率与2年期国债收益率的差为例，如果是负值，代表是倒挂，按照图9-5所示，从1975年以来，每次倒挂之后，美国的失业率都会在几个月后出现攀升，反映出经济周期性的衰退。这一轮倒挂从2022年7月就开始了,已经持续了近两年时间,美国失业率并没有出现大幅攀升,很有可能和2020年以来疫情的冲击和结束后的劳动力紧缺有关。从中国的国债收益率近几年的情况来看,总体逐步下行,但还没有出现明显的倒挂现象(见图9-6)。

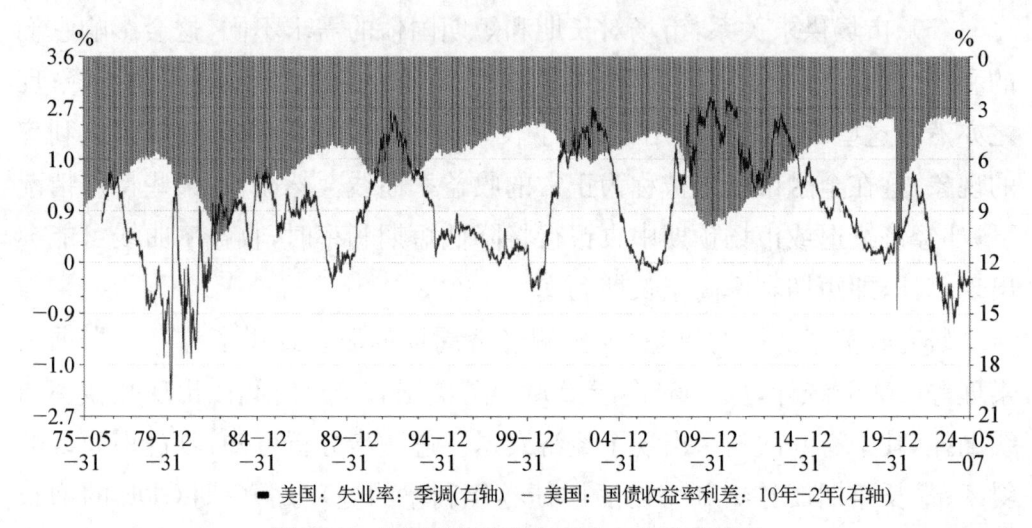

图9-5 美国国债收益率利差与失业率情况

图9-6 中国近几年国债收益率情况

# 第10讲 中国的创新与资本市场

## 1 资本、股权和未来的收入

股票初期也是从债务信用衍生而来,18世纪英法两国持续不断的战争给两国都带来了巨额债务。他们不约而同地把目光投向了美洲新大陆,期望通过开发新大陆,解决债务问题。英国成立了以贩卖黑奴为主要业务的南海公司,把政府的战争债券转为容易兑换、低利息的南海公司长期证券(股票),为了鼓励人们认购南海公司股票,不断对南海公司进行包装和吹嘘。法国有个金融天才约翰·劳,在他的推动下成立了开发美洲的密西西比公司,与南海公司类似,通过公开募股将国债转换为公司股份,密西西比公司拥有开发美洲的垄断期限25年。约翰·劳进一步成立了皇家银行,发行纸币,不但可以用来缴税,还可以用来购买密西西比公司股票。叠加一个迷人的致富故事,遥不可及的密西西比,有大量肥沃的土地可供种植,公司的利润将会变成整船的黄金白银不断从美洲运回,1年时间密西西比公司股票从500利弗尔疯涨到20 000利弗尔。南海公司也用殖民地的金银矿藏和迅速致富的美梦来引诱投资者,允许分期付款,可以用股票抵押融资购买股票。从起点到高点,密西西比公司上涨了接近20倍。先是密西西比公司泡沫破灭,后是南海公司股票暴跌,牛顿在南海公司股票投资中亏损了2万英镑,他感叹:"我能计算天体运行,但无法计算人类的疯狂。"

历史上,债券先于普通股而被大众投资者所接受。19世纪,公司面向大众融资时,往往面临经济不确定、信息不对称等问题。股票常常被认为是一种高风险的投机工具,大众更愿意认购有固定回报的债券,且要求发行人提供担保,如在铁路资产上设定抵押权等。1849年,纽约及伊利铁路公司发行第二期债券,抵押物不仅包括公司现有的全部财产,还包括未来财产,比如日后取得的租金、收入与利润等。19世纪20年代,可转换债券出现。1826年设立的莫霍克-哈德逊铁路发行不超过25万美元的抵押债券,持有人可以在两年内按面值转成股份。在19世纪上半叶的英国和19世纪下半叶的美国,大量高杠杆的铁路公司因竞争压力而陷入破产境地。铁路公司破产重整的过程也是债务工具创新的过程,浮动利率债券、可赎回债券、可参与债券、永久债券等相继面世。无担保债券、零息债券、附认股权的债券也被创设出来。1849年,英国铁路公司资本结构中股本的66%是优先股。优先股是一种混合证券,兼有债券与股票的某些特征,如保证支付固定比率的股息,还可以分享剩下的红利,但通常意味着放弃投票权。美国的很多铁路公司设立时,也喜欢利用优先股来募集资金,目的是保持原有股东对公司的控制权。

如果说铁路的兴起和股票、债券都有关系,那么从19世纪80年代开始兴起的电力、石油、化学、汽车和家用电器等,和股权的极力追捧更有关系了。1880年年底,摩根公司提供100万美元的股本,帮助组建了爱迪生电力照明公司。1892年,在约翰·皮尔庞特·摩根(John Pierpont Morgan)的推动下,爱迪生通用电气公司、汤姆逊-豪斯登国际电气公司等三家公司合并组建了通用电气(GE)公司。2001年,通用电气历史市值最高峰突破过6 000亿美元,成为当时历史上与微软及苹果仅有的三家突破6 000亿美元的公司。1896年,美国的道琼斯工业指数开始编制,最先一批的12家公司,主要是那个时代美国工业领域的代表性企业,具体包含美国棉油公司、美国糖业公司、美国烟草公司、芝加哥燃气公司、蒸馏与酿造公司、通用电气、拉克列德煤气公司、国家铅公司、纽约中央铁路、诺斯美国公司、田纳西煤铁铁路公司、美国橡胶公司等。20世纪20年代,美国迎来一次科技驱动的快速增长,1921年到1929年,电视、电风扇、电冰箱、收音机等为代表的家电产业产值增长了40倍。福特汽车的流水线作业可以将T型车的价格降到300美元一辆,1929年时美国已经有一半家庭拥有汽车,使得炼油产量从不到1亿桶增加到了4.39亿桶,美国股票的收益率更是不断创出新高。乐观的预期和过度的炒作及杠杆推动,带来一场股市的大崩溃。

这些公司构成了道琼斯工业平均指数的基础,该指数于1896年5月26日正式发布普通股的流行与19世纪末美国的第一次并购浪潮有很大联系,通过并购产生了很多大型工业公司,大量普通股提供给资本市场,也培育了第一代公众投资者。越来越多的普通股持有人将自身定位为证券持有人,目的是获得投资收益,而不是参与公司决策经营。

近一百年来,股票和资本市场的发展,越来越多地和科技创新联系在一起,截至2024年5月,美国市值在2 000亿美元之上的公司基本是科技股,尤其是近20年来信息科技革命和人工智能,新能源的发展,让超过1万亿美元市值的巨无霸公司纷纷出现。同时,他们也以不断增长的利润,极高的净利润率和净资产回报率(ROE)来回报资本市场的股权投资人们。以2023财年的年报为准,目前市值最高的微软公司,市值已经超过3万亿美元,而净利润依然可以高达34%;接近3万亿美元市值的苹果公司,一年净利润可将近1 000亿美元(见表10-1)。

表10-1 美国大市值公司情况(2024年)　　　单位:亿美元

| 证券简称 | 总市值 | 净利润 | 市盈率,倍 | 净利润率% | ROE,% |
|---|---|---|---|---|---|
| 微软(MICROSOFT) | 30 423.40 | 723.61 | 42.04 | 34.15 | 35.09 |
| 苹果(APPLE) | 27 969.37 | 969.95 | 28.84 | 25.31 | 156.08 |
| 英伟达(NVIDIA) | 22 638.50 | 43.68 | 518.28 | 16.19 | 19.76 |
| 谷歌(ALPHABET)-C | 21 376.87 | 737.95 | 28.97 | 24.01 | 26.04 |
| 亚马逊(AMAZON) | 19 643.55 | 304.25 | 64.56 | 5.29 | 15.07 |
| 脸书(META PLATFORMS) | 11 877.07 | 390.98 | 30.38 | 28.98 | 25.53 |
| 博通(BROADCOM) | 6 038.89 | 140.82 | 42.88 | 39.31 | 58.70 |
| 特斯拉(TESLA) | 5 670.71 | 149.97 | 37.81 | 15.47 | 23.94 |
| 阿斯麦 | 3 583.74 | 78.39 | 41.20 | 28.44 | 58.27 |
| 开市客(COSTCO) | 3 420.79 | 62.92 | 54.37 | 2.60 | 25.11 |
| 奈飞(NETFLIX) | 2 611.26 | 54.08 | 48.29 | 16.04 | 26.27 |
| 百事(PEPSICO) | 2 447.39 | 90.74 | 26.97 | 10.01 | 49.04 |
| 阿斯利康(ASTRA ZENECA) | 2 366.28 | 59.55 | 39.74 | 13.01 | 15.21 |
| 奥多比(ADOBE) | 2 205.37 | 54.28 | 40.63 | 27.97 | 32.86 |
| LINDE | 2 067.08 | 61.99 | 33.35 | 19.30 | 15.61 |
| 高通(QUALCOMM) | 2 010.47 | 72.32 | 27.80 | 20.19 | 33.51 |

数据来源:Wind数据库。

技术创新伴随着极高的不确定性和风险,它需要大量的前期投入,而且结果往往不可预测。在技术创新的过程中,可能会面临市场接受度低、技术更新换代快、研发成本高等诸多挑战。然而，一旦技术创新成功，它所带来的收益是巨大的，甚至可以颠覆整个行业，带来所谓的"创造性毁灭"。成功的创新不仅能够为企业带来丰厚的利润，还能推动整个社会的进步和发展。由于这种高风险和高回报的特点，也很适合股权资本的偏好。股权资本相比债务资本，对风险的容忍度更高，投资者通常愿意为可能的高回报承担更高的风险。此外，股权融资不需要定期支付利息，对于需要长期投入且短期现金流紧张的创新型企业来说，是一种更为合适的融资方式。美国的股权资本市场在过去200年中经历了多次变迁，这些变迁不仅反映了美国经济的发展，也极大地促进了技术创新。美国资本市场的发展，特别是纳斯达克的兴起，为许多科技型企业提供了资金支持和交易平台。纳斯达克以其更为灵活的上市规则和对成长型企业的偏好，吸引了大量的科技公司上市，从而成为科技创新的重要融资渠道。

资本市场的功能之一，是将未来可能的收入进行累计并折现，转化为今天就能使用的财富，从而大大激励大家对可能带来未来收入的项目进行投入。资本市场量化了未来收入预期，使得财富增长速度大大加快，背后的激励作用是巨大的。以成立于1998年的腾讯公司为例，2011年该公司营业收入280亿元，利润接近120亿元。按照1万名员工计算，腾讯人均创收280万元，人均利润120万元。从2004年到2011年，腾讯的利润分别为4.4亿元、4.8亿元、10.6亿元、15.6亿元、27.8亿元、52.2亿元、81亿元和120亿元，腾讯公司创始人马化腾持有股份仅剩下14%，如果腾讯没有上市，马化腾的个人财富大约等于过去这些年腾讯的利润总和乘以14%，也就是43.8亿元。而有了资本市场之后，更多的人对腾讯未来看好，给了它4 000多亿元的市值，而马化腾的股权市值也就自然升值到近600亿港币，目前已经高达2 000多亿元。

中国的资本市场虽然起步较晚，但也在不断的完善和发展中。近年来，中国政府高度重视科技创新，不断推动资本市场改革，如设立科创板、改革创业板等，旨在为创新型企业提供更加便利的融资环境。这些举措有助于促进中国企业的技术创新，推动产业结构升级和调整，加快中国经济向高质量发展转型。资本市场匹配不同投资者风险偏好，良好的资本市场环境为资金方提供公开透明的信息披露、市场化定价，为不同风险偏好的投资者提供各种风险收益组合。一是高效的资源配置能力。当前我国社会经济由增量市场逐步转向存量市场，支柱产业由资本、劳动密集型产业向技术密集型转变，高效的资本市场能引导资金向实体经济中的核心技术环节、关键领域集中,有效支持新经济的发展。二是强大的风险定价能力。高新技术产业呈现高风险、轻资产的特征,而银行信贷要求资产担保,且债权资金不能分享企业成长红利,无法为新经济提供支持;资本市场可通过合理定价、分散投资引导资金注入有真正竞争优势的创新创业企业,并为风险资本提供退出渠道,畅通资本与科技的投资循环。三是有效的市场约束能力。规范、透明的资本市场不仅可实现投资与孵化并举,输血与造血共行,还能促进上市公司治理水平,及时向管理层反馈市场信号,实现优胜劣汰。高质量的中国资本市场,在资金端是养老金、企业年金,具有"耐心"的创投,私募资本他们提供长期稳定的资本;大量科创企业通过科技创新,形成市场竞争力,带来持续增长的利润,提供优质的投资标的。资金资产在高质量,高层次的资本市场交易(见图 10-1)。

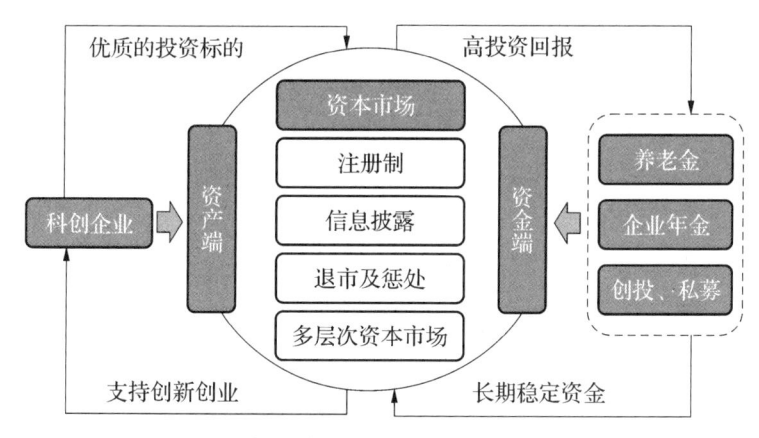

图 10-1 中国资本市场资产、资金对应分布图

## 2 中国股权投资基金及多层次资本市场

### 2.1 中国股权投资基金基本状况[①]

截至 2022 年年末,我国资产管理业构成:公募基金 26.03 万亿元,证券

---

① 中国证券投资基金业协会编:《中国证券投资基金业年报》,中国财政经济出版社,2023 年版。

期货经营机构私募资产管理业务14.31万亿元,基金管理公司管理境内全国社保和企业年金等养老金规模4.27万亿元,企业资产支持证券(ABS)1.95万亿元,私募投资基金20.28万亿元,银行理财产品规模27.65万亿元,信托公司资金信托计划15.03万亿元,保险资管产品6.49万亿元,全部资管规模合计约116万亿元。其中,以股权形式进行创业和科技创新金融支持的主要集中在私募投资基金中的私募股权投资基金和创业投资基金两个部分。

首先看创业投资基金。创业投资基金专注于早期阶段的企业,尤其是初创企业,这些企业往往拥有强烈的创新性和技术优势。创业投资基金通过提供种子资金、天使投资等,帮助初创企业度过最艰难的研发和市场开拓阶段。截至2022年年末,已备案创业投资基金19 353只,已备案创业投资基金规模为2.90万亿元,平均每只基金的规模约为1.50亿元。2022年当年备案的创业投资基金规模普遍较小,单只基金规模主要集中于1 000万元至2 000万元(不含)和2 000万元至5 000万元(不含),数量占比分别为17.71%和20.02%;单只基金规模在5 000万元以下的基金数量占比合计达71.54%。截至2022年年末,创业投资基金所投案例中属于中小企业的案例数量占比最大,达72.19%,在投金额占比为50.79%;属于高新技术在投金额占比最大,达50.80%,企业案例数量为47.55%;属于初创科技型企业的案例数量和在投金额占比分别为27.61%和17.65%。截至2022年年末,28.89%的创业投资基金由机构投资者出资,此类基金规模占比达到56%,他们出资的基金平均规模为2.9亿元,高于整体备案的创业基金平均规模。从这些创业投资基金的投资区域来看,主要集中在广东、江苏、上海、北京和浙江,在数量上这五个地区占比达到76%,金额上占比72%。从行业分布上来看,主要集中在计算机运用、资本品、生物医药、半导体和医疗器械与服务等五个行业,数量累计占比69%,金额占比63%。从募投管退四个环节最后一个环节退出来看,截至2022年年末,已经退出的案例达到19 658个,主要方式是"协议转让""企业回购""新三板挂牌""被投企业分红"四种形式,它们累计占退出总次数的80%;从退出本金来看,"协议转让""企业回购"和"境内IPO"占退出本金总金额的82%。

再看规模大一些的私募股权投资基金情况。截至2022年年末,已备案私募股权投资基金31 523只,基金规模11.11万亿元。2022年当年,新备案私募股权投资基金3 331只,备案基金规模为2 448.35亿元,占当年新备案各类型私募基金的比例达34.71%。截至2022年年末,私募股权投资基金平均规模约为3.52亿元。从私募股权投资基金规模分布来看,单只基金规模主要集中于2 000万元至5 000万元(不含),占比20.20%。截至2022年年末,私募股权投资基金各类投资者合计出资10.41万亿元,所涉投资者34.23万个。截至2022年年末,私募股权投资基金投资属于中小企业的案例有37 636个,占所有投资案例的56.19%;在投金额1.79万亿元,占比25.57%。私募股权投资基金的投资案例中属于高新技术企业的案例有27 541个,在投金额1.82万亿元,占比分别为41.12%和26.07%。从投资案例数量的行业分布来看,前五大行业为"计算机运用""资本品""医药生物""半导体"和"医疗器械与服务",各行业投资案例数量分别为14 566个、8 217个、5 826个、5 197个和4 597个,占比分别为21.75%、12.27%、8.70%、7.76%和6.86%。截至2022年年末,退出的案例有32 320个,本金3.31万亿元。退出方式主要是协议转让、企业回购、被投企业分红、融资人还款和新三板挂牌。

从以上数据可以发现,目前中国的股权投资市场还处于发展的初期阶段,无论是规模还是投资金额都还有很大的潜力和空间。截至2022年年末,在中国证券投资基金业协会登记的私募股权、创业投资基金管理人14 303家,管理各类私募基金50 987只,管理基金规模一共14万亿元,可以简短计算发现目前中国的基金管理人平均管理的基金规模是10.9亿元左右,而且大部分集中在小规模部分。1亿元以下的占47%,5亿元以下的占75%,行业前5%的管理规模占比可以达到总体规模的65%。这个行业,目前一共有9.27万名持有基金从业资格的人员,整体一个私募股权或创业投资基金管理人平均有9名员工,其中管理规模在5亿元以下的平均8名员工,管理规模在100亿元以上的管理人平均具有22名员工。

中国的私募股权和创业投资基金发展历史相对短暂,但是其依然是中国技术创新和企业融资IPO的重要支持者,按照《清科研究中心》的相关数据,2013—2023年上半年,有VC和PE支持的上市企业不断增加。从2013年的27家,到2022年352家,融资额也从一年638亿元的规模扩大到2023年半年达到1 675亿元的支持(见图10-2)。

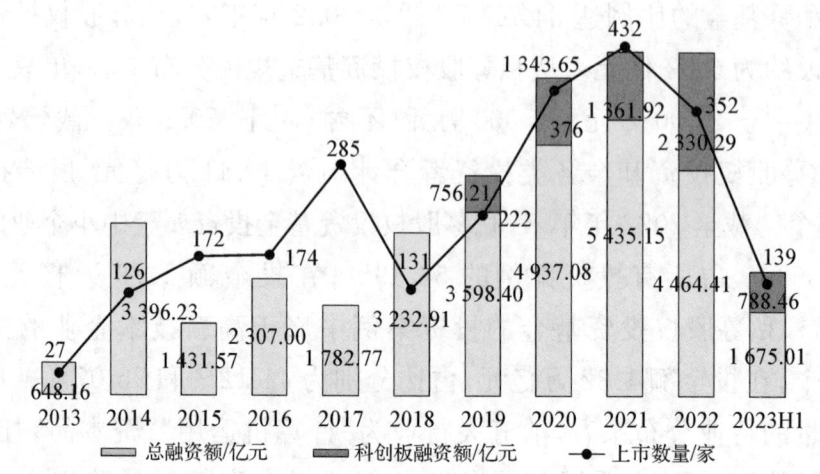

图 10-2　2013—2023 年上半年 H1 VC/PE 支持的中企上市数量及融资额分布

## 2.2　多层次的中国资本市场

中国股权资本市场通过多层次的资本市场和多样化的投资工具,为技术型和创新型企业提供强有力的支持。这种支持不仅促进了企业的技术创新,也有助于整个产业的升级和经济结构的优化。随着中国资本市场的进一步成熟和完善,预计未来对技术创新行业的支持力度将会更大。中国股票市场通过设立科创板和改革创业板,为科技型和创新型企业提供专门的上市平台。这些板块通常对企业的盈利要求较为灵活,更加注重企业的成长性和创新能力。这样的制度设计有助于科技企业通过资本市场获得资金支持,进一步推动技术创新。

从 1990 年分别在上海、深圳开设了上海交易所主板、深圳交易所主板之后,它们现在成为中国大型相对成熟的企业 IPO(Initial Public Offering,首次公开募股)的场所。2024 年 4 月,中国国务院印发《关于加强监管防范风险推动资本市场高质量发展的若干意见》(简称新"国九条"),时隔 10 年再次出台资本市场的指导性文件,其中对有关上市的标准进行了全面的调整,为进一步突出主板大盘蓝筹定位,将主板上市标准进行了调整,分别有三种情况:最近三年累计净利润为正,且最近三年净利润累计不低于 2 亿元,最近一年净利润不低于 1 亿元,最近三年累计经营活动产生的现金流量净额不低于 2 亿元或者累计营业收入不低于 15 亿元;第二种情况,预计市值能够不低于 50 亿元,且最近一年利润为正,最近一年营业收入不低于 6

亿元,最近三年的经营性现金流净额累计不低于2.5亿元;第三种情况,如果经营性现金流还没有达到前面两种情况,预计市值已经有了100亿元,则还需要最近一年营业收入有10亿元以上。

如图10-3所示,2004年,在深圳交易所开设中小板。2009年,为了中小企业、有成长性的创新创业企业,传统产业的创新升级,继续在深圳交易所开设了创业板。2024年的新"国九条"中,也有对在创业板上市的最新标准。情况一,最近两年净利润为正,累计利润不得低于1亿元,且最近一年净利润不得低于6 000万元;情况二,如果最近一年净利润为正,营业收入超过4亿元,需要市值不低于15亿元;如果出现利润为负的情况,则需要适用第三套标准,最近一年营业收入不得低于3亿元,市值不得低于50亿元。

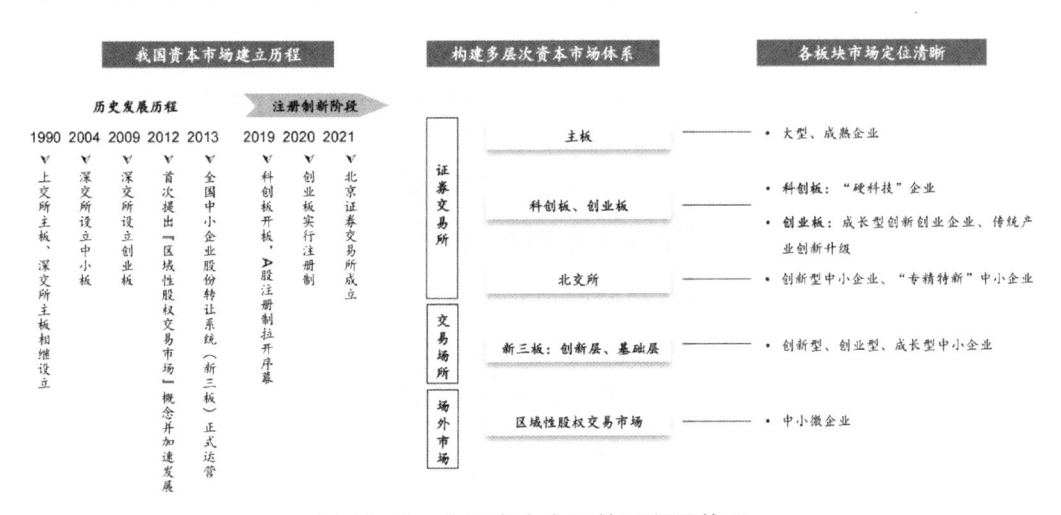

图10-3 中国资本市场的历程及体系

2012年国家提出应该进行"区域性股权交易市场"的发展,2013年在北京正式运营了全国中小企业股份转让系统(新三板),现在新三板分为基础层和创新层两种类型,2021年北京证券交易所有限责任公司成立并在当年11月15日正式开业。北交所是在深化新三板改革的背景下设立的,旨在服务和发展"专精特新"的中小企业,打造服务创新型中小企业的主要阵地。新三板由基础层、创新层、精选层组成,而北交所的成立则是将原先新三板中的精选层变更为一个独立的证券交易所。精选层的公司在北交所上市后,成为正式的上市公司。新三板的基础层和创新层为中小企业提供了成长的平台,而北交所则为符合条件的创新层公司提供了上市的机会,形成了一种层层递进的市场结构。北交所开市后,个人投资者准入门槛为开通交易权限前20个交易日日均证券资产50万元,同时需要具备2年以上证券投资经验。而新三板的基础层和创新层对应的投资者资产要求分别是200万元、100万元。北交所作为一家采用公司制设立的证券交易所,其上市公司具有更高的法律地位和市场功能,而新三板则更多地服务于非上市的公众公司。新三板的精选层公司在满足一定条件后,可以直接申请转板至科创板或创业板上市,北交所的设立进一步明确了这一转板机制。北交所的开市运行,为大量创新型中小企业,"专精特新"的中小企业提供了又一股权升值和更好规范经营的场所。

为了更加支持中国的科创企业面向世界科技前沿、面向经济主战场、面向国家重大需求,更好地让符合国家战略、突破关键核心技术、市场认可度高的科技创新企业得到资本市场的支持,主要重点支持新一代信息技术、高端装备、新材料、新能源、节能环保以及生物医药等高新技术产业和战略性新兴产业。2019年在上海证券交易所,又专门开设了科创板,上市的标准进一步适应科技创新的特征,要求同时符合四个标准:第一,要求最近三年的研发投入占营业收入比例超过5%,或者最近三年研发投入金额累计超过8 000万元;第二,强调研发人员占当年员工的总数比例不得低于10%;第三,在公司主营业务上要有至少七项发明专利;第四,要求最近三年的营收复合增长率达到25%以上,或者最近一年的营业收入金额达到3亿元。

在国家创新驱动发展的战略指引下,中国资本市场改革稳步推进,伴随着创业板注册制实施、科创板顺利落地、新三板改革深化、北交所快速开业等,多层次的中国资本市场已然形成。大量资金在各自的目标需求下,进行不同企业股权的资产配置,也更好地服务了中国科创型企业,创新创业的中小企业的发展得到了更好的金融支持。

## 2.3 IPO与定向增发现状

2023年A股IPO市场共新增313家企业发行上市(同比减少26.87%),实际募资累计达3 565.39亿元(同比下降39.25%)。从板块来看,沪主板发行上市企业家数36家,募资总额达497.65亿元;深主板发行上市企业家数23家,募资总额达258.47亿元;科创板67家,募资总额达1 438.84亿元;创业板发行上市企业家数110家,募资总额达1 223.11亿元(见表

10-2);北交所 77 家,募资总额达 147.33 亿元。**创业板 IPO 发行上市企业数量第一**,占 2023 年发行上市总数的 35.1%。其次是北交所,占比 2023 年发行上市总数的 24.6%。**而科创板 IPO 企业的融资总额依旧是各板块中最高的**,2023 年科创板 IPO 平均募资额为 21.48 亿/家。

港股市场有 70 家新股挂牌,除陆控(06623.HK)、嘉创地产(02421.HK)以介绍形式上市外,其余 68 家公司融资总额约达 469.70 亿港元。相较于 2022 年的 1 045.70 亿港元,减少了 582.75 亿港元,下降幅度达到了 55.72%。

表 10-2 各板块首次公开上市公司数量及融资数额

| 板块 | 上市公司数量 | 融资数额/亿元 |
| --- | --- | --- |
| 上证主板 | 36 | 497.65 |
| 科创板 | 67 | 1 438.84 |
| 深证主板 | 23 | 258.47 |
| 创业板 | 110 | 1 223.11 |
| 港交所 | 70 | 429.39 |

来源:Wind 数据库。

2023 年,沪深主板和创业板依旧是定增的主力军,其中 2023 年沪主板的定增预案宗数为 147,深主板宗数为 126,创业板宗数为 144,科创板的定增预案宗数从 94 家下降至 44 家(见表 10-3)。

表 10-3 各板块定向增发公司数及融资数额

| 板块 | 上市公司数量 | 融资数额/亿元 |
| --- | --- | --- |
| 上证主板 | 147 | 2 923.02 |
| 科创板 | 44 | 622.43 |
| 深证主板 | 126 | 1 746.67 |
| 创业板 | 144 | 1 091.4 |

来源:Wind 数据库。

分行业来看,2019—2023 年中国资本市场融资和发行总额最大的十个行业中(见表 10-4、表 10-5),电子、电力设备、医药生物、基础化工、计算机等 5 个行业均为技术驱动型行业;融资和发行家数最多的十个行业中电子、电力设备、医药生物、基础化工、计算机、环保等5个行业也属于技术驱动行业。以上融资情况体现出中国资本市场对创新的支持力度较大。

表10-4 中国资本市场2019—2023年融资和发行总额(分行业)

| 序号 | 行业 | 融资和发行总额/亿元 |
|---|---|---|
| 1 | 银行 | 8 317.07 |
| 2 | 电子 | 8 186.49 |
| 3 | 电力设备 | 7 364.08 |
| 4 | 医药生物 | 5 384.06 |
| 5 | 基础化工 | 4 306.90 |
| 6 | 非银金融 | 4 222.86 |
| 7 | 机械设备 | 4 028.29 |
| 8 | 交通运输 | 3 487.19 |
| 9 | 公用事业 | 3 027.36 |
| 10 | 计算机 | 2 937.28 |

数据来源:Wind数据库。

表10-5 中国资本市场2019—2023年融资和发行总家数(分行业)

| 序号 | 行业 | 融资和发行总家数(家) |
|---|---|---|
| 1 | 电子 | 520 |
| 2 | 机械设备 | 486 |
| 3 | 电力设备 | 404 |
| 4 | 医药生物 | 393 |
| 5 | 基础化工 | 390 |
| 6 | 计算机 | 307 |
| 7 | 汽车 | 259 |
| 8 | 建筑装饰 | 150 |
| 9 | 有色金属 | 136 |
| 10 | 环保 | 129 |

数据来源:Wind数据库。

# 3 中国的上市企业及二级市场

## 3.1 三地交易所的上市企业情况

**1990 年,最初在沪深交易所交易的股票只有 13 只。30 多年后,中国资本市场的上市公司数量超过 5 300 家。**

截至 2024 年 5 月 15 日,在上海、深圳、北京三地交易所的上市企业共有 5 374 家,全部市值达 78.59 万亿元市值(见表 10-6)。其中上海交易所的主板 1 701 家,市值 43.28 万亿元,科创板 572 家,市值 5.21 万亿元;深圳交易所的主板 1 509 家,市值 19.4 万亿元,创业板 1 344 家,市值 10.36 万亿元;北京交易所共有 248 家上市企业,市值略小,只有 3 400 亿市值。

表 10-6 中国 A 股市场 2014—2024 年市值和上市公司家数

| 截止日期 | 总市值/万亿元 | 市值变动/万亿元 | 上市公司家数/家 | 净利润/万亿元 |
| --- | --- | --- | --- | --- |
| 2024 年 05 月 15 日 | 78.59 | 0.83 | 5 374 | |
| 2023 年 | 77.76 | −1.25 | 5 346 | 5.21 |
| 2022 年 | 79.01 | −12.87 | 5 079 | 5.14 |
| 2021 年 | 91.88 | 12.07 | 4 697 | 4.31 |
| 2020 年 | 79.81 | 20.52 | 4 195 | 3.99 |
| 2019 年 | 59.29 | 15.80 | 3 777 | 3.78 |
| 2018 年 | 43.49 | −13.22 | 3 584 | 3.36 |
| 2017 年 | 56.71 | 5.94 | 3 485 | 3.15 |
| 2016 年 | 50.77 | −2.36 | 3 052 | 2.75 |
| 2015 年 | 53.13 | 15.88 | 2 827 | 2.48 |
| 2014 年 | 37.25 | 13.35 | 2 613 | 2.43 |

来源:Wind 数据库。

在上海交易所主板总市值前十名企业中,有五家商业银行,一家白酒饮料企业,三家是能源公司,它们的市值从第一名的贵州茅台的约 2.1 万亿元市值到第 10 名的中国神华约 7 630 亿元的市值。

表 10-7 上海交易所主板总市值前十名企业

| 序号 | 公司名称 | 总资产/亿元 | 营业总收入/亿元 | 员工人数/人 | 总市值/亿元，CNY 合计 |
|---|---|---|---|---|---|
| 1 | 贵州茅台 | 2 727.00 | 1 505.60 | 33 302 | 21 411.89 |
| 2 | 中国工商银行 | 446 970.79 | 8 430.70 | 419.252 | 18 306.02 |
| 3 | 中国石油 | 25 527.10 | 30 110.12 | 375 803 | 17 351.15 |
| 4 | 中国农业银行 | 398 729.89 | 6 948.28 | 451 003 | 14 952.85 |
| 5 | 中国移动 | 19 573.57 | 10 093.09 | 451.830 | 14 611.66 |
| 6 | 建设银行 | 383 248.26 | 7 697.36 | 376.871 | 13 595.59 |
| 7 | 中国银行 | 324 321.66 | 6 228.89 | 306 931 | 12 366.08 |
| 8 | 招商银行 | 110 284.83 | 3 391.23 | 116 529 | 9 111.45 |
| 9 | 中国海油 | 10 055.98 | 4 166.09 | 21 993 | 8 681.93 |
| 10 | 中国神华 | 6 301.31 | 3 430.74 | 83.439 | 7 630.74 |

资料来源：Wind 数据库。

在上海交易所科创板总市值前十名企业中，有六家属于信息产业的半导体芯片硬件或者软件行业，三家医药及医疗设备行业，一家太阳能光伏新能源设备制造业，它们的市值从约 654 亿元到最多的约 1 729 亿元（见表 10-8）。

表 10-8 上海交易所科创板总市值前十名企业

| 序号 | 公司名称 | 总资产/亿元 | 营业总收入/亿元 | 员工人数/人 | 总市值/亿元 |
|---|---|---|---|---|---|
| 1 | 中芯国际 | 3 384.63 | 452.50 | 20 223 | 1 729.92 |
| 2 | 海光信息 | 229.03 | 60.12 | 1 790 | 1 686.07 |
| 3 | 金山办公 | 139.74 | 45.56 | 4 558 | 1 290.78 |
| 4 | 传音控股 | 461.21 | 622.95 | 17 327 | 1 117.98 |
| 5 | 联影医疗 | 253.36 | 114.11 | 7 440 | 1 088.38 |
| 6 | 中微公司 | 215.26 | 62.64 | 1 722 | 800.70 |
| 7 | 晶科能源 | 1 321.17 | 1 186.82 | 57 375 | 768.40 |

续　表

| 序　号 | 公司名称 | 总资产/亿元 | 营业总收入/亿元 | 员工人数/人 | 总市值/亿元 |
|---|---|---|---|---|---|
| 8 | 百利天恒 | 14.25 | 5.62 | 2 086 | 759.94 |
| 9 | 寒武纪 | 64.18 | 7.09 | 999 | 756.79 |
| 10 | 百济神州 | 411.22 | 174.23 | 10 473 | 654.38 |

资料来源：Wind数据库。

在深圳交易所主板上市的企业中，前十名中消费行业居多，有新能源汽车制造业的比亚迪，有知名家电行业的美的和格力，有白酒行业的五粮液和泸州老窖等，行业比较多元，相对而言市值比上海市场要小。最大的也只有6 170亿元，没有超过万亿人民币市值的企业（见表10-9）。

表10-9　深圳交易所主板总市值前十名企业

| 序　号 | 公司名称 | 总资产/亿元 | 营业总收入/亿元 | 员工人数/人 | 总市值/亿元 |
|---|---|---|---|---|---|
| 1 | 比亚迪 | 6 795.48 | 6 023.15 | 703 504 | 6 170.31 |
| 2 | 五粮液 | 1 654.33 | 832.72 | 25 118 | 5 979.62 |
| 3 | 美的集团 | 4 860.38 | 3 737.10 | 198 613 | 4 836.69 |
| 4 | 海康威视 | 1 388.48 | 893.40 | 58 544 | 3 087.50 |
| 5 | 泸州老窖 | 632.94 | 302.33 | 3 770 | 2 728.77 |
| 6 | 牧原股份 | 1 954.05 | 1 108.61 | 131.276 | 2 559.42 |
| 7 | 格力电器 | 3 680.54 | 2 050.18 | 72 610 | 2 384.34 |
| 8 | 立讯精密 | 1 619.92 | 2 319.05 | 232.585 | 2 279.74 |
| 9 | 平安银行 | 55 871.16 | 1 646.99 | 43 119 | 2 167.64 |
| 10 | 中广核电力 | 4 152.50 | 825.49 | 19 038 | 1 854.17 |

资料来源：Wind数据库。

在深圳交易所创业板上市的企业中，行业也很多元。第一名是全球市场占有率第一的锂电池企业宁德时代，在2023年实现了4 000亿元营业收入，市值也超过了8 700亿元人民币。还有医疗设备企业迈瑞医疗,金融企业东方财富,2 500亿元年营业收入的食品行业金龙鱼,以及中国制造的优秀代表,如汇川技术、阳光电源、中际旭创和华利集团等(见表10-10)。

表10-10 深圳交易所创业板总市值前十名企业

| 序号 | 公司名称 | 总资产/亿元 | 营业总收入/亿元 | 员工人数/人 | 总市值/亿元 |
|---|---|---|---|---|---|
| 1 | 宁德时代 | 7 171.68 | 4 009.17 | 116 055 | 8 783.53 |
| 2 | 迈瑞医疗 | 479.40 | 349.32 | 18 044 | 3 792.03 |
| 3 | 东方财富 | 2 395.78 | 110.81 | 5 992 | 2 023.71 |
| 4 | 金龙鱼 | 2 385.00 | 2 515.24 | 34 510 | 1 705.63 |
| 5 | 汇川技术 | 489.58 | 304.20 | 23 685 | 1 601.65 |
| 6 | 阳光电源 | 828.77 | 722.51 | 13 697 | 1 572.77 |
| 7 | 温氏股份 | 928.95 | 899.21 | 52 858 | 1 400.25 |
| 8 | 中际旭创 | 200.07 | 107.18 | 6 166 | 1 368.82 |
| 9 | 爱尔眼科 | 301.87 | 203.67 | 36 718 | 1 173.51 |
| 10 | 华利集团 | 194.47 | 201.14 | 157 545 | 825.19 |

资料来源:Wind数据库。

科创板市值前五的行业为半导体与半导体生产设备、资本货物、制药、生物科技与生命科学、技术硬件与设备、软件与服务,而创业板市值前五的行业为资本货物、技术硬件与设备、软件与服务、材料、制药、生物科技与生命科学。体现出两个板块侧重点不同,但是均覆盖了创新的前沿领域,体现出当前中国资本市场对创新的支持作用。

根据上市企业2023年年中报,科创板570家企业研发人员占员工人数比的中位数为达25.27%,均值达30.95%,凸显科创板企业的研发驱动性;研发支出占营收比的中位数达12.46%,显示出科创板企业对研发的重视。由以上数据印证了科创板和创业板中创新型企业的主导地位,中国资本市场中创新型公司投资标的与资本在科创板和创业板中相遇,持续稳定的资本在市场中可获取大量有价值的创新投资标的。

当前中国市值前十名的公司和资产规模前十名公司以金融业为主,仅宁德时代具有科创属性,可见当前中国资本市场中创新型企业仍未成为主体,中国资本市场对创新的支持主要仍体现在科创板和创业板。从上市公司整体市值角度看,市值介于10亿元和30亿元之间的企业最多,市值10亿~500亿元的企业占主体地位,而1 000亿元以上市值的企业仅121家(见表10-11)。中国资本市场当前规模仍然有限,投资标的公司质量与未来收益预期相对较弱,科创板与创业板的创新企业方兴未艾。

表10-11 中国上市公司分市值范围企业数量(2023年3月11日)

| 市值范围 | 数量/家 |
| --- | --- |
| 10亿元以下 | 127 |
| 10~30亿元 | 1 492 |
| 30~50亿元 | 1 188 |
| 50~100亿元 | 1 171 |
| 100~500亿元 | 1 124 |
| 500~1 000亿元 | 130 |
| 1 000亿元以上 | 121 |

资料来源:Wind数据库。

## 3.2 二级市场的资金供求状况

中国的公募基金是宏观经济、金融和资本市场的重要组成部分。截至2022年年末,公募基金资产规模为26.03万亿元,相当于当年GDP总量的21.51%,相当于年末社会融资规模存量的7.56%,相当于当年M2总量的9.77%,相当于年末人民币存款余额的9.84%,相当于年末股市流通市值的39.24%,相当于年末债券市场余额的18.01%(见表10-12)。美国投资公司协会(ICI)发布的全球开放式基金(不含FOF)统计数据显示(全球46个国家和地区),2022年年末,我国开放式基金(共同基金)资产规模排在全球第4位,占全球共同基金总规模的比重为5.43%,美国共同基金资产规模占到全球总规模的47.53%。与我国世界第二的经济总量相比,共同基金发展仍处于较低水平,发展潜力巨大。

表 10-12 公募基金在宏观经济金融部门中的规模占比

| 年份 | 项目 | 公募基金 | 宏观经济 GDP | 宏观经济 社会融资规模存量 | 货币金融 M2 | 货币金融 金融机构存款余额 | 资本市场 股市流通市值 | 资本市场 债券余额 |
|---|---|---|---|---|---|---|---|---|
| 2021 | 资产/万亿元 | 25.56 | 114.37 | 314.13 | 238.29 | 232.25 | 75.16 | 133.11 |
| 2021 | 占比/% | 100.00 | 22.35 | 8.14 | 10.73 | 11.01 | 34.01 | 19.20 |
| 2022 | 资产/万亿元 | 26.03 | 121.02 | 344.21 | 266.43 | 264.4 | 66.34 | 144.54 |
| 2022 | 占比/% | 100.00 | 21.51 | 7.56 | 9.77 | 9.84 | 39.24 | 18.01 |

资料来源：中国证券投资基金业协会整理。

自 2018 年《关于规范金融机构资产管理业务的指导意见》（以下简称"资管新规"）发布以来，资产管理业务迈向新发展阶段，证券期货经营机构在资管行业新格局中逐步确立自身定位，在提升直接融资比重、服务投资者理财方面发挥积极作用。截至 2022 年年末，证券期货经营机构私募资产管理业务规模 14.31 万亿元，相当于当年 GDP 总量的 11.82%，相当于年末社会融资规模存量的 4.16%，相当于当年广义货币 M2 的 5.37%，相当于年末人民币存款余额的 5.41%，相当于年末股市流通市值的 21.57%，相当于年末债券市场托管余额的 9.90%（见表 10-13）。

表 10-13 证券期货经营机构私募资产管理业务在宏观经济金融部门中的规模占比

| 年份 | 项目 | 证券期货经营机构私募资产管理业务 | 宏观经济 GDP | 宏观经济 社会融资规模存量 | 货币金融 M2 | 货币金融 金融机构存款余额 | 资本市场 股市流通市值 | 资本市场 债券余额 |
|---|---|---|---|---|---|---|---|---|
| 2021 | 资产/万亿元 | 15.98 | 114.37 | 314.13 | 238.29 | 232.25 | 75.16 | 133.11 |
| 2021 | 占比/% | 100.00 | 13.97 | 5.09 | 6.71 | 6.88 | 21.26 | 12.010 |
| 2022 | 资产/万亿元 | 14.31 | 121.02 | 344.21 | 266.43 | 264.4 | 66.34 | 144.54 |
| 2022 | 占比/% | 100.00 | 11.82 | 4.16 | 5.37 | 5.41 | 21.57 | 9.9 |

资料来源：中国证券投资基金业协会整理。

自 2013 年 6 月《证券投资基金法》将私募基金纳入统一规范，2014 年 2 月中国证券投资基金业协会实施登记备案以来，我国私募基金活力迸发，已经发展为创新资本形成的重要载体。截至 2022 年年末,私募投资基金规模 20.28 万亿元,相当于当年 GDP 总量的 16.76%,相当于年末社会融资规模存量的 5.89%,相当于当年广义货币 M2 的 7.61%,相当于年末人民币存款余额的 7.67%,相当于年末股市流通市值的 30.57%,相当于年末债券市场托管余额的 14.03%(见表 10-14)。

表 10-14 私募投资基金在宏观经济金融部门中的规模占比

| 年份 | 项目 | 私募投资基金 | 宏观经济 ||货币金融 || 资本市场 ||
|---|---|---|---|---|---|---|---|---|
| | | | GDP | 社会融资规模存量 | M2 | 金融机构存款余额 | 股市流通市值 | 债券余额 |
| 2021 | 资产/万亿元 | 20.27 | 114.37 | 314.13 | 238.29 | 232.25 | 75.16 | 133.11 |
| | 占比/% | 100.00 | 17.72 | 6.45 | 8.51 | 8.73 | 26.97 | 15.23 |
| 2022 | 资产/万亿元 | 20.28 | 121.02 | 344.21 | 266.43 | 264.4 | 66.34 | 144.54 |
| | 占比/% | 100.00 | 16.76 | 5.89 | 7.61 | 7.67 | 30.57 | 14.03 |

资料来源:中国证券投资基金业协会整理。

截至 2021 年年末,我国第一支柱基本养老保险参与人数 10.29 亿人,结余规模 6.40 万亿元;第二支柱年金基金中,企业年金参与人数 2 875 万人,总规模 2.64 万亿元。职业年金参与人数约 4 325 万人,总规模 1.79 万亿元。而美国的养老基金规模远超中国,截至 2019 年美国市场机构投资占比高达 62.3%,其中基金和退休金投资占比分别为 28.4%、11.5%,养老金入市显著提升了美国机构投资者在股票市场中的持股占比,为美国股市提供了长期稳定的资金来源,成为资本市场的稳定器。

# 第 11 讲 中国的经济增长与城市竞争

## 1 中国的大国定位与规模效应

### 1.1 大国的经济复兴

"中国经济是一片大海,而不是一个小池塘。"习近平总书记对中国的经济特征定位非常精准,"经历了无数次狂风骤雨,大海依旧在那儿!"

在《国家中长期经济社会发展战略若干重大问题》这篇重要文章中,习近平总书记再次指出"大国经济的优势就是内部可循环",强调"产业链、供应链在关键时刻不能掉链子,这是大国经济必须具备的重要特征"。在二十届中共中央政治局常委同中外记者见面时,习近平总书记强调:"现在,中国经济韧性强、潜力足、回旋余地广,长期向好的基本面不会改变。"

在中国共产党领导下,新中国 70 年来发生了翻天覆地的变化,创造了人类历史上前所未有的发展奇迹。除了人口依然是全球最多的大国之外,经济总量已经跃居世界第二,占全球经济总量的 18% 左右;14 亿人民的收入水平达到小康水平,常住人口城镇化率超过 60%,未来的人均可支配收入和城镇化水平将继续稳步提高,4 亿多中等收入群体带来基础设施、零售、医疗卫生、教育、文化娱乐等多个领域的广泛需求,为全球商品提供重要市场。目前中国已经在汽车、酒类、手机等许多品类中,消费额约占全球消费总额的 30%。未来 15 年,中国进口商品和服务将分别超过 30 万亿美元和 10 万亿美元。到 2040 年,中国和世界其他经济体彼此融合有望创造 22 万亿~37 万亿美元经济价值,相当于全球经济总量的 15%~26%。

中国是世界上唯一拥有联合国产业分类目录中所有工业门类的国家,多项工业品产量居世界第一。对外贸易持续增加,2009 年中国成为全球最大货物出口国、第二大货物进口国,2013年成为全球货物贸易第一大国。2022年中国的出口国际市场份额高达14.7%。

2022年,中国对外直接投资流量1631.2亿美元,连续11年列全球前三,连续7年占全球份额超过一成。2022年年末,中国对外直接投资存量达2.75万亿美元,连续6年排名全球前三。2022年年末,中国境内投资者共在全球190个国家和地区设立境外企业4.7万家。近60%分布在亚洲,北美洲占13%,欧洲占10.2%,拉丁美洲占7.9%,非洲占7.1%,大洋洲占2.6%。中国对外直接投资涵盖了国民经济的18个行业大类,境外企业向投资所在地纳税750亿美元,年末境外企业员工总数超410万人,其中雇用外方员工近250万人。近年来,中国连续保持世界第一大出境旅游客源国地位,2019年中国公民出境旅游近1.55亿人次。开放的中国对全球各国的投资、贸易以及就业都有着举足轻重的大国地位。

中国已经成为世界第二大经济体、制造业第一大国、货物贸易第一大国、商品消费第二大国、外资流入第二大国、外汇储备第一大国。

自1952年至2023年,中国经济实现了飞跃式发展,国内生产总值(GDP)从679亿元飙升至126.06万亿元,增长了惊人的1856倍(见表11-1)。在此期间,财政收入也显示出稳健增长,以1950年的62亿元为起点,到2023年达到了181129亿元,年均增长率达11.9%。工业增加值同样见证了显著的增长,从1952年的120亿元增加到33.91万亿元,增长了2826倍。人均GDP也显著提升,从1952年的119元增至8.94万元,增长了751倍。尽管最终消费率有所下降,从1952年的78.9%降至55.7%,但非金融类外商直接投资和货物贸易额却呈现出强劲增长,分别从1983年的9.2亿美元增长至1633亿美元,增长了177.5倍,以及从1952年的194亿美元增长至5.94万亿美元,增长了306倍。

表11-1 中国经济实力大幅提升

| 类别/数值 | 1952年 | 2023年 | 增长倍数 |
| --- | --- | --- | --- |
| 国内生产总值 | 679亿元 | 126.06万亿元 | 1856倍 |
| 财政收入 | 62亿元(1950年) | 181129亿元 | 年均增长11.9% |
| 工业增加值 | 120亿元 | 33.91万亿元 | 2826倍 |
| 人均GDP | 119元 | 8.94万元 | 751倍 |

续 表

| 类别/数值 | 1952 年 | 2023 年 | 增长倍数 |
|---|---|---|---|
| 最终消费率 | 78.9% | 55.7% | |
| 非金融类外商直接投资 | 9.2 亿美元(1983 年) | 1 633 亿美元 | 比 1983 年增长 177.5 倍 |
| 货物贸易 | 194 亿美元 | 5.94 万亿美元 | 306 倍 |

表 11-2 人民生活水平大幅提升①

| 指标/年度 | 新中国成立初期 | 1980 年 | 2018 年 |
|---|---|---|---|
| 现行农村贫困标准下的农村贫困人口比例 | 人民生活处于赤贫 | 96.2% | 1.7% |
| 人均可支配收入 | 98 元(1956 年) | 171 元(1978 年) | 28 228 元 |
| 预期寿命 | 35 岁 | 65 岁 | 77 岁 |
| 婴儿死亡率 | 200‰ | 48‰ | 6.1‰ |
| 学龄前儿童入学率 | 20% | 95.5%(1978 年) | 九年义务教育巩固率达到 94.2% |
| 15 岁及以上人口平均受教育年限 | 80%以上人口是文盲 | 5.3 年 | 9.6 年 |
| 高等教育毛入学率 | 0.22% | 2.22% | 48.1% |

## 1.2 大国经济增长中的规模效应

马歇尔早在 1890 年就提出,投入品的分享、劳动力市场群聚以及知识的溢出是导致集聚的三个根本原因。在分享方面,在城市中,生产者可以从更大的范围获得广泛的投入品供给,发挥生产中的规模经济,从而降低生产成本。当足够多的客户集聚在一起,供应商就能够获得广阔的市场,从而分摊成本和提高利润。在匹配方面,在更大的市场下,劳动力、技术、管理、土地等生产要素受到非最优化匹配的可能性降低,生产专业化,消费者能够在更大的市场里取得最契合的消费品,雇主也可以找到预算内最优的雇员,从而让供需双方互相存在吸引力。在学习方面,空间集聚可以加速知识的传

---

① 中华人民共和国国务院新闻办公室:《新时代的中国与世界》,人民出版社,2019 年版。

播,同行业和不同行业的人互相学习、提升技能,并且交换信息和知识。此外,一项专业化的服务需求较多,该服务的供给者就可以在不断提供服务过程中获得经验,不断进步。

新经济地理学认为,受到资源禀赋、规模经济和运输成本的不同影响,区域之间往往会产生各类差距。在资源禀赋方面,区域经济多样性、互补性和区域分工的基础是区域间资源的差异。例如,重工业城市的形成往往依赖于其丰富的矿产资源和良好的人力供给,而部分旅游型城市的发展则来源于其丰富的文化内涵和深厚的文化底蕴。在规模经济方面,经济学家往往用常住人口的数量作为衡量城市规模的重要指标。经济的聚集和产业的集聚带来人口的增加,形成城市和经济中心,并且该中心地位进一步作用于城市规模的扩大和地位的巩固。国家推动重点建设的 19 个城市群 GDP、人口占全国的比重分别由 2010 年的 87.5% 和 79.3% 提升到 2019 年的 88.3% 和 80.4%。[①] 据初步匡算,到 2030 年我国新增 2 亿城镇人口的 80% 也将分布在城市群区域。在运输成本方面,克鲁格曼(Krugman,1980)借用萨缪尔森的冰山运输成本提出了"冰山理论",提出由于规模收益递增和运输成本的存在,商品集中于接近大市场的地方生产才会令企业获得更大利润,即"本地市场效应",这为企业空间集聚提供了一种具有竞争力的解释。

最初由于地理优势或者历史实践形成的大城市,由于规模效应和外部性,其积聚力量存在自我强化的效应,哪怕之后其原始的形成因素消失,大城市仍然能够凭借"锁定效应"占据区域乃至全国经济的主导地位。从经济发展的规律来说,经济集聚发展将是大势所趋、世界各国的经济都集聚在少数大城市或大都市圈,而且越是发达的国家经济集聚程度越高。人类工业革命之后,资本投入、研发投入的规模效应,使得要素的边际报酬递增效应在大国更有可能发生,并带来产业结构的升级和经济总量的更快增长。大城市带来大市场,而市场的规模达到一定阶段,也有形成战略产业发展的可能。

中国幅员辽阔,国土面积居世界第三位。按 2023 年中国新版标准地图显示,中国领土面积为 1 045 万平方千米,从地理经济学划分,我国又可分为西部地区、东部地区、中部地区和东北地区。按行政区划,又可分为 23 个

---

① 数据来源:中华人民共和国 8 国家发展和改革委员会,宏观经济研究院。

省、5个自治区、4个直辖市、2个特别行政区。从城市角度来看,我国共有293个地级市,7个地区、30个自治州、3个盟。不同地区的省份和城市各有其独特的经济发展模式,并相互作用,共同形成了全国经济。

自新中国成立以来,随着中国经济蓬勃发展,我国城镇化程度不断提高,2018—2023年,常住人口城镇化率从60.2%提高到65.2%[①],2022年年末城镇常住人口92 071万人,比上年年末增加646万人;乡村常住人口49 104万人,减少731万人[②]。据北京大学陈玉宇及其研究团队成果,2035年,我国城市化率将提升至74%,城市人口将增加至10.6亿人。在城镇化进程取得了阶段性胜利之后,我国省级和城市层面均出现了不可避免的发展差距,主要体现在人口结构、经济产出、科研投入等方面。过大的城市发展差距将会阻碍我国整体发展,不利于社会稳定和共同富裕。因此,研究城市发展的历史和现状,剖析城市差距的形成和原因,对我国缩小城乡之间、区域之间发展差距、推动实现都市圈发展,拉动经济持续健康发展具有重大意义。

在21世纪,我国坚持走中国特色社会主义发展道路,社会主义市场经济体制不断完善,中国的面积、人口和经济规模使得经济集聚和规模效应得以充分发挥,同时可以容纳多个1 000万以上人口的城市存在。而拥有数量可观的城市这一特点,也让我国形成并持续实践更具有效率提升作用的激励机制:城市之间的充分竞争。

## 2 中国的城市锦标赛

### 2.1 中国的城市基本构架

城市作为人类社会的重要组成部分,其基本构架和功能对于理解城市形成的意义至关重要。城市的基本构架包括城市空间结构、人口分布、交通网络等。城市的功能则涵盖居住、经济、文化、政治等多个方面。经济功能

---

① 数据来源:2024年政府工作报告。
② 数据来源:国家统计局。

是城市的核心功能之一,城市是经济活动的中心,集聚了大量的企业和商家,提供了丰富的就业机会和商业服务。文化功能则包括教育、艺术、娱乐等方面,城市是文化交流和创新的重要场所。

城市的形成具有重要意义,不仅为人类社会的发展提供了重要支撑,也推动了社会经济的进步和文化交流的繁荣。城市的形成促进了劳动分工和资源配置的优化,提高了生产效率和经济发展水平。同时,城市也为文化交流和创新提供了广阔的空间,推动了人类社会的思想和文明的进步。例如,古代的雅典和罗马是人类历史上的文明古都,集聚了大量的知识分子和文化精英,对人类文明的发展产生了深远影响。

根据 2023 年中国统计年鉴,截至 2022 年年底,不计港澳台地区,我国共有 293 个地级市、394 个县级市,这些城市又可分为 7 个超大城市、14 个特大城市、14 个 I 型大城市、70 个 II 型大城市和 500 余个中小城市。

从人口结构上来看,我国中小城市居多,但仍出现了容纳 1 000 万以上人口的超大城市,城市规模明显分化(见表 11-3)。大型城市多以其发达的经济、完备的社会保障、快速的城镇化闻名,并且凭借其实力吸纳更多外来人口和巩固已有人口。作为城市的重要考量因素之一,人口规模一方面影响城市受到政策倾斜的力度,在基础设施建设和都市圈划定中人口都是重要的指标;一方面,人口规模也和交通、营商环境等共同影响了经济主体的生产和市场区位选择,从而影响到城市 GDP 的增长和赋税。

表 11-3 中国城市规模层级(2020)[①]

| 城市层级 | 城区人口规模 | 数量 | 代表城市 |
| --- | --- | --- | --- |
| 超大城市 | 超过 1 000 万人 | 7 | 北京、上海、广州、深圳、重庆、天津、成都 |
| 特大城市 | 500 万~1 000 万人 | 14 | 武汉、东莞、西安、杭州、佛山、南京、沈阳、青岛、济南、长沙、哈尔滨、郑州、昆明、大连 |
| I 型大城市 | 300 万~500 万人 | 14 | 南宁、石家庄、厦门、太原、苏州、贵阳、合肥、乌鲁木齐、宁波、无锡、福州、长春、南昌、常州 |

---

① 数据来源:第七次人口普查数据。

续 表

| 城市层级 | 城区人口规模 | 数量 | 代表城市 |
|---|---|---|---|
| Ⅱ型大城市 | 100万~300万人 | 70 | 兰州、惠州、唐山、海口、徐州、烟台、洛阳、珠海、西宁、南通、银川、襄阳、昆山、泉州、芜湖等 |
| 中小城市 | 100万人以下 | 500+ | 鄂尔多斯、韶关、阳江、阜阳、南阳、荆州、玉林、三亚、驻马店、内江、石河子、安庆等 |

数据来源:第七次人口普查。

## 2.2 中国城市发展现状

人口的集聚效应是城市经济中劳动生产率提升的主要前提,同时对城市的其他因素影响也很重要。联合国发布的《世界城市化前景》报告指出,全球城市人口数量不断增加,到2050年将有超过两亿人口加入城市,这对城市规划和管理提出了巨大挑战。按第七次人口普查数据,截至2020年11月1日零时,我国人口总数排名前五的城市分别为上海市(2 487万人)、北京市(2 189万人)、深圳市(1 749万人)、重庆市(3 205万人)和广州市(1 868万人),约占全国人口的8%,排名前20城市人口总数约占全国人口的20%。2020年人口数量Top 20城市如表11-4所示。

表11-4 2020年人口数量Top20城市[①]

| 城 市 | 人口数/万人 | 排 名 | 城 市 | 人口数/万人 | 排 名 |
|---|---|---|---|---|---|
| 上海市 | 2 487 | 1 | 天津市 | 1 387 | 7 |
| 北京市 | 2 189 | 2 | 武汉市 | 1 245 | 8 |
| 深圳市 | 1 749 | 3 | 东莞市 | 1 047 | 9 |
| 重庆市 | 3 205 | 4 | 西安市 | 1 218 | 10 |
| 广州市 | 1 868 | 5 | 杭州市 | 1 194 | 11 |
| 成都市 | 2 094 | 6 | 佛山市 | 950 | 12 |
| 南京市 | 931 | 13 | 长沙市 | 1 005 | 17 |
| 沈阳市 | 907 | 14 | 哈尔滨市 | 1 001 | 18 |
| 青岛市 | 1 007 | 15 | 郑州市 | 1 260 | 19 |
| 济南市 | 920 | 16 | 昆明市 | 846 | 20 |

① 数据来源:第七次人口普查数据。

从GDP角度来看,2022年国内生产总值最高的城市前五名分别为上海市(44 652.8亿元)、北京市(41 610.9亿元)、深圳市(32 387.68亿元)、重庆市(29 129.03亿元)和广州市(28 839亿元),前20的城市创造了全国22.8%的GDP,足见大城市的规模效应。2022年国内生产总值Top 20城市如表11-5所示。

表11-5 2022年Top20国内生产总值城市[①]

| 城市名称 | 国内生产总值/亿元 | 排名 | 城市名称 | 国内生产总值/亿元 | 排名 |
|---|---|---|---|---|---|
| 上海市 | 44 652.8 | 1 | 天津市 | 16 311.34 | 11 |
| 北京市 | 41 610.9 | 2 | 宁波市 | 15 704 | 12 |
| 深圳市 | 32 387.68 | 3 | 青岛市 | 14 920.75 | 13 |
| 重庆市 | 29 129.03 | 4 | 无锡市 | 14 850.82 | 14 |
| 广州市 | 28 839 | 5 | 长沙市 | 13 966.11 | 15 |
| 苏州市 | 23 958.34 | 6 | 郑州市 | 12 934.69 | 16 |
| 成都市 | 20 817.5 | 7 | 佛山市 | 12 698.39 | 17 |
| 武汉市 | 18 866.43 | 8 | 福州市 | 12 308.23 | 178 |
| 杭州市 | 18 753 | 9 | 泉州市 | 12 102.97 | 19 |
| 南京市 | 16 907.85 | 10 | 济南市 | 12 027.5 | 20 |

税收是指国家为了向社会提供公共产品、满足社会共同需要、参与社会产品的分配,按照法律的规定,强制、无偿取得财政收入的一种规范形式。而中国的地方预算收入可用于衡量该城市的经济发展可持续性、社会生产活力高低,并且反映出城市的发展水平。从地方预算内收入来看,地方预算内收入前五名分别为北京市(5 714亿元)、深圳市(4 012亿元)、杭州市(2 451亿元)、苏州市(2 329亿元)和重庆市(2 103亿元),前20预算内收入的城市占全国一般预算收入的17%。2022年地方财政预算内收入Top 20城市如表11-6所示。

---

① 数据来源:2023年各市统计年鉴。

表 11-6  2022 年地方预算内收入 Top20 城市①

| 城市名称 | 地方财政预算内收入/万元 | 排　名 | 城市名称 | 地方财政预算内收入/万元 | 排　名 |
| --- | --- | --- | --- | --- | --- |
| 北京市 | 57 143 583 | 1 | 青岛市 | 12 733 096 | 11 |
| 深圳市 | 40 124 400 | 2 | 长沙市 | 12 020 004 | 12 |
| 杭州市 | 24 506 119 | 3 | 无锡市 | 11 333 800 | 13 |
| 苏州市 | 23 291 800 | 4 | 郑州市 | 11 307 855 | 14 |
| 重庆市 | 21 034 234 | 5 | 济南市 | 10 011 421 | 15 |
| 广州市 | 18 551 000 | 6 | 榆林市 | 9 268 110 | 16 |
| 天津市 | 18 466 866 | 7 | 合肥市 | 9 092 546 | 17 |
| 宁波市 | 16 802 309 | 8 | 厦门市 | 8 838 107 | 18 |
| 南京市 | 15 582 100 | 9 | 鄂尔多斯市 | 8 428 431 | 19 |
| 武汉市 | 15 047 392 | 10 | 西安市 | 8 340 794 | 20 |

## 2.3　中国城市的排名变化

通过分析城市发展历史所反映的经济结构演变、空间格局变化和社会影响,可以为制定产业政策、区域发展规划和城市管理提供科学依据,促进经济的可持续发展和城市的健康发展。

依然首先从城市 GDP 的角度来看,我国大城市 GDP 总体呈现上升趋势,其中,上海市、北京市、深圳市、重庆市和广州市以其卓越的经济、政治或科技背景获得了较稳定且突出的增速。在四大直辖市中,上海市凭借其优越的地理优势、长三角经济圈等发挥了经济、金融、贸易中心等作用,北京市凭借其首都的区位和深厚的文化底蕴形成了政治中心、文化中心、国际交往中心和科技创新中心,重庆则凭借其关键的区位节点和政策支撑形成了长江上游地区的经济、金融、科创、航运和商贸物流中心,在西部大开发中发挥支撑作用,在"一带一路"中发挥带动作用,在长江经济带中发挥示范作用,2022 年 GDP 位列全国城市第四(见表 11-7)。有所不同的是天津市,尽管总体呈现向上增速,但 2019 年天津市出现了负向变化,GDP 14 104.28 亿元,名义负增长 25%,主要原因可能包括北京的虹吸效应导致的企业外迁、

---

①　数据来源:各城市统计年鉴。

成城市布局限制、经济转型较晚,大型企业倒闭等多个因素。

表11-7 1988、2002和2022年GDP前10的城市① 单位:亿元

| 排 名 | 2022年 |  | 2002年 |  | 1988年 |  |
|---|---|---|---|---|---|---|
| 1 | 上海市 | 44 652.8 | 上海市 | 5 795.02 | 上海市 | 648.3 |
| 2 | 北京市 | 41 610.9 | 北京市 | 4 525.7 | 北京市 | 410.2 |
| 3 | 深圳市 | 32 387.68 | 广州市 | 3 001.476 | 重庆市 | 261.3 |
| 4 | 重庆市 | 29 129.03 | 重庆市 | 2 279.8 | 天津市 | 259.7 |
| 5 | 广州市 | 28 839 | 深圳市 | 2 256.83 | 广州市 | 240.1 |
| 6 | 苏州市 | 23 958.34 | 天津市 | 2 150.76 | 沈阳市 | 193.8 |
| 7 | 成都市 | 20 817.5 | 苏州市 | 2 080.37 | 苏州市 | 165.1 |
| 8 | 武汉市 | 18 866.43 | 杭州市 | 1 781.83 | 大连市 | 160.9 |
| 9 | 杭州市 | 18 753 | 成都市 | 1 667.1 | 武汉市 | 156.4 |
| 10 | 南京市 | 16 907.85 | 无锡市 | 1 580.66 | 杭州市 | 152.5 |
| 11 | 天津市 | 16 311.34 | 青岛市 | 1 518.17 | 成都市 | 146.5 |
| 12 | 宁波市 | 15 704 | 宁波市 | 1 500.34 | 哈尔滨市 | 144.7 |
| 13 | 青岛市 | 14 920.75 | 武汉市 | 1 492.74 | 青岛市 | 142.9 |
| 14 | 无锡市 | 14 850.82 | 大连市 | 1 406.1 | 南京市 | 142.1 |
| 15 | 长沙市 | 13 966.11 | 沈阳市 | 1 400.02 | 无锡市 | 133.7 |
| 16 | 郑州市 | 12 934.69 | 南京市 | 1 297.57 | 大庆市 | 122.8 |
| 17 | 佛山市 | 12 698.39 | 哈尔滨市 | 1 232.1 | 宁波市 | 118.6 |
| 18 | 福州市 | 12 308.23 | 泉州市 | 1 223.06 | 潍坊市 | 118.6 |
| 19 | 泉州市 | 12 102.97 | 济南市 | 1 200.83 | 南通市 | 118.0 |
| 20 | 济南市 | 12 027.5 | 石家庄市 | 1 186.81 | 烟台市 | 115.1 |

从地区角度来看,除了重庆市、长沙市等少数几个城市分布在中部和西部之外,多数GDP前10的城市均分布在东部,这也突出证明了我国东西部发展差距持续存在。无论所处何地,为获得国家层面的政策支持和财政倾斜,企业层面的选址考虑和经营决策和人才劳动力的就业区位选择的优势,

---

① 数据来源:各城市统计年鉴。

各城市均发挥各自的优势,努力打造经济大盘,提升经济发展水平。

上市公司在城市发展中扮演着至关重要的角色,其经济意义和重要性不言而喻。随着经济全球化和市场化程度的提高,上市公司已成为城市经济发展的重要引擎之一。

首先,上市公司为城市带来了资本和技术。作为市场经济的主体,上市公司具有规模效应和技术优势,能够吸引大量资金和高端人才。这些资金和人才的流入不仅促进了城市的产业升级和技术创新,还推动了城市经济的快速增长。以中国为例,中国的经济崛起与上市公司的兴起密不可分。自改革开放以来,中国的上市公司数量和市值不断增加,成为中国经济增长的主要动力之一。例如,阿里巴巴、腾讯等中国互联网巨头的崛起,不仅推动了中国互联网产业的迅猛发展,也为中国城市的经济发展注入了强劲动力。

其次,上市公司促进了城市的金融发展和国际化进程。随着上市公司的增多,城市的金融市场也得到了进一步发展,形成了完善的金融生态系统。这不仅为企业提供了更多融资渠道和金融服务,还提高了城市的国际化水平和国际竞争力。例如,伦敦作为全球金融中心之一,其繁荣的金融市场得益于众多上市公司的驻扎,吸引了全球范围内的资金和人才流动,成为国际金融业务的重要枢纽。

此外,上市公司的数量变化也可以代表城市发展的多个方面。上市公司数量的增加通常意味着城市经济的活力和成熟度不断提升,吸引了更多的投资者和企业家。同时,上市公司数量的减少可能意味着城市经济出现了问题,如产业结构调整、投资环境恶化等。因此,通过分析上市公司数量的变化,可以反映城市经济的健康程度和发展方向,为政府部门和企业制定发展战略提供参考。

从上市公司的数量来看,2022年上市公司数量前10的城市分别为北京市、上海市、深圳市、杭州市和广州市等(见表11-8),都是前文GDP水平中较突出的城市。对比2000年可以发现,部分一线和新一线城市的上市公司数量排名发生了变动,主要集中在重庆市、武汉市、海口市、大连市、苏州市、宁波市和长沙市。而从2000—2022年历史来看,北京市、深圳市、上海市始终是上市企业数量排行前三的城市,经济主体较为活跃。且在2011年,北京市超越上海市成为上市企业排名第一的城市,展示了中国首都对大经济主体的吸引力,也侧面印证了二十余年来政府创新创业政策和优化营商环境的作用。此外,值得注意的是,杭州市的上市公司数量在2016年获得了跃升,并在之后持续增长,比其他非前三的城市增长更快。这很大一部分归结于杭州充分发挥其优势,推出多种政策,完善当地设施,改善营商环境,大力发展数字经济、平台经济、总部经济等新兴产业,最终形成了丰富的产业层次和良好的创新创业环境。

表11-8　2022年上市公司数量前10的城市①

| 城　市 | 2022年上市公司数量 | 2022年排名 | 2000年上市公司数量 | 2000年排名 |
| --- | --- | --- | --- | --- |
| 北京市 | 446 | 1 | 54 | 3 |
| 上海市 | 419 | 2 | 121 | 1 |
| 深圳市 | 396 | 3 | 64 | 2 |
| 杭州市 | 210 | 4 | 15 | 10 |
| 广州市 | 144 | 5 | 12 | 19 |
| 苏州市 | 128 | 6 | 6 | 35 |
| 南京市 | 116 | 7 | 18 | 8 |
| 成都市 | 109 | 8 | 19 | 6 |
| 宁波市 | 88 | 9 | 11 | 22 |
| 长沙市 | 78 | 10 | 14 | 14 |

## 3　锦标赛参与者:城市竞争

中国的各城市政府首先是国家政策的执行者和执行主体,负责将中央政策在地方范围内落实到位。但与此同时,地方政府又具有一定的自由,能够根据自身情况,在不违反中央政策的条件下,发展自身经济,稳定社会,形成良好政治。地方政府承担着地方经济和社会发展的责任,通过制定地方发展规划、招商引资、基础设施建设等措施,推动地方经济增长和社会进步。无论如何,地方政府始终受到中央的考核和监督,其绩效和各方面表现受到

---

①　资料来源:CSMAR数据。

密切关注,并且被持续评级,被拿来和同级别其他地方和城市做比较,且这样监督的结果又是各城市政府获得更多的中央资源倾斜、人才调动的基础;另外,这一结果也会密切影响到政府主导官员们的升迁,2005年,李和周(2005)就通过数据验证了地方政府官员晋升概率和地区经济发展程度之间的正相关关系。因此,政府官员们不仅仅追求获得监督考核的通过,更追求在这样的比较中获得优势和胜利。为了达到这样的目的,各城市政府都针对中央的考核机制进行竞争。

除了中央,城市政府的竞争也来自对经济主体进入、优质人口流入的需求。如上所述,人口和经济主体作为某个城市的重要发展动力,对城市综合建设、政府税收等方面都具有突出作用,因此,企业的选址、人才的落户等都是城市政府为之努力的方向。优质资源的稀缺性始终存在,城市之间为了获得更丰富的资源流入,将会开展互相竞争。

## 3.1 财政分权制度

1949年新中国成立后,中国财税制度一直处于高度集中的状态。在计划经济体制下,中央政府对资源的分配和调控具有绝对的权力,"全国一盘棋",收入统一上交中央,支出由中央统一安排,地方政府的财政收入主要依赖于中央财政拨款,地方财政相对薄弱。这样的安排注重公平,但并未充分调动地方生产积极性,具有时代性。然而,随着改革开放的深入和经济体制的转型,中国面临由集中经济向市场经济的转变,原有的集权制已经缺乏足够的适应性,拖累了我国经济的发展,财税制度改革成为必然选择。在20世纪80年代末和90年代初,中国开始进行财政体制改革,主要包括建立税收体系、财政管理体制和预算制度等方面的改革。通过建立统一的税收体系,规范税制,提高税收征管效率,加强财政管理,推动财政体制逐步完善。从1980年到1984年,中国首次实行了一项为期5年的"划分收支,分级包干"体制。接着,在1985年到1987年,在完成了利改税的基础上,尝试实行了"划分税种,核定收支,分级包干"制度。然而,由于税制设计存在问题,到了1988年,这一制度演变成了多种形式的"财政大包干"。这种大包干的实施,突显了包干制体制的问题,不利于国家产业结构调整和产业政策实施。同时,这也带来了中央权力不足、地方过度重视土地价值等问题。1992年党的十四大召开,我国建立了社会主义市场经济体制,这为财政体制的改革提供了最大的宏观背景。分税制体制改革开始推进。这是符合我国当时国情的决定,并在经济发展中起了非常大的作用。但1994年的改革中的财权并未彻底分配下地方,而事权却已获得落实,最终导致了地方财政的大缺口,之后的匹配制度不断变革,从事权与财力的匹配到支出责任与财力相匹配,但始终没有形成非常行之有效的机制。

21世纪以来,地方财政收入占比稳定在50%左右,支出则稳定在86%左右(见图11-1、图11-2)。分税制体制一个很重要的制度安排是建立了纵向的转移支付制度,以实现各级财政的事权与财力的匹配。具有自由度的地方财政,为城市竞争提供了最基本的政府权力和操作空间。政府可以较独立地使用财政资源在基础设施建设、社会工作、招商引资等方面做出行动,为城市竞争提供了最基本的政府权力和操作空间。但同时也出现了城市之间互相恶性竞争、政治晋升锦标赛等问题。

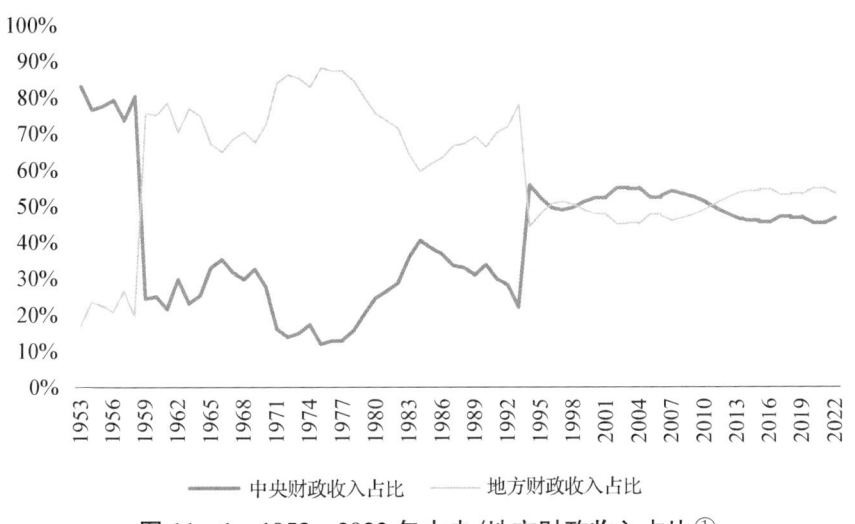

**图 11-1　1953—2022 年中央/地方财政收入占比**[①]

党的十八大提出国家治理体系和治理能力现代化的概念之后,财政体制的改革也开启了新的一页。在十八届三中全会的决定中,将财政改革的定位提到了极高的高度,指出"财政是国家治理的基础和重要支柱,科学的财税体制是优化资源配置、维护市场统一、促进社会公平,实现国家长治久安的制度保障。"为此,我国一直都在推动建立现代财税体制,以期保障社会

---

① 数据来源:CSMAR 数据。

提供平稳发展,居民安居乐业,经济稳定增长。建立现代财税体制,既是全面建设社会主义现代化国家的重要举措和必然要求,也是有效提升国家治理效能的重要保障和内在需要。从基本特征上讲,现代财税制度具有统一完整、权责对等、高效公平、公开透明等通用属性,而且经由法治规范的制度来指导和保障其运行。从构成要素上讲,现代财税制度需要从预算制度、税收制度、政府间财政关系等方面来系统建构,并且在政府债务管理体制上重点创新。

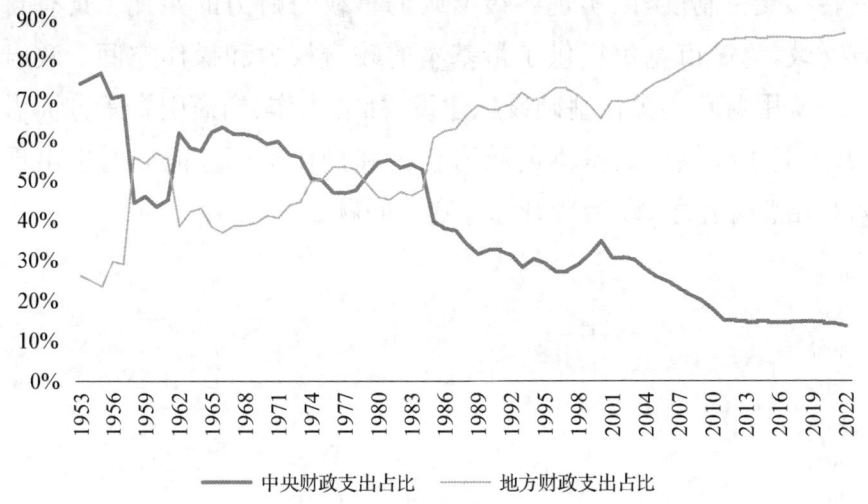

图 11-2 1953—2022 年中央/地方财政支出占比

《中央关于完善社会主义市场经济体制若干问题的决定》指出,在"统一税政前提下,赋予地方适当的税政管理权",中国式财政分权是市场化改革的产物。不可否认,财政分权为释放地方经济活力,推动地方经济发展具有深刻的体制意义。但根据一些学者的测算,中国的支出分权在全世界范围内都算是极高的,甚至高于一些传统的联邦制国家。不过,在支出分权的框架下,各省可以借助其财力和其他优势发展竞争。

## 3.2 城市竞争的原因和方式

城市竞争主要有两种原因:为增长而竞争和为创新而竞争。"为增长而竞争"和"为创新而竞争"作为地方政府竞争的两种重要方式,会对区域、产业发展深刻影响(Yam et al,2015)。

在以 GDP 为主要考核指标的"经济锦标赛"激励机制下,地方政府最关注的是地区经济增长,如为提升本地经济增长绩效,地方政府可能会倾向于投资那些低风险、快回报的基础建设项目,而减少对长周期、高风险创新项目的关注。(储德银等,2020)纵向而言,财政和金融分权为地方带来了一定的自由度,激发了地方政府促进经济发展的动力。横向来看,中央政府通过政治集权维持了政治的集中和奖惩地方官员的能力,以晋升锦标赛机制促成地方政府间的"增长锦标赛"。在这种激励模式推动下,地方政府致力于经济增长,使用宽松积极的政策进行投资引商,吸收资金,同时运用地方政府可运转的资金为企业发展提供帮助。这一模式引导地方政府之间走向了"竞优"的道路。

习近平总书记曾强调"创新是引领发展的第一动力",这一观点已成为中国政府推动科技创新的重要指导思想。为此,中国政府制定了一系列鼓励创新的政策,如《国家创新驱动发展战略纲要》《中国制造 2025》等。这些政策着重于推动科技创新,加强知识产权保护,促进产业升级和转型升级。例如,《国家创新驱动发展战略纲要》提出了一系列支持科技创新的政策措施,包括提高研发经费投入,加强基础研究和应用基础研究,加强知识产权保护,优化科技人才培养和引进机制等。这些政策的实施有效推动了中国的科技创新和经济发展,在全球范围内树立了中国创新的良好形象。卞元超等(2017)指出在实施创新驱动战略背景下,为激励地方政府围绕"为创新而竞争",往往会将创新绩效等指标纳入地方政府考核体系中。地方政府为了提高创新指数,往往会紧盯新兴产业(如新型制造业、电子商务等)进行布局,通过基地和产业园建设培育当地的创新因子。例如,毛丰付等(2022)指出在推进数字化浪潮下,数字产业以数字化、智能化为主导,在驱动城市经济韧性提升和促进绿色低碳发展方面具有重要作用,是各地政府重点发展和培育的目标产业。

而中国的地方政府参与城市竞争的方式多样,总的来说可以分为如下几种:

(1) 行政竞争,即使用行政方式为企业提供便利。政府使用行政手段为企业提供良好的营商氛围,这一策略的核心在于提高政府效率、优化营商环境,吸引更多的企业和投资。为此,地方政府可能会在行政审批、项目审批、工商注册等方面推出一系列便利化措施,简化了企业办事流程,提高了办事效率。例如,开发联通 46 个部门的全国信用信息共享平台,深入推进政务服务"一网、一门、一次"改革,全面推行审批服务"马上办、网上办、就近办、一次办",推动"放管服"改革,公正监管,编制负面准入清单等。

(2) 财税竞争,即使用财政税费优惠等方式减轻企业压力,增加企业落户欲望。通过给予企业财政补贴、税收优惠等方式,地方政府可以减轻企业负担,增加企业落户的欲望。例如,一些地方政府实施了减免企业所得税、土地使用税等税收优惠政策,吸引了大量企业的投资。同时,地方政府还会采取财政补贴、资金奖励等措施,鼓励企业加大研发投入、提高技术水平,从而推动产业升级和经济发展。

社会保障竞争,即加强基础设施建设、提高落户保障水平等完善社会保障,为人才落户和企业发展提供外部支撑。地方政府通过加强基础设施建设、提高社会保障水平等措施,为人才落户和企业发展提供外部支撑。例如,加大对教育、医疗、交通等基础设施建设的投入,建设机场、高铁、地铁等,提高城市的生活质量和便利度;同时,加强社会保障体系建设,吸引人才入驻。例如,杭州出台人才引进政策,为高层次人才、重点机构紧缺急需人才等提供落户政策和生活补贴、租房补贴和购房补贴。

(3) 科技创新竞争,即以创新为导向,打造创新生态环境。地方政府通过建设科技园区、设立科研基地、提供科研经费和税收优惠等政策,吸引了大量科技企业和高端人才的涌入,促进了科技成果转化和产业化。基于《"十四五"国家高新技术产业开发区发展规划》,截至2020年年底,国家高新区总数达169家,其中东部70家、中部44家、西部39家、东北16家,建设了21家国家自主创新示范区,为科技创新提供了良好的生态环境和政策支持,推动了当地经济的快速发展。

上述竞争方式往往不是孤立存在的,而是被政府综合采用,共同作用于城市竞争。地方政府通过灵活运用这些竞争方式,不断提升城市竞争力,以期达到完成甚至超额完成指标,从而实现政治晋升或经济扩张。不可否认的是,自城市形成即开始的城市竞争,为我国城市发展带来了极大的帮助,充分推动了城市的优胜劣汰,并最终发挥城市在国家经济发展中的作用,但同时,在其长期的发展过程中又不可避免地出现了各式各样的操作和机制问题。

## 3.3 政府竞争:城市进步的背后

不可否认,政府竞争带来了城市的进步。学界也针对这一问题进行了较深入的分析,证明城市间的竞争的确能够带来经济的规模效应、技术进步和人民福祉的提升。

从经济发展角度来说,通过支持科技创新、加强产业链条的完善等措施,促进了经济结构的优化和升级。Wang et al.(2020)还指出,在中国城市化的进程中,政府官员的激励也起到了关键作用,基于晋升激励的刺激措施将促进城市的空间扩张。城市政府为了吸引投资和人才,会竞相提供更优惠的政策和服务。例如,税收减免、土地优惠等政策吸引了企业在当地投资,推动了城市经济的发展。为了在竞争中脱颖而出,城市政府会积极推动产业升级和转型。政府会努力建设现代化政府,最大化利用有限的城市土地,在经济、产业和空间布局上相对专业。

从技术创新角度来说,周克清等(2011)基于经济性公共物品和非经济性公共物品,认为科技创新实际上具有经济性公共物品的属性,属于生产性支出的范畴,因而财政分权能够提高地方政府的财政科技投入水平。潘镇等(2013)学者的研究观点与之较为一致,但他们进一步认为地区间的竞争会削弱财政分权对地方政府财政科技投入的正向影响。城市政府之间的竞争激发了技术创新的活力。为了在竞争中取得优势,政府会鼓励企业加大研发投入、推动科技成果转化,从而提升了城市的创新能力。竞争促使城市政府加大对创业的支持力度,为创新型企业提供更多的政策支持和资源配套。这种支持促进了创新企业的涌现,推动了城市经济的创新发展。

从公共服务角度来看,郑思齐等(2014)则认为,这一竞争激励还能强化地方政府通过土地出让和抵押借贷的方式融资的激励机制,从而带动基建规模的扩大和土地财政收入的上升,形成正反馈调节。Faguet(2004)、陈诗一和张军(2008)认为在适度的财政分权体制下,地方政府能够实现公共品的有效供给。例如,城市政府为了提升城市吸引力,会加大对教育和医疗事业的投入。竞争压力促使政府加大对教育、医疗资源的配置,提升了公共服务水平,增强了城市的软实力。为了提升城市形象和竞争力,城市政府会加大对城市规划和建设的投入。通过改善城市环境、提升城市功能、打造城市文化品牌等措施,提升了城市的整体品质和吸引力。

但长达数十年的城市竞争已经暴露出了很多问题,城市之间发展差距越来越明显,经济规模存在区分,资源的利用率和浪费率不同,职工水平存在差距,居民福利和效用也在城市之间存在很大差距。

从经济发展角度来看，袁云峰等（2012）认为分权的纵向失衡、地方政府间"为增长而竞争"的模式导致各地的资源配置不符合其最优相对资本深度，仅能够促进经济粗放式增长，并没有从本质上提升整体经济效率。Restuccia and Rogerson（2017）指出地方官员在晋升激励的零和博弈中倾向于采取以邻为壑的恶性竞争策略，地方政府的竞争逐步由"竞优"转向"竞次"，严重的市场分割和地方保护主义阻碍了要素市场的有效供给并形成资源错配，对全要素生产率产生负向扭曲的抑制效应。为了争取更多的投资和项目，城市政府可能会过度重复建设同类基础设施或产业园区，导致资源的浪费和效率低下。例如，一些城市为了争取企业入驻，在同一地区建设多个重复功能的产业园区，造成资源分散和浪费。竞争也促使城市政府增加行政投入和成本，如加大政府宣传、对外招商等方面的支出，但过度的相关行为则不能带来相应的经济效益，导致资源的浪费和行政成本的增加。此外，为了保护企业发展，稳定表现，城市可能会过度保护当地企业，导致幼稚产业无法成熟，看似独立经营的企业却过度依赖政府的财政支持，自身的盈利能力和经营能力实际上并不算好。另外，为了获得产出，许多行业规模并没有在正确的范围内，一些能够产生财政收入的产业获得迅速扩张，在政府的帮助下产能迅速过剩，带来经济波动，典型的例子是钢铁行业、光伏产业和新能源汽车行业。顾元媛和沈坤荣（2012）认为，科技研发活动是一种生产性的公共物品，虽然能够在长期内增加产出、扩大政府的财政收入，但是它缺乏短期增长效应，因此唯GDP至上的地方政府会减少研发创新支出。换言之，由于政府官员的流动性，政府领导者可能更追求获得短期成绩，而并不在意城市的长期和可持续性发展。

从公共服务角度来看，周黎安（2004）首先建立了一个地方政府晋升博弈模型，并利用这一简单的模型解释了中国地域经济发展中的一系列反理性现象。例如，地方政府官员有充分的动机推动当地经济快速发展，却不愿意促成地域间合作的"双赢"局面，反而是封锁市场，大兴地方保护主义。为了提高自己的晋升机会，打压竞争对手，地方政府在机场和铁路建设、开发区建设等各个领域上进行恶性竞争，相互攀比，形成了一大批低水平的重复建设项目。尹恒和朱虹（2011）的研究表明，为了追求经济的高增长，县级官员提高了生产性支出，但牺牲了公共服务体系（如教育、医疗和养老等）的建设。吴敏和周黎安（2018）则发现，同样在竞争心理的驱动下，上级可能的实地考察监督加强了对当地"面子工程"的建设,而对非可视性公共品的投入则相对不足。平新乔和白洁(2006)认为财政分权带来了地方公共物品供给的扭曲,并导致其供给效率的损失。

从环境角度来看,张军等(2020)认为,地方政府竞争会显著放大地区间外溢效应;当以 GDP 增速为考核指标时,某地增速调整会通过地方政府投资和地区间竞争对各地区的经济增长产生重要影响;当主要考核指标转变为环境保护时,各地区的实际经济增速均会经历结构性下调。一些城市政府为了迅速吸引投资,可能采取低水平竞争手段,如降低环保标准、减税降费等,但这种做法可能会损害长期可持续发展,阻碍了产业升级和环境保护。

习近平指出:"城市是人民的,城市建设要贯彻以人民为中心的发展思想,让人民群众生活更幸福。金杯银杯不如群众口碑,群众说好才是真的好。"当前,中国的城市发展呈现出明显的层级性,大城市和小城市之间的差距日益显著。一方面,像北京、上海、广州、深圳等一线城市以及部分二线城市在经济、科技、文化等方面处于领先地位,拥有丰富的资源和优越的发展条件;另一方面,许多三线及以下城市发展相对滞后,面临经济转型、人口流失等多重挑战,城市功能不够完善,产业结构单一,公共服务水平较低。

我国城市发展差距的形成主要受到城市竞争的影响。为了吸引投资、人才和资源,各城市之间展开了激烈的竞争,甚至开展了所谓的"城市锦标赛",竞争的焦点主要集中在 GDP 增速、城市建设、基础设施等方面。这种竞争在促进经济发展的同时也导致了一些城市过度追求经济增长,而忽视了可持续发展和公共服务水平的提升,加剧了城市之间的发展不平衡。要解决我国城市发展差距的问题,需要从多个方面进行思考和努力:首先,政府应通过宏观调控,优化资源配置,引导资金、技术和人才向中西部地区和小城市倾斜,促进全国城市发展的均衡性和协调性。其次,应注意调整城市政府的考核评价机制,不再单纯以 GDP 增速作为评价标准,而是更加注重城市的人居环境、生态文明、社会公平等方面的指标,鼓励城市全面发展和提升综合实力。第三,应当关注城市居民的实际需求,加大对基础设施、公共服务等方面的投入,提高居民生活质量,增强城市的吸引力和竞争力。另外,应推动城市产业结构的优化升级,培育新的经济增长点,提升城市的产业竞争力和创新能力,实现城市经济可持续发展。

解决我国城市发展差距问题是一项复杂而长期的任务,需要政府、企业、社会各方的共同努力。只有通过全面、系统的改革和政策措施,才能实现各城市间的协调发展和共同繁荣。同时,也要意识到,城市发展差距的解决需要全社会的参与和支持,每个人都应该为城市的发展贡献自己的力量,共同营造一个更加美好、和谐的城市环境。

# 第12讲 中国的发展和人口结构变化

根据联合国的相关统计,世界平均年龄中位数为30岁,最高的国家摩纳哥为54.5岁,最低的国家尼日尔只有14.5岁;在人口3 000万以上的国家中,最高的日本是48.4岁,而最低的刚果(金)只有15.6岁。世界整体总和生育率平均为2.32,人口最多的印度是2.03,差不多是第二名中国的2倍;尼日尔的总和生育率高达6.82,而韩国只有0.88。世界平均预期寿命已经达到71岁,其中摩纳哥高达85.9岁,而乍得仅有52.5岁,超过3 000万人口国家中,日本相对最高预期寿命84.8岁。

相较于全球人口,中国人口年龄中位数偏高为37.9岁,总和生育率较低为1.16,预期寿命78.2岁(见表12-1)。可以推测中国目前的年龄结构,老龄化现象应该开始显现,老龄化少子化将会对中国经济和社会发展带来复杂且长远的挑战。

表12-1 世界人口前20名国家人口状况

| | 人口/万 | 年龄中位数/岁 | 总和生育率 | 出生性别(女100) | 平均预期寿命/岁 | 男性预期寿命/岁 | 女性预期寿命/岁 |
|---|---|---|---|---|---|---|---|
| 世界平均 | — | 30.0 | 2.32 | 106 | 71.0 | 68.4 | 73.8 |
| 印度 | 142 333 | 27.6 | 2.03 | 108 | 67.2 | 65.8 | 68.9 |
| 中国 | 141 255 | 37.9 | 1.16 | 112 | 78.2 | 75.5 | 81.2 |
| 美国 | 33 353 | 37.7 | 1.66 | 105 | 77.2 | 74.3 | 80.2 |
| 印度尼西亚 | 27 486 | 29.4 | 2.18 | 106 | 67.6 | 65.5 | 69.7 |
| 巴基斯坦 | 22 703 | 20.2 | 3.47 | 106 | 66.1 | 63.8 | 68.6 |
| 尼日利亚 | 21 675 | 17.0 | 5.24 | 104 | 52.7 | 52.3 | 53.1 |
| 巴西 | 21 391 | 32.8 | 1.64 | 105 | 72.8 | 69.6 | 76.0 |
| 孟加拉国 | 16 852 | 26.3 | 1.98 | 105 | 72.4 | 70.6 | 74.3 |
| 俄罗斯 | 14 344 | 38.8 | 1.49 | 106 | 69.4 | 64.2 | 74.8 |

续表

| | 人口/万 | 年龄中位数/岁 | 总和生育率 | 出生性别(女100) | 平均预期寿命/岁 | 男性预期寿命/岁 | 女性预期寿命/岁 |
|---|---|---|---|---|---|---|---|
| 墨西哥 | 13 012 | 29.0 | 1.82 | 104 | 70.2 | 66.1 | 74.9 |
| 日本 | 12 517 | 48.4 | 1.30 | 105 | 84.8 | 81.8 | 87.7 |
| 菲律宾 | 11 157 | 24.5 | 2.75 | 108 | 69.3 | 67.2 | 71.5 |
| 埃及 | 10 414 | 23.9 | 2.92 | 105 | 70.2 | 67.9 | 72.6 |
| 埃塞俄比亚 | 10 408 | 18.5 | 4.16 | 106 | 65.0 | 61.9 | 68.3 |
| 越南 | 9 946 | 32.0 | 1.94 | 111 | 73.6 | 69.1 | 78.2 |
| 刚果(金) | 9 680 | 15.6 | 6.16 | 102 | 59.2 | 57.0 | 61.5 |
| 伊朗 | 8 569 | 31.9 | 1.69 | 105 | 73.9 | 71.2 | 76.8 |
| 土耳其 | 8 528 | 30.9 | 1.89 | 105 | 76.0 | 73.0 | 79.1 |
| 德国 | 8 379 | 44.9 | 1.53 | 106 | 80.6 | 78.1 | 83.2 |
| 泰国 | 7 008 | 39.3 | 1.33 | 106 | 78.7 | 74.5 | 83.0 |

数据来自联合国《世界人口展望》,2021年数据。

## 1 生育率和预期寿命的变化:中国的人口抚养比

抚养比(Dependency Ratio)或称抚养负担是描述一国人口经济发展和年龄结构的重要指标,包括总抚养比、少儿抚养比和老年抚养比。总抚养比可以用来衡量参加经济劳动的人口和不参加经济劳动的人口占比,将0~14岁人口和65岁及以上劳动者作为不参加工作的人口,少年儿童尚未参加社会分工,主要依靠父母的抚养生活,但他们是现阶段的消费者和未来的生产者;老年人主要依靠养老金和储蓄金生活,较少参与社会劳动分工;将15~64岁的人口作为参与劳动的人口,他们依靠参与社会劳动分工取得收入,并承担扶老携幼的角色,是生产者。总抚养比是指人口总体中非劳动年龄人口数与劳动年龄人口数之比,通常用百分比表示,说明每100名劳动年龄人口大致要负担多少名非劳动年龄人口。计算公式为:

$$GDR = \frac{P_{0\sim14} + P_{65+}}{P_{15\sim64}} \times 100\%$$

少儿抚养比,指人口总体中少年儿童人口数与劳动年龄人口数之比,用以反映每100名劳动年龄人口要负担多少名少年儿童。计算公式为:

$$CDR = \frac{P_{0\sim14}}{P_{15\sim64}} \times 100\%$$

老年人口抚养比,指人口总体中老年人口数与劳动年龄人口数之比,用以表明每100名劳动年龄人口要负担多少名老年人。老年人口抚养比是从经济角度反映人口老化社会后果的指标之一。计算公式为:

$$ODR = \frac{P_{65+}}{P_{15\sim64}} \times 100\%$$

式中,GDR为总抚养比;ODR为老年人口抚养比;CDR为少年儿童抚养比;$P_{0\sim14}$为0~14岁少年儿童人口数;$P_{65+}$为65岁及以上的老年人口数;$P_{15\sim64}$为15~64岁劳动年龄人口数;国际上一般把15~64岁列为劳动年龄人口。

从2012年开始,中国劳动年龄人口数量下降,中国抚养人口占总数将由2015年的37%不断提高。抚养率比例的提高,特别是老年人口抚养比例的提高(见表12-2),将给我国社会基本养老和医疗保障工作带来巨大的经济和财政负担,导致更高的税收水平或更高的退休年龄,将会对中国经济发展产生负面影响。

**表12-2 1953—2020年中国各年龄段人口比重及抚养比**　　单位:%

| 普查年份 | 各年龄段人口比重 ||| 少儿抚养比 | 老年抚养比 | 总抚养比 |
|---|---|---|---|---|---|---|
| | 0~14 | 15~64 | 65+ | | | |
| 1953 | 36.28 | 59.31 | 4.41 | 61.17 | 7.44 | 68.61 |
| 1964 | 40.69 | 55.75 | 3.56 | 72.99 | 6.39 | 79.37 |
| 1982 | 33.59 | 61.5 | 4.91 | 54.62 | 7.98 | 62.60 |
| 1990 | 27.69 | 66.74 | 5.57 | 41.49 | 8.35 | 49.84 |
| 2000 | 22.89 | 70.15 | 6.96 | 32.63 | 9.92 | 42.55 |
| 2010 | 16.6 | 74.53 | 8.87 | 22.27 | 11.90 | 34.17 |
| 2020 | 17.95 | 68.55 | 13.5 | 26.19 | 19.69 | 45.88 |

资料来源:国家统计局《中国统计年鉴2020》及作者计算。

不同年龄段的人口数量对于社会和经济发展有着不同的影响。0～14岁的人口大多认为是消费者和潜在的生产者,无劳动能力,需要劳动力群体在健康和职业技术教育两个方面都给予较为密集的投入。15～64岁的人群是劳动的贡献人群,是生产者与消费者之间的统一,通过家庭内部的抚养和税收活动,向少年儿童和老年人提供消费支持,劳动力群体可以为劳动力市场提供更多的劳动力资源,参与其他经济活动,并提供储蓄资源。到了65岁以后退出生产活动后,又变成纯消费者,需要物质及心理的补贴及供养。从生产发展的角度分析来看,劳动年龄段的人口是整个国民经济发展的主要人群,在总人口中他们所占的比重高低直接影响到整个国民经济。

生命周期理论解释了劳动年龄人口与非劳动年龄人口对经济影响的异质性。生命周期(Lifecycle Model)理论认为,人们会通过资本市场将劳动收入均匀地分配给生命的所有阶段,使得每个阶段的边际消费效用相等,消费者会长期规划开支,在做出一些消费决策时既要充分考虑当前的收入,也要充分考虑未来的收入。储蓄的动机受一个人的职业收入、退休时间和社会养老金的影响,收入在人的一生中有计划地、系统地变化。一般而言,少年儿童几乎无任何经济收入,消费远远多于储蓄。步入成年之后,收入不断增长,收入远远超过了消费,储蓄能力也得到了极大的增强。进入老年后,收入和消费来源就逐渐减少,主要依靠退休金生活,消费额既会超出总收入,又进行负储蓄状态(Modigliani F. and Brumburg,1954)。

一般生育率是指一定时期内(通常为一年)出生人数与同时期内育龄妇女人数的比值,通常按年计算,并用千分数表示,即平均每千名育龄妇女对应的活产婴儿数。育龄妇女通常是指15～49岁的妇女,不论其是否结婚和具有生育能力。一般生育率是生育率度量中的基本指标,能较为综合地衡量一个国家或地区的人口生育水平,但仍然受到育龄妇女内部年龄结构的影响。而平均预期寿命是指假若当前的分年龄死亡率保持不变,同一时期出生的人预期能继续生存的平均年数。它以当前分年龄死亡率为基础计算,但实际上,死亡率是不断变化的,因此平均预期寿命是一个存在假设前提的计算结果。

近年来我国一般生育率持续下降,而人均预期寿命增长迅速(见图12-1、表12-3)。总抚养比计算可以拆分为少儿抚养比和老年抚养比。中国的是少年抚养比在下降,但是老年抚养比在上升,二者结合,总抚养比总体呈下降趋势,但在近些年大幅提升,抬头趋势明显,应该是少儿抚养比的持续下降,已经影响了15～60岁中间人群,从而总体抚养比未来将会持续变大。

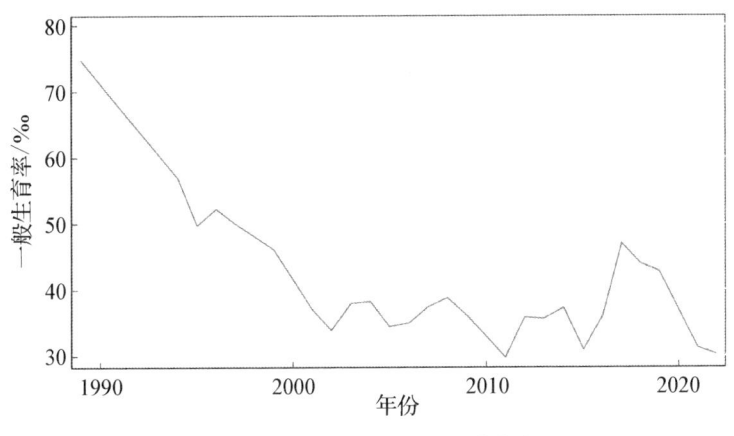

图 12-1 我国一般生育率数据

表 12-3 我国平均预期寿命　　　单位:岁

| 年　份 | 平均预期寿命 |
| --- | --- |
| 1981 | 67.77 |
| 1982 | 67.80 |
| 1990 | 68.55 |
| 1996 | 70.80 |
| 2000 | 71.40 |
| 2005 | 72.95 |
| 2010 | 74.83 |
| 2015 | 76.34 |
| 2020 | 77.93 |

尽管规定的少儿抚养比是0～14岁,但结合现实生活,很多学者认为由于教育年限的划分很多人是到22岁以后才大学毕业出来工作,才有能力抚养他人,之前都需要别人抚养,因而可以将抚养比这个比例朝后延伸。根据两次国家统计年鉴的数据(见表12-4),可以看出2000年和2020年每个年龄段的人口占比,2020年有明显下降的是10～14岁以及15～19岁,分别下降了4.04%和3.13%。这十年的数据是80后和00后出生数据的对比,80

后在2000年占比18.38%,00后在2020年的占比只有11.21%,相差7.17%,远远低于80后的占比,80后的同龄压力较大。如今00后即将或者已经步入工作岗位,对整个社会来说这一现象会导致同龄压力下降,劳动力短缺等问题。而这些问题将会在未来五年中更加凸显出来。

表12-4 2000年与2020年各年龄段人口数及占总人口比重

|  | 2020年 人口数 | 占总人口比重/% | 2000年 人口数 | 占总人口比重/% | 人口占比变化/% |
| --- | --- | --- | --- | --- | --- |
| 总 计 | 1 409 778 724 | 100.00 | 1 242 612 226 | 100.00 |  |
| 0~4岁 | 77 883 888 | 5.52 | 68 978 374 | 5.55 | 0.03 |
| 5~9岁 | 90 244 056 | 6.40 | 90 152 587 | 7.26 | 0.86 |
| 10~14岁 | 85 255 994 | 6.05 | 125 396 633 | 10.09 | 4.04 |
| 15~19岁 | 72 684 140 | 5.16 | 103 031 165 | 8.29 | 3.13 |
| 20~24岁 | 74 941 675 | 5.32 | 94 573 174 | 7.61 | 2.29 |
| 25~29岁 | 91 847 332 | 6.52 | 117 602 265 | 9.46 | 2.94 |
| 30~34岁 | 124 145 190 | 8.81 | 127 314 298 | 10.25 | 1.44 |
| 35~39岁 | 99 012 932 | 7.02 | 109 147 295 | 8.78 | 1.76 |
| 40~44岁 | 92 955 330 | 6.59 | 81 242 945 | 6.54 | -0.05 |
| 45~49岁 | 114 224 887 | 8.10 | 85 521 045 | 6.88 | -1.22 |
| 50~54岁 | 121 164 296 | 8.59 | 63 304 200 | 5.09 | -3.5 |
| 55~59岁 | 101 400 786 | 7.19 | 46 370 375 | 3.73 | -3.46 |
| 60~64岁 | 73 382 938 | 5.21 | 41 703 848 | 3.36 | -1.85 |
| 65~69岁 | 74 005 560 | 5.25 | 34 780 460 | 2.80 | -2.45 |

资料来源:国家统计局《中国统计年鉴2020》。

和其他国家相比,中国目前的老龄化还存在"未富先老"问题。中国和巴西的数据对比可以发现,中国的老年抚养比高于巴西而人均GDP低于巴西(见表12-5),中国的养老压力相对更加巨大。通过人均GDP的节点与抚养比的数据可以看出,中国的人均GDP还没有突破1万美元时,老年抚养比已经开始大幅上升(见表12-6)。

表 12-5  1960—2019 年 9 国人均 GDP 和抚养比现状　　单位:美元;%

| 国　　家 | 人均 GDP | 总抚养比 | 少儿抚养比 | 少儿抚养比贡献率 | 老年抚养比 | 老年抚养比贡献率 |
| --- | --- | --- | --- | --- | --- | --- |
| 英国 | 43 712 | 57 | 28 | 49 | 29 | 51 |
| 德国 | 47 447 | 55 | 21 | 39 | 33 | 61 |
| 美国 | 55 753 | 53 | 28 | 53 | 25 | 47 |
| 日本 | 49 188 | 68 | 21 | 31 | 47 | 69 |
| 韩国 | 28 675 | 39 | 18 | 46 | 21 | 54 |
| 巴西 | 11 122 | 43 | 30 | 69 | 13 | 31 |
| 中国 | 8 255 | 41 | 25 | 61 | 16 | 39 |
| 印度 | 2 152 | 49 | 40 | 81 | 10 | 19 |
| 印度尼西亚 | 4 451 | 48 | 39 | 81 | 9 | 19 |

数据来源:世界银行公开数据,https://data.worldbank.org.cn。

表 12-6  1960—2019 年中国在人均 GDP 节点的抚养比与贡献率　　单位:%

|  | 500 美元 |  | 1 000 美元 |  | 2 500 美元 |  | 5 000 美元 |  | 7 500 美元 |  |
| --- | --- | --- | --- | --- | --- | --- | --- | --- | --- | --- |
|  | 抚养比 | 贡献率 | 抚养比 | 贡献率 | 抚养比 | 贡献率 | 抚养比 | 贡献率 | 抚养比 | 贡献率 |
| 总抚养比 | 56 |  | 50 |  | 37 |  | 37 |  | 40 |  |
| 少儿抚养比 | 48 | 86 | 41 | 82 | 26 | 70 | 25 | 68 | 25 | 63 |
| 老年抚养比 | 8 | 14 | 9 | 18 | 11 | 30 | 12 | 32 | 15 | 38 |

注:数据来源:世界银行公开数据,https://data.worldbank.org.cn。

## 2　就业人口的产业分布变化:中国的刘易斯拐点

阿瑟·刘易斯把发展中国家的经济区分为两个部门,即传统农业为主的"维持生计的部门"和现代工业为主的"资本主义部门"。在传统经济部门中,人口众多,劳动力无限供给,劳动的边际生产力相对低下。现代经济部门在增长和扩大的过程中,可以用不变的工资水平,无限获得所需要的劳动力,直到现代经济部门的发展把传统经济部门的剩余劳动力吸收殆尽。刘易斯的理论经由兰尼斯和费景汉进一步发展为二元经济结构理论。按照这个理论,一个发展中经济体需经历两大阶段:第一个阶段存在剩余劳动力,城乡市场不统一,即形成"二元结构";第二个阶段剩余劳动力被工业完全吸收,城乡结构统一,社会进入现代经济阶段。剩余劳动力被吸收完的这个时点,成为二元经济发展过程中的重要转折点,被称为"刘易斯转折点"。

二元经济发展有三个阶段和两个转折点。第一个阶段是劳动力无限供给的典型二元经济发展阶段。农业中有大量剩余劳动力,劳动的边际生产力极低,现代部门的工资基本不增长。第二个阶段,劳动力需求增长速度超过劳动力供给增长速度,现代部门工人的工资开始提高,但是农业劳动力报酬尚未由劳动的边际生产力决定,农业与现代部门的劳动边际生产力仍然存在差异。第三个阶段,农业部门和现代经济部门的报酬都已经由劳动的边际生产力决定,而且两个部门劳动的边际生产力达到相等,这个阶段的到来意味着二元经济特征的消失。通常,从第一个阶段到第二个阶段转变的时点,被称为第一个刘易斯转折点,从第二个阶段到第三个阶段的转变被称为第二个刘易斯转折点。

中国改革开放以来,农业剩余劳动力开始大规模转移,完成了经济史上罕见的资源重新配置过程。从农业剩余劳动力的大量累积和持续存在,到剩余劳动力向非农产业和城镇转移,以及很长时间内非农产业以相对低廉的工资成本吸纳了农业中转移出的劳动力,中国经历了一个特征鲜明的二元经济发展过程。从2004年开始,沿海地区出现"民工荒"现象,随后在全国范围内蔓延,演变为普遍性的劳动力短缺。当劳动力转移到达这样的阶段,虽然劳动力并没有出现绝对的不足,但是雇主开始通过提高工资水平来吸引工人,因而引起普通劳动者工资的普遍和持续上涨。根据蔡昉研究的结果(2022)[①],除了劳动力转移通过劳动力数量充分供给、劳动力年龄结构改善、资本回报率提高之外,劳动力从农业转向非农产业所创造的资源重新配置效率,也成为整体生产率提高的重要贡献因素。在1978—2020年,农业劳动力比重从70.5%下降到23.6%,农业增加值比重从27.7%下降到7.7%,与此同时,粮食总产量增加了1倍多,肉类产量增加了6倍多,园林水果产量到2019年增长了28倍。经过30多年的经济发展、人口转变以及相伴随的就业扩大,中国城乡就业总规模从1978年的4.02亿元增加到2015年的7.75亿元。与此同时,作为大规模农业劳动力转移的结果,第一产业就业比重从70.5%下降到28.3%,第二产业和第三产业就业比重从17.3%和

---

[①] 蔡昉:《刘易斯转折点——中国经济发展阶段的标识性变化》,《经济研究》,2022年第1期。

12.2%分别提高到29.3%和42.4%。蔡昉教授将劳动力在中国的产业分布进行了一系列技术化调整,将国家统计数据、调整过的数据分别与世界平均水平以及各类收入分组国家平均水平进行比较(见表12-7),可以看出,中国三个产业间的就业分布仍然具有非典型化结构特征,特别表现为农业劳动力比重过高和第三产业劳动力比重偏低。与高收入国家和地区相比,农业劳动力比重仍然过高,第三产业就业比重尚低。

表12-7 三个产业劳动力分布的国际比较　　　　　　　　　　单位:%

| 国家和地区 | 第一产业 | 第二产业 | 第三产业 |
| --- | --- | --- | --- |
| 中国(统计数据) | 28.3 | 29.3 | 42.4 |
| 中国(调整数据) | 18.3 | 33.4 | 48.3 |
| 世界平均 | 29.5 | 21.5 | 48.9 |
| 低收入国家 | 68.5 | 8.3 | 23.2 |
| 中等偏下收入国家 | 40.4 | 21.3 | 38.3 |
| 中等偏上收入国家 | 23.9 | 24.0 | 52.1 |
| 高收入国家 | 3.1 | 22.5 | 74.3 |
| 东亚高收入经济体 | 4.1 | 35.3 | 60.3 |

注:前两行系分别按统计数据和调整数据口径的数值,其他则是国际劳工组织通过模型估算的数值。
资料来源:国家统计局(历年)。

在1978—2015年,中国总体劳动生产率年均增长率约为8.1%。其中第一产业的贡献稳定下降;第二产业的贡献大幅度提高,第三产业贡献率也有所提高,但贡献率显著低于第二产业(见表12-8)。值得关注的是,资源重新配置的贡献也很显著,这里包括劳动力重新配置的红利效应。

表12-8 三个产业及重新配置对劳动生产率的贡献　　　　　　单位:%

| 年　份 | 年均增长率 | 一产贡献率 | 二产贡献率 | 三产贡献率 | 配置贡献率 |
| --- | --- | --- | --- | --- | --- |
| 1978—2015 | 8.08<br>(8.08) | 17.73<br>(21.86) | 44.22<br>(42.53) | 15.39<br>(14.53) | 22.66<br>(21.08) |
| 1978—1990 | 4.9 | 15.65 | 34.46 | 16.57 | 33.32 |
| 1991—2003 | 9.75 | 7.44 | 61.3 | 16.71 | 14.55 |
| 2004—2015 | 9.58 | 6.68 | 48.69 | 20.27 | 24.36 |

注:括弧内数字系根据调整数据估算的结果。
资料来源:国家统计局《中国统计年鉴2016》。

2004年开始,中国的劳动力市场出现供不应求状况,甚至逐步蔓延到缺工荒。联合国根据2000年第五次人口普查、2005年1‰人口抽样调查以及随后的调查信息,对中国进行分年龄的人口预测,中国人口总规模预计在2030年达到峰值,届时中国人口为14.62亿人,而在此之前,15~64岁劳动年龄人口于2015年达到峰值,总量为9.98亿人。实际上,2021年年末中国人口数已经达到峰值14.12亿人,15~64岁劳动年龄人口总量在2011年达到峰值10亿。国家统计局的统计资料显示:从2012年开始,处于劳动年龄的人口数量开始大幅下降,2014年中国的15~64岁人口减少了113万人,并且每年减少的数量逐年递增,到2018年减少472万人,2013年到2018年,我国的劳动年龄人口占比从73.9%左右下降至71.2%。根据预测,到2030年,我国的劳动年龄段就业人口预计每年比上年下降760万人,到21世纪中叶,劳动年龄段就业人口将从2030年的8.3亿人左右逐年下降至7.0亿人左右。劳动年龄人口规模下降带来最显著的影响就是企业用工成本增加,资本报酬递减,社会储蓄率降低。很多学者(蔡昉,2022)认为,中国2004年出现的劳动力短缺现象到劳动年龄人口到达峰值,劳动力峰值触顶多的2010年、2011年左右这段时间,应该符合刘易斯转折区间的特征。人口年龄结构变化、劳动力市场供求关系变化、普遍出现的民工荒的确也带动了整体中国普通劳动者的一波工资上涨。

刘易斯拐点的跨越,对于中国而言具有非常重要的中长期意义,它表明中国正从一个传统的农业经济部门为主的国家向工业化国家快速转变,大量劳动力基本转移完成,传统农业部门和现代经济部门的劳动边际生产力开始逐步接近,困扰多年的中国二元经济结构特征正在逐步消失。同时,对中国的政府、企业和各个经济主体都带来了新的挑战,如何发掘中国经济增长可持续性,更好地把转移到产业里工作的农业人口变为城市人口,实现全面的城市化,除了作为劳动力供给者之外,还应该成为商品的需求者,城市公共基础设施的享有者,社会保障制度的覆盖者。

## 3 学历教育水平的变化:中国的人才红利

当一个经济社会体的人口再生产类型从原来的"高出生率、高死亡率、低自然增长率"向"高出生率、低死亡率、高自然增长率"的类型转变,进而最终逐步形成"低出生率、低死亡率、低自然增长率"的过程中,人口抚养比低,这一发展过程平均持续时间相对较长,表现为"中间大,两头小"的一种基本结构,劳动力充足、社会成本负担小、储蓄和社会投资活动成本明显增加,中国人口结构为国民经济和人类社会持续发展提供额外经济效益的社会经济现象,被称为人口红利(陈卫,2010)。中国人口的年龄结构在1960年以后,社会抚养负担不断下降,一大批成年人口进入劳动力市场,丰富的人力资源助推了经济的快速发展,吸引了大量国内外企业投资,中国经济发展获得了人口红利,1978—2010年中国经济迅猛发展,GDP平均增长率接近10%,1984年、1992年和2007年则超过14%,经济发展速度位于世界前列。蔡昉(2004)的研究发现,中国经济之所以能够迅速健康发展,很大一部分的原因是人口年龄结构的改变,劳动年龄段人口的增长对于中国社会经济快速增长的贡献率为25%左右,再加上劳动力红利的影响,人口年龄结构变动的贡献率接近于30%。

然而人口红利不是永久存在的,中国人口结构转变进程要快于人们的预期。根据第七次人口普查的数据,2020年中国人口达到14.1亿人,出生人口较2019年下降260万人,65岁及以上人口占比达13.5%;2021年出生人口降至1 062万人,创1949年以来新低,65岁及以上人口占比达14.2%,进入深度老龄化社会。我国老年人口规模庞大,并且人口老龄化发展速度较快,异质性突出。目前我国是世界上唯一一个老年人口超过2亿人的国家,人口老龄化第二次和第三次冲击波将在21世纪前半叶接踵而至,老年人口将迅速增加,预计2050年左右,60岁及以上老年人口将达到5.2亿人的峰值,占全球老年人口的1/4,届时人口老龄化水平将达到39%左右,中国将步入全球人口老龄化水平最高的国家行列。1962—1976年的婴儿潮人口加速步入老龄化,退出劳动力市场。前期的人口红利将不可避免地转变为巨大的老龄化负担,中国正从过去几十年的人口红利期转入人口负担期,未来的养老负担、社保支出和政府债务将持续上升。

从经济长期发展的角度来看,人口老龄化将会降低中国的储蓄率并进而对人均GDP及其增长率产生不利影响。老年人口比重上升将导致社会赡养负担加重,进而影响劳动力市场、削减储蓄投资、冲击资本积累和阻碍技术进步等,即人口老龄化会对经济增长产生负面效应。通过人口预测数据，可以发现中国老龄化发展最快的时期是2010年的第一个人口转折点到2025—2030年的第二个人口转折点。老龄化程度的加深将从供给侧产生一个新的、叠加的冲击，并进而扩展为需求侧冲击。潜在增长能力进一步减弱从而经济增长减速，降低基础设施的投资需求，降低企业通过投资扩大产出能力的意愿，进而降低资本形成对经济增长的贡献水平。劳动力短缺和工资上涨，将推动劳动力丰富的传统比较优势不断下降，使国际市场对中国劳动密集型产品的需求加快转向其他国家的生产者，降低出口需求对经济增长的贡献水平。经济增长和劳动力转移的减速，将会使劳动者收入提高速度减慢，相应地会弱化居民消费需求。与此同时，人口老龄化虽然显著抑制了经济高质量发展，但又对制造业转型升级形成倒逼机制，催生并强化了中国制造业结构合理化和高度化的内生动力，在制造业转型升级的正向部分中介效应下，人口老龄化对经济高质量发展的负面影响得到一定程度的缓解。

与此同时，生育率的下降将对教育产生很大影响。根据教育部数据，2021—2023年，全国小学分别减少约3 700所、5 100所、5 600所；全国初中从升到降，分别增66所、减400所、减200所。据北京大学中国教育财政科学研究所田志磊团队此前研究预测，全国小学学龄人口分别在2022年和2023年保持1.08亿人左右的高位，2024年开始明显下滑，预计每年的降幅分别为413万人、363万人和667万人，到2026年跌破1亿人，约为9 418万人。2024年年初的全国教育工作会议亦首次提出"着眼人口变化趋势加强前瞻性布局"，意在应对未来持续扩大的少子化冲击。和中学的入学人数减少相比，全国高等教育规模仍在扩张：2023年，各种形式的高等教育在学总规模4 763.19万人，比上年增加108.11万人，增长2.32%；普通、职业本专科共招生1 042.22万人，比上年增长2.73%。高等教育毛入学率60.2%，比上年提高0.6个百分点。2023年，全国共招收研究生130.17万人，比上年增长4.76%。其中，招收博士生15.33万人，比上年增长10.29%；硕士生114.84万人，比上年增长4.07%。在学研究生388.29万人，比上年增长6.28%。其中，在学博士生61.25万人，比上年增长10.14%；在学硕士生327.05万人，比上年增长5.59%。

尽管扩招导致了文凭的超额回报减少，但是教育的普及以及教育水平的提升使得人口受教育程度逐渐提升，低技术、低文化、低技能的劳动力逐步转变为高技术、高文化、高技能的优质劳动力,中国的"人才红利"开始推动经济发展。2010年至今,我国人口经历了劳动年龄人口占比和规模依次见顶回落、老龄化加速、人口受教育水平提升,"人口红利"开始向"人才红利"转变。分年龄人口看,2010—2021年15~64岁人口规模从10亿人降至9.7亿人,占比从74.5%降至68.3%。从受教育程度看,受教育程度逐渐提升,"人才红利"将逐渐释放。与2010年第六次全国人口普查相比,2020年每10万人中拥有大学文化程度的由8 930人升为15 467人,拥有高中文化程度的由14 032人升为15 088人。2010—2020年,具有大学文化程度的人数增长73.2%,15岁以上人口平均受教育年限提高9.1%,文盲率由4.08%降至2.67%,受教育程度大幅提高,人口红利逐渐转向人才红利。

在当下的大学专业设置中,理工科的占比不断增加,随着本科招生数量的增加,我国高等教育理工科毕业生数量以及占同龄人口比重均显著提高。依据2017年的相关数据,再利用中国高等教育理工科毕业生数量、高等教育毕业生占同龄人口比重等指标,得出最近年份的中国工程师规模和占比(见图12-2)。2000—2020年,中国的工程师变化呈现两大特征:工程师规模迅速扩大、占劳动力的比重显著提高。中国工程师总量从2000年的521.0万人增加到2020年的1 765.3万人,增长约3.4倍,年均增速为6.3%。工程师在整体劳动力中的比重,也由2000年的0.71%上升到了2020年的2.23%,增加了1.52个百分点。2000—2010年,工程师规模增长超过2倍,年均增速7.7%;2010—2020年,工程师规模增长1.6倍,年均增速4.9%。

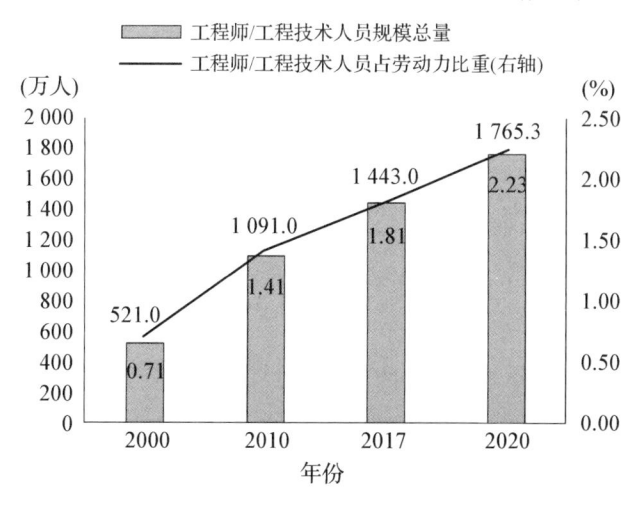

图12-2 中国工程师规模和占比

对当下的中国来说,尽管低技术、低技能、低文化条件下的廉价劳动力已经淡出市场,但是,高技术、高技能、高文化的廉价劳动力已经来到市场,并逐步成为未来中国经济发展、国际竞争力提升、经济转型步伐加快的新动力。据统计,中国每年大学理工科的毕业生数量超过 300 万人,为美国的 5 倍。与此同时,中国的研发人员薪资仅为美国的八分之一左右,这种"工程师红利"可以弥补人口红利逐渐消失所带来的影响。"工程师红利"无疑也是"劳动力红利"的重要组成部分,是升级版的"劳动力红利"。

## 附1:教育的回报率比较

1976 年全国出生人口数 1 849 万人,1991 年进入普通高中就读的人数是 243.8 万人,1976 年同年出生人口中只有 13.19% 的人获得高中文凭。度过高中 3 年以后,1994 年全国本科招生人数 40.96 万人,高中升学率为 16.8%,1976 年出生人口中本科文凭拥有率为 2.2%。本科毕业后,如果 1998 年参加硕士研究生考试,当年硕士研究生招生人数 5.75 万人,本科升学率为 14%,1976 同年出生人口中硕士文凭拥有率为 0.31%。时间来到 2001 年,当年博士研究生招生人数 3.21 万人,硕士升学率为 55.83%,1976 同年出生人口中博士文凭拥有率为 0.17%。

1996 年全国出生人口数 2 067 万人,比 1976 年增长 11.8%。2011 年全国普通高中招生人数 850.78 万人,同龄人中有 41.2% 的人获得高中文凭。2014 年全国本科招生人数 383.42 万人,高中升学率为 45.1%,同龄人中本科文凭拥有率为 18.5%,是 1976 年数据的 8.4 倍。2018 年硕士研究生招生人数 76.25 万人,本科升学率为 19.9%,同龄人中硕士文凭拥有率为 3.7%,是 1976 年数据的 11.9 倍。2021 年博士研究生招生人数 12.58 万人,硕士升学率为 16.5%,同龄人中博士文凭拥有率为 0.6%,是 1976 年数据的 3.5 倍。

普通高中的入学率在过去的三十多年里迎来大幅上升,由 1995 年的 15% 左右上升到 2022 年的 60% 左右,当今的高考考生面临数量巨大的竞争对手。本科录取比例也从 1994 年的 16.3% 上升至 2022 年的 39.2%,扩大了几乎 3 倍,如表 12-9 所示。但是同龄人中本科生比例的上升幅度要大于本科录取比例的上升幅度,1994—2022年这一阶段从2.2%上升至29.4%,扩大了13倍,这也说明本科生的相对竞争力排序下降速度加快,本科学历在一定程度上已经无法满足工作竞争的需求,这也进一步加强了硕士学历的重要性,并导致了考研的激烈竞争。将1994年的本科生、硕士生以及博士生招生人数与2022年的数据进行对比,可以发现：本科招生规模扩大了10倍,但硕士生规模扩大了30倍,博士生规模也扩大了30倍。将1998年的硕士生录取比、硕士同龄比与2022年的数据进行对比,表明硕士生录取比例扩大了2倍,从14%上升至26%；硕士同龄比却扩大了20倍,由0.31%上升至6.23%。

表12-9　中国教育普及数据

| 指标名称 | 中国：出生人数 | 普通高中：招生人数 | 高考报名人数 | 普通本专科招生人数 | 本科招生人数 | 研究生招生人数 | 硕士招生人数 | 博士招生人数 | 普高中入学比 | 本科录取比 | 本科同龄比 | 硕士生录取比 | 硕士同龄比 | 博士录取比 |
|---|---|---|---|---|---|---|---|---|---|---|---|---|---|---|
| 2022 | 956.00 | 947.54 | 1 193.00 | 1 014.50 | 467.94 | 124.20 | 110.35 | 13.85 | 0.594 | 0.392 | 0.294 | 0.26 | 0.062 3 | 0.170 7 |
| 1998 | 1 991.00 | 359.55 | 320.00 | 108.40 | 65.31 | 7.25 | 5.75 | 1.50 | 0.173 | 0.204 | 0.036 | 0.14 | 0.003 1 | |
| 1995 | 2 063.00 | 273.65 | 253.00 | 92.60 | 44.78 | 5.11 | | | 0.152 | 0.177 | 0.025 | | | |
| 1994 | 2 104.00 | | 251.00 | 90.00 | 40.96 | 5.09 | 4.17 | 0.90 | | 0.163 | 0.022 | | | |

入学率=当年招生人数/当年适龄入学人口数；录取率=当年招生人数/当年报考人数；

升学率=当年升入下一学段的人数/当年毕业人数(近似于数年前入学人数)；同龄比=拥有相应文凭人数/同龄人口数。

## 4　区域空间居住的变化：中国的齐普夫法则

城市经济学中的齐普夫法则(Zipf Law)认为：一个国家人口最多的城市人口数量通常是第二多城市人口数的2倍,是第三多城市人口数的3倍,是第四多城市人口数的4倍,以此类推。简言之,人口规模位次排名首位城市人口数量是位次排名第 $n$ 位城市的人口规模的 $n$ 倍,这里面涉及两个量,排名的位次和人口的规模,所以也称为位次-规模法则。

有学者分析了1995—2015年每隔2~3年中国城市人口规模分布,发现基本吻合齐普夫法则,但是相比美国、印度等城市吻合程度略低一点。用

2020年第7次人口普查的数据进行验证发现:中国的城市分布"部分"吻合齐普夫法则,吻合的部分主要是人口规模大于500万人以上的城市,或者排名在210名之前的,但是即使这部分吻合,其斜率参数与完美的齐普夫法则预计的－1也有明显偏颇。头部城市,如人口最多的重庆3 205万人,是第二位上海2 487万人和北京2 189万人的1倍多一点,与齐普夫法则预测的并不十分相符。反观同时期美国的城市则非常符合齐普夫法则,连斜率参数也与齐普夫法则预计的－1相差无几,尤其是头部城市,比如美国人口最多的纽约人口823万人,正好是第二位洛杉矶人口398万人的2倍左右,是第3位芝加哥267万人的3倍左右。齐普夫法则在一定程度上能够解释城市之间规模的特征,但不同的国家情况也会对该法则的普适性形成一定的挑战。

人口分布是人地关系最基本的空间表征。2015年中国劳动年龄人口达到峰值,城市之间的人才争夺战随即展开。在自然地理环境和社会经济条件的双重影响下,人口分布格局具有稳定性和动态性并存的典型特征。2010年以来,中国的区域发展战略和经济地理格局都发生了急剧变化,人口迁移流动也进入深度转变的时期。通过数据分析可以发现,中国人口分布的空间集中趋势明显加强。中国人口空间分布的基尼系数在2000—2010年提高了0.007 4,而2010—2020年则快速提高了0.016 4,人口分布集中化的速度是前10年的2倍以上(见表12－10)。这种快速集中化的人口分布趋势性得到多种统计指标的印证:人口密度在400人/km²以上的地级单元数量由122个逐步增至124个和128个,这些地区承载的人口占全国人口的比例也从51.19%逐步提高到53.35%和57.19%;承载全国80%人口的地区面积由24.96%逐步下降到24.59%和23.20%,而人口规模前20位城市占全国人口比重则由17.51%逐步提高到18.72%和21.05%;在全国人口保持增长的前提下,2010—2020年有156个地级单元人口减少,而在2000—2010年仅有94个。不同视角下的各种指标均可得到类似的结论:全国人口分布的空间集中度持续提高,且2010—2020年的集中化速度是2000—2010年的2倍左右,中国人口正在向少数地区加速集聚。

表 12-10 2000—2020 年各区域人口分布基尼系数变化

| 全 国 | | 2000 年 | 2010 年 | 2020 年 |
| --- | --- | --- | --- | --- |
| | | 0.711 | 0.718 | 0.735 |
| 胡焕庸线两侧 | 东南半壁 | 0.517 | 0.534 | 0.566 |
| | 西北半壁 | 0.754 | 0.748 | 0.752 |
| 四大地区 | 东部 | 0.365 | 0.398 | 0.427 |
| | 中部 | 0.302 | 0.305 | 0.336 |
| | 西部 | 0.773 | 0.765 | 0.771 |
| | 东北 | 0.449 | 0.459 | 0.504 |

资料来源:刘涛,彭荣熙,卓云霞,等.2000—2020 年中国人口分布格局演变及影响因素[J].地理学报,2022,77(02):381-394.

2010—2020 年来各省出现了省会优势凸显的趋势。2000 年以来,各省人口都在集中化,且省会是主要的人口集聚地。2000—2010 年各省人口分布基尼系数平均提升了 0.015,而在 2010—2020 年平均提升幅度达到了 0.028,省域人口分布集中化速度明显加快;同时,20 年来各省省会人口占比均持续提升,平均累计提升幅度达 5.1 个百分点,且多数省会人口占比在 2010—2020 年的升幅都高于 2000—2010 年。这种"共变"的特征表明,省会人口吸引力的提升是省域人口集中化的主要推动力,省域人口分布调整的主要方向也是向省会集中。

从人口规模来看,不同城市群之间的常住人口规模差异巨大。2015 年常住人口规模超过 1 亿人的城市群共有 3 个,分别是长三角城市群、长江中游城市群和京津冀城市群。而常住人口规模在 2 000 万人以下的城市群共有 5 个,分别是山西中部城市群、呼包鄂榆城市群、兰州—西宁城市群、宁夏沿黄城市群和天山北坡城市群。从人口增长量来看,除成渝城市群之外,其余 18 个城市群 2000—2015 年均呈现人口规模增长的趋势。珠三角城市群虽然 2015 年的人口规模排名处于中游,但其人口增长量排名第三,仅次于长三角城市群和京津冀城市群。与之相反,成渝城市群虽然人口规模总量较大,但由于 2000—2015 年人口大量外迁,成为 19 个主要城市群中唯一一个人口负增长的城市群。表 12-11 展示了 19 个主要城市群 2000—2015 年的常住人口规模以及在城市群整体中的比重。19 个主要城市群之间的人口分布差异巨大,且由于极化效应,这种差异有进一步扩大的态势。2000—

2015年,东部地区的京津冀城市群、长三角城市群和珠三角城市群的常住人口增幅巨大,所占比重进一步增加,而西部地区的成渝城市群15年间的人口负增长导致其所占比重严重下降,山东半岛等8个城市群虽然人口规模增加,但比重也出现下降趋势。此外,人口外流使得哈长城市群的人口城镇化率增长缓慢。

表 12-11 2000—2015年19个主要城市群常住人口规模及所占城市群地区比重的变动

| 城市群 | 常住人口/万人 |  |  | 所占比重/% |  |  |
|---|---|---|---|---|---|---|
|  | 2000 | 2015 | 变化量 | 2000 | 2015 | 变化量 |
| 京津冀 | 9 010.23 | 11 142.37 | 2 132.14 | 9.54 | 10.49 | 0.95 |
| 长三角 | 12 164.47 | 14 738.03 | 2 573.56 | 12.88 | 13.88 | 0.99 |
| 珠三角 | 4 287.91 | 5 874.28 | 1 586.37 | 4.54 | 5.53 | 0.99 |
| 山东半岛 | 8 997.18 | 9 847.16 | 849.98 | 9.53 | 9.27 | −0.26 |
| 海峡西岸 | 6 945.64 | 7 891.84 | 946.2 | 7.36 | 7.43 | 0.07 |
| 哈长 | 4 630.7 | 4 837.32 | 206.62 | 4.9 | 4.55 | −0.35 |
| 辽中南 | 3 108.24 | 3 347 | 238.76 | 3.29 | 3.15 | −0.14 |
| 中原地区 | 6 412.2 | 6 781.61 | 369.41 | 6.79 | 6.38 | −0.41 |
| 长江中游 | 11 893.22 | 12 794.53 | 901.31 | 12.6 | 12.05 | −0.55 |
| 成渝 | 9 959.05 | 9 823.93 | −135.12 | 10.55 | 9.25 | −1.3 |
| 关中平原 | 4 065.59 | 4 355.94 | 290.35 | 4.31 | 4.1 | −0.21 |
| 北部湾 | 3 542.5 | 4 111.14 | 568.64 | 3.75 | 3.87 | 0.12 |
| 山西中部 | 1 395.47 | 1 602.62 | 207.15 | 1.48 | 1.51 | 0.03 |
| 呼包鄂榆 | 915.51 | 1 133.51 | 218 | 0.97 | 1.07 | 0.1 |
| 黔中 | 2 633.61 | 2 646.11 | 12.5 | 2.79 | 2.49 | −0.3 |
| 滇中 | 1 999.34 | 2 246.9 | 247.56 | 2.12 | 2.12 | 0 |
| 兰州—西宁 | 1 220.97 | 1 351.57 | 130.6 | 1.29 | 1.27 | −0.02 |
| 宁夏沿黄 | 410.3 | 546.7 | 136.4 | 0.43 | 0.51 | 0.08 |
| 天山北坡 | 825.63 | 1 145.88 | 320.25 | 0.87 | 1.08 | 0.2 |
| 合 计 | 94 417.76 | 106 218.42 | 11 800.67 | 100 | 100 | 0 |

人口迁移既是经济社会发展的结果,也是经济社会发展的关键要素,其将会导致区域之间发展的巨大差距,具体影响体现在以下几个方面:一是人口流入增加年轻劳动力供给,缓解老龄化压力。例如,深圳得益于友好的人才政策,它吸引大量人口流入而成为全国最年轻的城市之一。1980—2020年,深圳常住人口增加1 722.7万人,2000—2020年,深圳65岁及以上人口占比从1.2%升至5.4%,但远低于全国、北京、上海的13.5%、13.3%、16.3%。二是人口流入增加人才供给,促进创新发展。1979年,深圳本地科教资源极少,但通过引进高素质人才和大量办学,高学历人才比例快速提升,新一代信息技术、生物医药、文化创意产业等战略性新兴产业成为支柱。三是集聚效应增强城市竞争力,助推长三角、珠三角等地成为世界级城市群与现代化产业中心。近年来,长三角、珠三角等地进一步发挥其在各类人才、资本、创新资源集聚等方面的优势,促进先进制造业集群和现代服务业集群融合发展,形成协同集聚的合理空间布局。四是人口流入增加人口规模,扩大消费需求,并且消费增速与人口流入正相关。从社会消费品零售总额来看,2020年中国城市消费总额前十强的城市分别是上海、北京、重庆、广州、深圳、成都、苏州、南京、武汉和杭州,这些城市人口规模也绝大部分位列全国前15。

## 附2：中国省际及省内人口流动的变化[①]

2010年以来,省级内部流动人口增速明显快于省际流动增速。**省内流动人口增长比跨省流动人口增长更快,人口平均流动半径缩短。**贾珅(2024)根据第六次和第七次全面人口普查数据计算,全国流动人口当中,省内流动人口从2010年的1.35亿人上升至2020年的2.51亿人,占全部人口比重从10.1%上升至17.8%,占流动人口比重从61.1%上升至66.8%;跨省流动人口从0.86亿人上升至1.25亿人,占全部人口比重从6.4%上升至8.9%,占流动人口比重从38.9%下降至33.2%。整体来看,省内流动人口、跨省流动人口规模都有所增长,但前者增速明显快于后者,表明最近10年的

---

① 贾珅:《我国人口流动趋势近十年来呈现新变化》,《经济要参》2024年第10期。

人口流动数量上"就近多于远迁",增速上也是"省内快于跨省"的特点,同时也表明一部分跨省流动人口已经转回在省内流动。2020年来自东部、中部、西部东北地区四大区域的流动人口中,在省内流动的人口占比分别为80.0%、56.8%、64.3%和71.5%,较2010年分别上升2.1、10.7、5.3和2.5个百分点,中西部地区省内流动占比提升更为明显。

年轻人、低学历、女性省内流动人口占比提升较多。分年龄看,2020年我国19岁以下、20岁至54岁、55岁以上的流动人口中在省内流动的比例分别为78.4%、60.8%和74.7%,相对年轻(前两组)的流动人口的省内流动占比较2010年分别上升6.6和4.7个百分点,老龄(第三组)流动人口的省内流动占比较2010年下降2.3个百分点。

分受教育程度看,2020年我国小学、初中、高中、大专学历的流动人口在省内流动的比例分别为68.7%、60.5%、71.2%和72.9%,较2010年上升7.8、7.1、1.3和0.5个百分点,大学本科和研究生学历的流动人口在省内流动的比例分别为65.8%和42.1%,较2010年下降0.7和6.5个百分点。分性别看,2020年我国省内流动人口中男性为1.27亿人,占比50.6%,省内流动人口的男女性别差异较小,跨省流动人口中男性为0.72亿人,占比57.4%,明显高于女性。与2010年相比,女性流动人口在省内流动的比例提升较男性更为明显,跨省流动人口中男女性别差异有所扩大。

中国省内人口流动增加而跨省流动减少的原因可能包括以下几个方面:第一,各区域产业和就业结构的变化。随着我国产业结构的调整,制造业就业区域格局发生了重大变化。东部地区的制造业就业人数减少,而中西部地区则保持增长。这种就业机会的区域性转移导致了劳动力从东部向中西部流动的需求减少。2010年至2020年,东部地区制造业就业人数从7 893万人下降至7 134万人;减少760万人,占全国制造业就业比重从65.5%下降至60.2%,这与2000年至2010年东部地区制造业就业人数增加2 650万人、占全国制造业就业比重上升2.6个百分点形成巨大反差。与东部地区相反,2010年至2020年,中西部地区制造业就业人数增加696万人,与东部地区制造业就业人数减少760万人相比,就业人数增量差异达1 460万人,中西部地区占全国制造业就业比重也从30.0%提高至36.4%。第二,服务业在东部地区已经相对成熟,而中西部地区服务业的就业增长速度更快,吸引了更多的省内流动人口。服务业的发展与制造业的区域格局变化和国内消费格局变化相互作用,共同推动了服务业区域格局的变化。第三,社会民生领域的追赶式发展,中西部地区的住房、教育等社会民生领域实现了追赶式发展,吸引了部分流动人口。住房条件的改善和教育资源的提升使得中西部地区对人口的吸引力增强。2020年,由于工作就业原因迁移的跨省流动人口占全部跨省流动人口的比重为68.3%,较2010年下降8.9个百分点,由于学习培训、拆迁搬家原因迁移的跨省流动人口占比则分别上升了3.7和3.0个百分点;由于工作就业原因迁移的省内流动人口占全部省内流动人口的比重为28.6%,较2010年下降6.5个百分点,由于拆迁搬家原因迁移的省内流动人口占比上升了12.0个百分点。这表明社会因素在人口流动中发挥的作用越来越重要,从比例来看,最为重要的社会因素就是住房和教育。最后,中西部地区的城镇居民人均可支配收入增长总体上快于东部地区,居民收入的增长带动了消费能力的提升,进一步促进了服务消费的快速增长和服务业就业的增长。而东部地区的高房价或租金抵消了人口集聚的红利,使得中西部地区相对较低的生活成本成为吸引人口流动的优势。中西部地区高等教育的提升缩小了与东部地区的差距,对人口迁移产生了重要影响。中西部地区高校在校学生数的增加,提高了这些地区对人口的吸引力。

## 附3：乡村人口空心的局面

第七次全国人口普查(以下简称"七普")数据显示,2020年我国乡村(常住)人口50 979万人,占比36.11%。比2000年减少3亿人,占比下降27.6%。张云华(2024)进行的人口队列要素预测显示(见表12-12),到2025年"十四五"期末,乡村人口将下降至4.5亿人,2030年"十五五"期末将下降至4亿人,到2035年基本实现社会主义现代化时将降至3.3亿人,占比降低至约1/4(届时总人口预计13.5亿~13.7亿人),65岁以上老龄人口占比约37%;乡村人口到2040年将降至3亿人,占比接近两成。到2050年乡村人口将降至2.5亿人,比2040年大约减少5 000万人。乡村人口空心化、老龄化问题相较更为严重。

2020年,日本、荷兰、澳大利亚乡村人口占比仅分别为8.24%、7.76%、

13.76%,美国、加拿大、英国、西班牙、韩国等发达国家的乡村人口占比为16%~20%,巴西、墨西哥、阿根廷等发展中国家的乡村人口占比分别为12.93%、19.27%、7.89%(见表12-13)。我国无锡、苏州等发达地区乡村人口占比低于20%,佛山、东莞等地甚至低于10%,这在一定程度上已体现出乡村人口发展的未来趋势。

**表12-12 2020年至2050年乡村人口数量预测**

| 年份 | 乡村总人口(人) TFR=1.1 | TFR=1.3 | TFR=1.5 | 15—64岁比例(%) TFR=1.1 | TFR=1.3 | TFR=1.5 | 65岁以上比例(%) TFR=1.1 | TFR=1.3 | TFR=1.5 |
|---|---|---|---|---|---|---|---|---|---|
| 2020 | 509 787 562 | 509 787 562 | 509 787 562 | 63.01 | 63.01 | 63.01 | 17.72 | 17.72 | 17.72 |
| 2021 | 481 187 215 | 481 814 529 | 482 441 844 | 62.57 | 62.51 | 62.45 | 19.09 | 19.06 | 19.04 |
| 2022 | 480 846 489 | 482 080 104 | 483 313 733 | 62.54 | 62.43 | 62.32 | 19.85 | 19.80 | 19.76 |
| 2023 | 466 596 039 | 468 364 524 | 470 133 049 | 62.72 | 62.55 | 62.37 | 20.82 | 20.75 | 20.68 |
| 2024 | 452 168 671 | 454 420 918 | 456 673 239 | 63.29 | 63.05 | 62.82 | 21.50 | 21.40 | 21.30 |
| 2025 | 451 281 515 | 454 053 702 | 456 826 000 | 63.86 | 63.58 | 63.30 | 21.74 | 21.61 | 21.49 |
| 2026 | 436 605 336 | 439 786 290 | 442 967 397 | 64.62 | 64.27 | 63.92 | 22.27 | 22.12 | 21.97 |
| 2027 | 421 934 884 | 425 484 582 | 429 034 472 | 64.69 | 64.28 | 63.87 | 23.62 | 23.43 | 23.25 |
| 2028 | 407 273 918 | 411 155 782 | 415 037 867 | 64.09 | 63.62 | 63.16 | 25.55 | 25.33 | 25.10 |
| 2029 | 406 069 075 | 410 392 941 | 414 717 054 | 63.86 | 63.35 | 62.84 | 26.56 | 26.29 | 26.04 |
| 2030 | 391 342 320 | 395 948 798 | 400 555 544 | 63.31 | 62.73 | 62.17 | 28.38 | 28.07 | 27.76 |
| 2031 | 376 627 853 | 381 487 632 | 386 347 690 | 62.64 | 61.99 | 61.36 | 30.37 | 30.00 | 29.64 |
| 2032 | 361 928 278 | 367 013 329 | 372 098 656 | 62.21 | 61.49 | 60.79 | 32.19 | 31.76 | 31.34 |
| 2033 | 360 625 218 | 366 110 353 | 371 595 751 | 61.24 | 60.48 | 59.74 | 33.46 | 32.98 | 32.51 |
| 2034 | 345 982 438 | 351 654 011 | 357 325 838 | 60.20 | 59.37 | 58.56 | 35.57 | 35.01 | 34.48 |
| 2035 | 331 415 130 | 337 246 249 | 343 077 603 | 58.81 | 57.90 | 57.02 | 37.91 | 37.27 | 36.66 |
| 2036 | 330 063 025 | 336 268 581 | 342 474 359 | 57.28 | 56.49 | 55.72 | 38.80 | 38.11 | 37.43 |
| 2037 | 315 560 414 | 321 881 595 | 328 203 073 | 56.49 | 54.76 | 54.05 | 40.94 | 40.15 | 39.39 |
| 2038 | 314 147 778 | 320 833 679 | 327 520 117 | 54.14 | 53.51 | 52.90 | 41.53 | 40.69 | 39.87 |
| 2039 | 312 661 661 | 319 714 511 | 326 768 527 | 52.95 | 52.41 | 51.89 | 41.97 | 41.06 | 40.19 |
| 2040 | 298 209 415 | 305 322 383 | 312 437 742 | 51.45 | 50.97 | 50.50 | 43.70 | 42.70 | 41.74 |

续 表

| 年份 | 乡村总人口(人) ||| 15—64岁比例(%) ||| 65岁以上比例(%) |||
| --- | --- | --- | --- | --- | --- | --- | --- | --- | --- |
|  | TFR=1.1 | TFR=1.3 | TFR=1.5 | TFR=1.1 | TFR=1.3 | TFR=1.5 | TFR=1.1 | TFR=1.3 | TFR=1.5 |
| 2045 | 276 821 845 | 285 327 438 | 293 871 801 | 48.20 | 48.05 | 47.89 | 44.36 | 43.05 | 41.81 |
| 2050 | 241 650 891 | 251 002 596 | 260 520 587 | 46.32 | 46.55 | 46.72 | 46.50 | 44.77 | 43.13 |

注：本研究利用第七次全国人口普查数据，预测2020—2050年乡村人口规模、年龄结构基本情况。预测方法为：首先，以2020年乡村人口规模作为预测基期，进行人口队列要素预测，得到2021—2050年乡村人口规模、年龄结构；其次，按照迁移模式减少乡村人口，以此模拟乡村人口迁出，最终得到2021—2050年乡村人口规模、年龄结构。所需数据包括2020年乡村分性别、年龄的人口规模、死亡模式、生育模式，此外还包括2021—2050年乡村平均预期寿命、总和生育率、出生性别比、迁移模式，其中前三个数据来源于《第七次全国人口普查年鉴》，后四个数据需自行设定，设定平均预期寿命从2020年77.5岁逐步增加；总和生育率设定1.1、1.3、1.5共三个方案；出生性别比设定保持在107（女孩=100）的正常水平；迁移模式按照0~14岁迁移概率为2%，15~64岁迁移概率为3%，65岁及以上迁移概率为1%，TFR为乡村总和生育率。

**表12－13 乡村人口占比国际比较**

| 年份 | 中国 | 日本 | 韩国 | 美国 | 英国 | 加拿大 | 德国 | 法国 | 西班牙 | 荷兰 | 巴西 | 墨西哥 | 澳大利亚 | 阿根廷 |
| --- | --- | --- | --- | --- | --- | --- | --- | --- | --- | --- | --- | --- | --- | --- |
| 1950 | 88.82 | 62.71 | 78.65 | 35.85 | 21.02 | 39.05 | 32.06 | 44.77 | 48.08 | 43.86 | 63.84 | 57.35 | 23.00 | 34.66 |
| 1960 | 80.25 | 36.72 | 72.29 | 30.00 | 21.56 | 30.94 | 28.62 | 38.12 | 43.43 | 40.25 | 53.86 | 49.25 | 18.47 | 26.39 |
| 1970 | 82.62 | 27.93 | 59.30 | 26.40 | 22.88 | 24.35 | 27.73 | 28.95 | 33.96 | 38.34 | 44.09 | 40.98 | 16.00 | 21.12 |
| 1980 | 80.61 | 23.81 | 43.28 | 26.26 | 21.52 | 24.34 | 27.16 | 26.72 | 27.21 | 35.26 | 34.53 | 33.66 | 14.45 | 17.11 |
| 1990 | 73.59 | 22.63 | 26.16 | 24.70 | 21.86 | 23.42 | 26.88 | 25.94 | 24.65 | 31.32 | 26.08 | 28.58 | 14.57 | 13.02 |
| 2000 | 63.78 | 21.32 | 20.38 | 20.94 | 21.35 | 20.52 | 25.04 | 24.13 | 23.74 | 23.21 | 18.81 | 25.28 | 15.77 | 10.86 |
| 2010 | 50.05 | 9.29 | 18.06 | 19.23 | 18.70 | 19.06 | 23.03 | 21.63 | 21.56 | 12.87 | 15.67 | 22.19 | 14.82 | 9.15 |
| 2011 | 48.17 | — | 18.08 | 19.06 | 18.43 | 18.90 | 22.84 | 21.38 | 21.33 | 12.12 | 15.37 | 21.89 | 14.70 | 9.01 |
| 2012 | 46.90 | — | 18.15 | 18.88 | 18.16 | 18.86 | 22.83 | 21.12 | 21.10 | 11.41 | 15.08 | 21.60 | 14.60 | 8.88 |
| 2013 | 45.51 | — | 18.22 | 18.70 | 17.90 | 18.82 | 22.82 | 20.87 | 20.87 | 10.81 | 14.79 | 21.30 | 14.50 | 8.75 |
| 2014 | 44.25 | — | 18.29 | 18.52 | 17.64 | 18.78 | 22.81 | 20.61 | 20.63 | 10.31 | 14.51 | 21.01 | 14.40 | 8.62 |
| 2015 | 42.67 | 8.62 | 18.37 | 18.38 | 17.37 | 18.74 | 22.80 | 20.35 | 20.40 | 9.83 | 14.23 | 20.72 | 14.30 | 8.50 |
| 2016 | 41.16 | — | 18.44 | 18.14 | 17.11 | 18.70 | 22.78 | 20.08 | 20.16 | 9.36 | 13.96 | 20.42 | 14.20 | 8.37 |
| 2017 | 39.76 | — | 18.50 | 17.94 | 16.86 | 18.65 | 22.74 | 19.82 | 19.92 | 8.92 | 13.69 | 20.13 | 14.10 | 8.25 |
| 2018 | 38.50 | — | 18.54 | 17.74 | 16.60 | 18.59 | 22.69 | 19.56 | 19.68 | 8.51 | 13.43 | 19.84 | 13.99 | 8.13 |

续 表

| 年份 | 中国 | 日本 | 韩国 | 美国 | 英国 | 加拿大 | 德国 | 法国 | 西班牙 | 荷兰 | 巴西 | 墨西哥 | 澳大利亚 | 阿根廷 |
|---|---|---|---|---|---|---|---|---|---|---|---|---|---|---|
| 2019 | 37.29 | — | 18.57 | 17.54 | 16.35 | 18.52 | 22.62 | 19.29 | 19.44 | 8.12 | 13.18 | 19.56 | 13.88 | 8.01 |
| 2020 | 36.11 | 8.24 | 18.59 | 17.34 | 16.10 | 18.44 | 22.55 | 19.03 | 19.19 | 7.76 | 12.93 | 19.27 | 13.76 | 7.89 |
| 2021 | 35.28 | — | 18.59 | 17.13 | 15.85 | 18.35 | 22.46 | 18.76 | 18.94 | 7.43 | 12.68 | 18.98 | 13.64 | 7.77 |

注：根据《中国统计年鉴》、万得(Wind)数据库资料计算整理。

根据"七普"数据，2020年，我国1 866个县域常住人口约7.4亿人，比2010年减少了约4 000万人，占全国人口的比重降低了6.1个百分点，县城平均人口规模减少2.1万人，常住人口少于5万人的县域有106个。东北、华北、西北、西南大部分山区、传统农区的乡村人口乃至县域人口流失严重。山西省吕梁市曾经的人口第一大县临县的常住人口从"六普"的59万人(户籍人口68万人)降至"七普"的39万人，减少20万人，降幅为1/3。根据农业农村部2018—2021年抽样调查，农村宅基地闲置率为17.4%，其中，空闲废弃宅基地(地上无房屋或房屋已经倒塌)4.7%，季节性闲置宅基地8.0%。

# 参考文献

[1] 王剑.货币的误区(1):货币能清晰定义吗？[EB/OL].(2017-12-10)[2024-03-22].https://mp.weixin.qq.com/s/jzGOEZI-t-httIkPLxNipw.

[2] 亚当·斯密.国富论[M].西安:陕西人民出版社,2001.

[3] 香帅.金融学讲义[M].北京:中信出版集团,2020.

[4] Mishkin, D. D, et al.货币金融学[M].北京:中国人民大学出版社,2016.

[5] Stiglitz J E.经济学:下册[M].北京:中国人民大学出版社,1997.

[6] Mishkin F S.货币金融学[M].北京:中国人民大学出版社,1998.

[7] Meyer T, J S Dusenberry, R Aliber.货币、银行与经济[M].上海:上海三联书店,1994:6.

[8] 李崇淮.论货币形式发展的新阶段——兼同刘光第同志商榷[J].中国社会科学,1982(02):79-98.

[9] 西美尔.货币哲学[M].北京:华夏出版社,2002.

[10] 徐瑾.白银帝国[M].北京:中信出版集团,2017.

[11] 亚当·斯密.国富论[M].北京:商务印书馆,2014.

[12] 弗兰克.白银资本:重视经济全球化中的东方[M].北京:中央编译出版社,2018.

[13] 刘光临.明代通货问题研究——对明代货币经济规模和结构的初步估计[J].中国经济史研究,2011(01):72-83.

[14] 钱江.十六—十八世纪国际间白银流动及其输入中国之考察[J].南洋问题研究,1988(02):81-91.

[15] 彭兴韵.金融学原理[M].第七版.上海:格致出版社,2023.

[16] 杨璇,张明,陈骁.M1、M2剪刀差与宏观经济指标的关系[J].金融

博览,2019(03):33-35.

[17] 钱烨.货币"剪刀差"、资产价格与实体经济关系的实证研究[J].宿州学院学报,2018,33(05):50-54.

[18] 任羽菲.当前中国是否存在流动性陷阱风险——基于货币增速剪刀差与资产价格非线性关联的视角[C]//中国数量经济学会,中央财经大学.21世纪数量经济学(第17卷).中国社会科学院研究生院,2016:21.

[19] 谢平.中国转型经济中的通货膨胀和货币控制[J].金融研究,1994(10):12-16.

[20] 易纲.中国金融资产结构分析及政策含义[J].经济研究,1996(12):26-33.

[21] 赵留彦,王一鸣.中国货币流通速度下降的影响因素:一个新的分析视角[J].中国社会科学,2005(04):17-28+205.

[22] 李昂.中国货币"迷失"问题研究[D].天津:天津财经大学,2015.

[23] 易纲.中国金融资产结构分析及政策含义[J].经济研究,1996(12):26-33.

[24] 李炳,袁威.货币信贷结构对宏观经济的机理性影响——兼对"中国货币迷失之谜"的再解释[J].金融研究,2015(11):33-46.

[25] 陈彦斌,郭豫媚,陈伟泽.2008年金融危机后中国货币数量论失效研究[J].经济研究,2015,50(04):21-35.

[26] 许祥云,施宇,邹彤彤.什么导致了金融危机后的我国"货币迷失"现象——国内原因分析与国际经验借鉴[J].经济学家,2016(10):61-70.

[27] 李翀.货币供给外生性和内生性研究:一个思想史和货币实践的考察[J].人文杂志,2024(01):41-51.

[28] Keynes J M. The Treatise on Money[M].重庆:重庆出版社,2021:2,22-24,19.

[29] Friedman M. 货币稳定方案[M].北京:中国人民大学出版社,2016:104,107.

[30] Cupidon J, Hyppolite J. An Empirical Investigation of the Monetary Model Economic Fundamentals[J]. Modern Economy, 2016, 07:1728-40.

[31] Narayan P, Narayan S, Mishra S, et al. An analysis of Fiji's

monetary policy transmission[J]. Studies in Economics and Finance,2012,29:52-70.

[32] Ryan-collins J,et al. 货币从哪里来[M].北京:中信出版集团,2022.

[33] 张文.经济货币化进程与内生性货币供给——关于中国高 M2/GDP 比率的货币分析[J].金融研究,2008(02):13-32.

[34] 夏春莲.我国外汇储备对货币供给内生性的影响研究[D].武汉:武汉大学,2015.

[35] 周彬,韩律.土地财政、内生货币和企业融资成本——来自中国上市公司数据的验证[J].山西财经大学学报,2020,42(12):53-67.

[36] 赵燕菁.货币、信用与房地产——一个基于货币供给的增长假说[J].学术月刊,2018,50(09):56-73.

[37] 刘京军,张莉,徐现祥.土地出让与银行信贷配置——兼论实体经济为何融资难[J].中山大学学报(社会科学版),2016,56(05):186-200.

[38] 谢丹阳.宏观经济学通识课[M].北京:中信出版集团,2020.

[39] Bryant R C, Mann C L, Hooper P. Evaluating Policy Regimes: New Research in Empirical MacRoeconomics, F, 1993 [C].

[40] Taylor J B. Macroeconomic Policy in a World Economy: From Econometric Design to Practical Operation, F, 1994 [C].

[41] 曹永琴.诺贝尔奖获奖者伯南克与他的金融加速器理论[J].上海经济,2022,(06):93-101.

[42] Bernanke B, Gertler M. Agency Costs, Net Worth, and Business Fluctuations [J]. American Economic Review, 1989, 79(1):14-31.

[43] Bernanke B, Gertler M. Financial Fragility and Economic Performance*[J]. The Quarterly Journal of Economics, 1990, 105(1):87-114.

[44] Bernanke B, Gertler M. Inside the Black Box: The Credit Channel of Monetary Policy Transmission [J]. Journal of Economic Perspectives, 1995, 9(4):27-48.

[45] 杜鹏.积极应对人口老龄化的中国道路[J].人口研究,2022,46(06):17-22.

[46] 胡鞍钢,刘生龙,马振国.人口老龄化、人口增长与经济增长——来自中国省际面板数据的实证证据[J].人口研究,2012,36(03):14-26.

[47] 蔡昉.中国老龄化挑战的供给侧和需求侧视角[J].经济学动态,2021(01):27-34.

[48] 何冬梅,刘鹏.人口老龄化、制造业转型升级与经济高质量发展——基于中介效应模型[J].经济与管理研究,2020,41(01):3-20.

[49] 宣晓伟,欧阳俊.中国工程师红利的潜在优势与建议[J].发展研究,2024,41(01):34-38.

[50] 谭浩俊."工程师红利"时代到来[J].决策,2017(12):90.

[51] 刘睿文,封志明,杨艳昭,等.基于人口集聚度的中国人口集疏格局.地理科学进展,2010,29(10):1171-1177.

[52] 陈明星,李扬,龚颖华,等.胡焕庸线两侧的人口分布与城镇化格局趋势:尝试回答李克强总理之问.地理学报,2016,71(2):179-193.

[53] 刘涛,彭荣熙,卓云霞,等.2000—2020年中国人口分布格局演变及影响因素[J].地理学报,2022,77(02):381-394.

[54] 张耀军,王小玺.城市群视角下中国人口空间分布研究[J].人口与经济,2020(03):1-13.

[55] 刘涛,彭荣熙,卓云霞,等.2000—2020年中国人口分布格局演变及影响因素[J].地理学报,2022,77(02):381-394.

[56] 贾珅.我国人口流动趋势近十年来呈现新变化[J].经济要参,2024(10):9-17.

[57] Chen Y, Li H, Zhou L. Relative performance evaluation and the turnover of provincial leaders in China[J]. Economics Letters,2005,88(3):421-425.

[58] Faguet J. Does decentralization increase government responsiveness to local needs? [J]. Journal of Public Economics,2004,88(3):867-893.

[59] Guan J, Yam C R. Effects of government financial incentives on firms' innovation performance in China: Evidences from Beijing in the 1990s[J]. Research Policy,2015,44(1):273-282.

[60] Puga D. The Magnitude and Causes of Agglomeration

Economies*[J]. Journal of Regional Science,2010,50(1):203-219.

[61] Restuccia D, Rogerson R. The Causes and Costs of Misallocation [J].The Journal of Economic Perspectives,2017,31(3):151-174.

[62] 卞元超,白俊红."为增长而竞争"与"为创新而竞争"——财政分权对技术创新影响的一种新解释[J].财政研究,2017,(10):43-53.

[63] 陈诗一,张军.中国地方政府财政支出效率研究:1978—2005[J].中国社会科学,2008(04):65-78+206.

[64] 储德银,费冒盛,黄暄.地方政府竞争、税收努力与经济高质量发展[J].财政研究,2020(08):55-69.

[65] 邓晓兰,刘若鸿,许晏君.经济分权、地方政府竞争与城市全要素生产率[J].财政研究,2019(04):23-41.

[66] 顾元媛,沈坤荣.地方政府行为与企业研发投入——基于中国省际面板数据的实证分析[J].中国工业经济,2012(10):77-88.

[67] 解维敏.财政分权、晋升竞争与企业研发投入[J].财政研究,2012(06):30-32.

[68] 毛丰付,胡承晨,魏亚飞.数字产业发展与城市经济韧性[J].财经科学,2022(08):60-75.

[69] 潘镇,金中坤,徐伟.财政分权背景下地方政府科技支出行为研究[J].上海经济研究,2013,25(01):34-45.

[70] 平新乔,白洁.中国财政分权与地方公共品的供给[J].财贸经济,2006,(02):49-55+97.

[71] 巫强,崔欣欣,马野青.财政分权和地方政府竞争视角下我国出口增长的制度解释:理论与实证研究[J].国际贸易问题,2015(10):142-151.

[72] 吴敏,周黎安.晋升激励与城市建设:公共品可视性的视角[J].经济研究,2018,53(12):97-111.

[73] 谢乔昕,宋良荣.中国式分权对企业研发投入及其投入效果的影响[J].科技管理研究,2015,35(21):20-24.

[74] 尹恒,朱虹.县级财政生产性支出偏向研究[J].中国社会科学,2011(01):88-101+222.

[75] 袁云峰,贾康,徐向东.金融竞争、相对资本深化与地区经济效率[J].统计研究,2012,29(03):45-53.

[76] 张军,樊海潮,许志伟,等.GDP增速的结构性下调:官员考核机制的视角[J].经济研究,2020,55(05):31-48.

[77] 郑思齐,孙伟增,吴璟,等."以地生财,以财养地"——中国特色城市建设投融资模式研究[J].经济研究,2014,49(08):14-27.

[78] 周慧珺,傅春杨,王忏.地方政府竞争行为、土地财政与经济波动[J].经济研究,2024,59(01):93-110.

[79] 周克清,刘海二,吴碧英.财政分权对地方科技投入的影响研究[J].财贸经济,2011,(10):31-37.